I0749239

Господа Головлевы

Михайл Е. Салтыкóв-Щедрúн

Господа Головлевы

ISNB: 978-1-64439-739-8

Семейный суд

Однажды бурмистр из дальней вотчины, Антон Васильев, окончив барыне Арине Петровне Головлевой доклад о своей поездке в Москву для сбора оброков с проживающих по паспортам крестьян и уже получив от нее разрешение идти в людскую, вдруг как-то таинственно замялся на месте, словно бы за ним было еще какое-то слово и дело, о котором он и решался и не решался доложить.

Арина Петровна, которая насквозь понимала не только малейшие телодвижения, но и тайные помыслы своих приближенных людей, немедленно обеспокоилась.

— Что еще? — спросила она, смотря на бурмистра в упор.

— Все-с, — попробовал было отвильнуть Антон Васильев.

— Не ври! еще есть! по глазам вижу!

Антон Васильев, однако ж, не решался ответить и продолжал переступать с ноги на ногу.

— Сказывай, какое еще дело за тобой есть? — решительным голосом прикрикнула на него Арина Петровна, — говори! не виляй хвостом... сума̀ переметная!

Арина Петровна любила давать прозвища людям, составлявшим ее административный и домашний персонал. Антона Васильева она прозвала «переметной сумо̀й» не за то, чтоб он в самом деле был когда-нибудь замечен в предательстве, а за то, что был слаб на язык. Имение, которым он управлял, имело своим центром значительное торговое село, в котором было большое число трактиров. Антон Васильев любил попить чайку в трактире, похвастаться всемогуществом своей барыни и во время этого хвастовства незаметным образом провирался. А так как у Арины Петровны постоянно были в ходу различные тяжбы, то частенько случалось, что болтливость доверенного человека выводила наружу барынины военные хитрости прежде, нежели они могли быть приведены в исполнение.

— Есть, действительно... — пробормотал наконец Антон Васильев.

— Что? что такое? — взволновалась Арина Петровна.

Как женщина властная и притом в сильной степени одаренная творчеством, она в одну минуту нарисовала себе картину всевозможных противоречий и противодействий и сразу так усвоила себе эту мысль, что даже побледнела и вскочила с кресла.

— Степан Владимирыч дом-то в Москве продали... — доложил бурмистр с расстановкой.

— Ну?

— Продали-с.

— Почему? как? не мни! сказывай!

— За долги... так нужно полагать! Известно, за хорошие дела продавать не станут.

— Стало быть, полиция продала? суд?

— Стало быть, что так. Сказывают, в восьми тысячах с аукциона дом-то пошел.

Арина Петровна грузно опустилась в кресло и уставилась глазами в окно. В первые минуты известие это, по-видимому, отняло у нее сознание. Если б ей сказали, что Степан Владимирыч кого-нибудь убил, что головлевские мужики взбунтовались и отказываются идти на барщину или что крепостное право рушилось, — и тут она не была бы до такой степени поражена. Губы ее шевелились, глаза смотрели куда-то вдаль, но ничего не видели. Она не приметила даже, что в это самое время девчонка Дуняшка ринулась было с разбега мимо окна, закрывая что-то передником, и вдруг, завидев барыню, на мгновение закружилась на одном месте и тихим шагом поворотила назад (в другое время этот поступок вызвал бы целое следствие). Наконец она, однако, опамятовалась и произнесла:

— Какова потеха!

После чего опять последовало несколько минут грозового молчания.

— Так ты говоришь, полиция за восемь тысяч дом-то продала? — переспросила она.

— Так точно.

— Это — родительское-то благословение! Хорош... мерзавец!

Арина Петровна чувствовала, что, ввиду полученного известия, ей необходимо принять немедленное решение, но ничего придумать не могла, потому что мысли ее путались в совершенно противоположных направлениях. С одной стороны, думалось: «Полиция продала! ведь не в одну же минуту она продала! чай, опись была, оценка, вызовы к торгам? Продала за восемь тысяч, тогда как она за этот самый дом, два года тому назад, собственными руками двенадцать тысяч, как одну копейку, выложила! Кабы знать да ведать, можно бы и самой за восемь-то тысяч с аукциона приобрести!» С другой стороны, приходило на мысль и то: «Полиция за восемь тысяч продала! Это — родительское-то благословение! Мерзавец! за восемь тысяч родительское благословение спустил!»

— От кого слышал? — спросила наконец она, окончательно остановившись на мысли, что дом уже продан и что, следовательно, надежда приобрести его за дешевую цену утрачена для нее навсегда.

— Иван Михайлов, трактирщик, сказывал.

— А почему он вовремя меня не предупредил?

— Поопасился, стало быть.

— Поопасился! вот я ему покажу: «поопасился»! Вызвать его из Москвы, и как явится — сейчас же в рекрутское присутствие и лоб забрить! «Поопасился»!

Хотя крепостное право было уже на исходе, но еще существовало. Не раз случалось Антону Васильеву выслушивать от барыни самые своеобразные приказания, но настоящее ее решение было до того неожиданно, что даже и ему сделалось не совсем ловко. Прозвище «сума̀ перемётная» невольно ему при этом вспомнилось. Иван Михайлов был мужик обстоятельный, об котором и в голову не могло прийти, чтобы над ним могла стрястись какая-нибудь беда. Сверх того, это был его приятель душевный и кум — и вдруг его в солдаты, ради того только, что он, Антон Васильев, как сума̀ переметная, не сумел язык за зубами попридержать!

— Простите... Ивана-то Михайлыча! — заступился было он.

— Ступай... потатчик! — прикрикнула на него Арина Петровна, но таким голосом, что он и не подумал упорствовать в дальнейшей защите Ивана Михайлова.

Но прежде, нежели продолжать мой рассказ, я попрошу читателя поближе познакомиться с Ариной Петровной Головлевой и семейным ее положением.

***

Арина Петровна — женщина лет шестидесяти, но еще бодрая и привыкшая жить на всей своей воле. Держит она себя грозно; единолично и бесконтрольно управляет обширным головлевским имением, живет уединенно, расчетливо, почти скупо, с соседями дружбы не водит, местным властям доброхотствует, а от детей требует, чтоб они были в таком у нее послушании, чтобы при каждом поступке спрашивали себя: что-то об этом маменька скажет? Вообще имеет характер самостоятельный, непреклонный и отчасти строптивый, чему, впрочем, немало способствует и то, что во всем головлевском семействе нет ни одного человека, со стороны которого она могла бы встретить себе противодействие. Муж у нее — человек легкомысленный и пьяненький (Арина Петровна охотно говорит об себе, что она — ни вдова, ни мужняя жена) ; дети частью служат в Петербурге, частью — пошли в отца и, в качестве «постылых», не допускаются ни до каких семейных дел. При этих условиях Арина Петровна рано почувствовала себя одинокою, так что, говоря по правде, даже от семейной жизни совсем отвыкла, хотя слово «семья» не сходит с ее языка и, по наружности, всеми ее действиями исключительно руководят непрестанные заботы об устройстве семейных дел.

Глава семейства, Владимир Михайлыч Головлев, еще смолоду был известен своим безалаберным и озорным характером, и для Арины Петровны, всегда отличавшейся серьезностью и деловитостью, никогда ничего симпатичного не представлял. Он вел жизнь праздную и бездельную, чаще всего запирался у себя в кабинете, подражал пению скворцов, петухов и т. д. и занимался сочинением так называемых «вольных стихов». В минуты откровенных излияний он хвастался тем, что был другом Баркова и что последний будто бы даже благословил его на одре смерти. Арина Петровна сразу не залюбила стихов своего мужа, называла их паскудством и паясничаньем, а так как Владимир Михайлыч собственно для того и женился, чтобы иметь всегда под рукой слушателя для своих стихов, то понятно, что размолвки не заставили долго ждать себя. Постепенно разрастаясь и ожесточаясь, размолвки эти кончились, со стороны жены, полным и презрительным равнодушием к мужу-шуту, со стороны мужа — искреннею ненавистью к жене, ненавистью, в которую, однако ж, входила значительная доля трусости. Муж называл жену «ведьмою» и «чертом», жена называла мужа — «ветряною мельницей» и «бесструнной балалайкой». Находясь в таких отношениях, они пользовались совместною жизнью в продолжение с лишком сорока лет, и никогда ни тому, ни другой не приходило в голову, чтобы подобная жизнь заключала в себе что-либо противоестественное. С течением времени озорливость Владимира Михайлыча не только не уменьшилась, но даже приобрела еще более злостный характер. Независимо от стихотворных упражнений в барковском духе, он начал попивать и охотно подкарауливал в коридоре горничных девок. Сначала Арина Петровна отнеслась к этому новому занятию своего мужа брезгливо и даже с волнением (в котором, однако ж, больше играла роль привычка властности, нежели прямая ревность), но потом махнула рукой и наблюдала только за тем, чтоб девки-поганки не носили барину ерофеича. С тех пор, сказавши себе раз навсегда, что муж ей не товарищ, она все внимание свое устремила исключительно на один предмет: на округление головлевского имения, и действительно, в течение сорокалетней супружеской жизни, успела удесятерить свое состояние. С изумительным терпением и зоркостью подкарауливала она дальние и ближние деревни, разузнавала по секрету об отношениях их владельцев к опекунскому совету и всегда, как снег на голову, являлась на аукционах. В круговороте этой фанатической погони за благоприобретением Владимир Михайлыч все дальше и дальше уходил на задний план, а наконец и совсем одичал. В минуту, когда начинается этот рассказ, это был уже дряхлый старик, который почти не оставлял постели, а ежели изредка и выходил из спальной, то единственно для того, чтоб просунуть голову в полурастворенную дверь жениной комнаты, крикнуть: «Черт!» — и опять скрыться.

Немного более счастлива была Арина Петровна и в детях. У нее была слишком независимая, так сказать, холостая натура, чтобы она могла видеть в детях что-нибудь, кроме лишней обузы. Она только тогда дышала свободно, когда была одна со своими счетами и хозяйственными предприятиями, когда никто не мешал ее деловым разговорам с бурмистрами, старостами, ключницами и т. д. В ее глазах дети были одною из тех фаталистических жизненных обстановок, против совокупности которых она не считала себя вправе протестовать, но которые тем не менее не затрогивали ни одной струны ее внутреннего существа, всецело отдавшегося бесчисленным подробностям жизнестроительства. Детей было четверо: три сына и дочь. О старшем сыне и об дочери она даже говорить не любила; к младшему сыну была более или менее равнодушна и только среднего, Порфишу, не то чтоб любила, а словно побаивалась.

Степан Владимирыч, старший сын, об котором преимущественно идет речь в настоящем рассказе, слыл в семействе под именем Степки-балбеса и Степки-озорника. Он очень рано попал в число «постылых» и с детских лет играл в доме роль не то парии, не то шута. К несчастию, это был даровитый малый, слишком охотно и быстро воспринимавший впечатления, которые вырабатывала окружающая среда. От отца он перенял неистощимую проказливость, от матери — способность быстро угадывать слабые стороны людей. Благодаря первому качеству, он скоро сделался любимцем отца, что еще больше усилило нелюбовь к нему матери. Часто, во время отлучек Арины Петровны по хозяйству, отец и подросток-сын удалялись в кабинет, украшенный портретом Баркова, читали стихи вольного содержания и судачили, причем в особенности доставалось «ведьме», то есть Арине Петровне. Но «ведьма» словно чутьем угадывала их занятия; неслышно подъезжала она к крыльцу, подходила на цыпочках к кабинетной двери и подслушивала веселые речи. Затем следовало немедленное и жестокое избиение Степки-балбеса. Но Степка не унимался; он был нечувствителен ни к побоям, ни к увещаниям и через полчаса опять принимался куролесить. То косынку у девки Анютки изрежет в куски, то сонной Васютке мух в рот напустит, то заберется на кухню и стянет там пирог (Арина Петровна, из экономии, держала детей впроголодь), который, впрочем, тут же разделит с братьями.

— Убить тебя надо! — постоянно твердила ему Арина Петровна, — убью — и не отвечу! И царь меня не накажет за это!

Такое постоянное принижение, встречая почву мягкую, легко

забывающую, не прошло даром. Оно имело в результате не озлобление, не протест, а образовало характер рабский, повадливый до буффонства, не знающий чувства меры и лишенный всякой предусмотрительности. Такие личности охотно поддаются всякому влиянию и могут сделаться чем угодно: пропойцами, попрошайками, шутами и даже преступниками.

Двадцати лет, Степан Головлев кончил курс в одной из московских гимназий и поступил в университет. Но студенчество его было горькое. Во-первых, мать давала ему денег ровно столько, сколько требовалось, чтоб не пропасть с голода; во-вторых, в нем не оказывалось ни малейшего позыва к труду, а взамен того гнездилась проклятая талантливость, выражавшаяся преимущественно в способности к передразниванью; в-третьих, он постоянно страдал потребностью общества и ни на минуту не мог оставаться наедине с самим собой. Поэтому он остановился на легкой роли приживальщика и pique-assiette'а[1] и, благодаря своей податливости на всякую штуку, скоро сделался фаворитом богатеньких студентов. Но богатенькие, допуская его в свою среду, все-таки разумели, что он им не пара, что он только шут, и в этом именно смысле установилась его репутация. Ставши однажды на эту почву, он естественно тяготел все ниже и ниже, так что к концу 4-го курса вышутился окончательно. Тем не меньше, благодаря способности быстро схватывать и запоминать слышанное, он выдержал экзамен с успехом и получил степень кандидата.

Когда он явился к матери с дипломом, Арина Петровна только пожала плечами и промолвила: дивлюсь! Затем, продержав с месяц в деревне, отправила его в Петербург, назначив на прожиток по сту рублей ассигнациями в месяц. Начались скитания по департаментам и канцеляриям. Протекций у него не было, охоты пробить дорогу личным трудом — никакой. Праздная мысль молодого человека до того отвыкла сосредоточиваться, что даже бюрократические испытания, вроде докладных записок и экстрактов из дел, оказывались для нее непосильными. Четыре года бился Головлев в Петербурге и наконец должен был сказать себе, что надежда устроиться когда-нибудь выше канцелярского чиновника для него не существует. В ответ на его сетования Арина Петровна написала грозное письмо, начинавшееся словами: «я заранызе в сем была уверена» и кончавшееся приказанием явиться в Москву. Там, в совете излюбленных крестьян, было решено определить Степку-балбеса в надворный суд, поручив его надзору подьячего, который исстари ходатайствовал по головлевским делам. Что делал и как вел себя Степан Владимирыч в надворном суде — неизвестно, но через три года его уж там не было. Тогда Арина Петровна решилась на

[1] pique-assiette'а - нахлебника.

крайнюю меру: она «выбросила сыну кусок», который, впрочем, в то же время должен был изображать собою и «родительское благословение». Кусок этот состоял из дома в Москве, за который Арина Петровна заплатила двенадцать тысяч рублей.

В первый раз в жизни Степан Головлев вздохнул свободно. Дом обещал давать тысячу рублей серебром дохода, и сравнительно с прежним эта сумма представлялась ему чем-то вроде заправского благосостояния. Он с увлечением поцеловал у маменьки ручку («то-то же, смотри у меня, балбес! не жди больше ничего!» — молвила при этом Арина Петровна) и обещал оправдать оказанную ему милость. Но, увы! он так мало привык обращаться с деньгами, так нелепо понимал размеры действительной жизни, что сказочной годовой тысячи рублей достало очень ненадолго. В какие-нибудь четыре-пять лет он прогорел окончательно и был рад-радехонек поступить, в качестве заместителя, в ополчение, которое в это время формировалось. Ополчение, впрочем, дошло только до Харькова, как был заключен мир, и Головлев опять вернулся в Москву. Его дом был уже в это время продан. На нем был ополченский мундир, довольно, однако ж, потертый, на ногах — сапоги навыпуск и в кармане — сто рублей денег. С этим капиталом он поднялся было на спекуляцию, то есть стал играть в карты, и невдолге проиграл всё. Тогда он принялся ходить по зажиточным крестьянам матери, жившим в Москве своим хозяйством; у кого обедал, у кого выпрашивал четвертку табаку, у кого по мелочи занимал. Но, наконец, наступила минута, когда он, так сказать, очутился лицом к лицу с глухой стеной. Ему было уже под сорок, и он вынужден был сознаться, что дальнейшее бродячее существование для него не по силам. Оставался один путь — в Головлево.

После Степана Владимирыча, старшим членом головлевского семейства была дочь, Анна Владимировна, о которой Арина Петровна тоже не любила говорить.

Дело в том, что на Аннушку Арина Петровна имела виды, а Аннушка не только не оправдала ее надежд, но вместо того на весь уезд учинила скандал. Когда дочь вышла из института, Арина Петровна поселила ее в деревне, в чаянье сделать из нее дарового домашнего секретаря и бухгалтера, а вместо того Аннушка, в одну прекрасную ночь, бежала из Головлева с корнетом Улановым и повенчалась с ним.

— Так, без родительского благословения, как собаки, и повенчались! — сетовала по этому случаю Арина Петровна. — Да хорошо еще, что кругом налоя-то муженек обвел! Другой бы попользовался — да и был таков! Ищи его потом да свищи!

И с дочерью Арина Петровна поступила столь же решительно, как и с постылым сыном: взяла и «выбросила ей кусок». Она отделила ей капитал в пять тысяч и деревнюшку в тридцать душ с упалою усадьбой, в которой изо всех окон дуло и не было ни одной живой половицы. Года через два молодые капитал прожили, и корнет неизвестно куда бежал, оставив Анну Владимировну с двумя дочерьми-близнецами: Аннинькой и Любинькой. Затем и сама Анна Владимировна через три месяца скончалась, и Арина Петровна волей-неволей должна была приютить круглых сирот у себя. Что она и исполнила, поместив малюток во флигеле и приставив к ним кривую старуху Палашку.

— У бога милостей много, — говорила она при этом, — сиротки хлеба не бог знает что съедят, а мне на старости лет — утешение! Одну дочку бог взял — двух дал!

И в то же время писала к сыну Порфирию Владимирычу: «Как жила твоя сестрица беспутно, так и умерла, покинув мне на шею своих двух щенков...»

Вообще, как ни циничным может показаться это замечание, но справедливость требует сознаться, что оба эти случая, по поводу которых произошло «выбрасывание кусков», не только не произвели ущерба в финансах Арины Петровны, но косвенным образом даже способствовали округлению головлевского имения, сокращая число пайщиков в нем. Ибо Арина Петровна была женщина строгих правил и, раз «выбросивши кусок», уже считала поконченными все свои обязанности относительно постылых детей. Даже при мысли о сиротах-внучках ей никогда не представлялось, что со временем придется что-нибудь уделить им. Она старалась только как можно больше выжать из маленького имения, отделенного покойной Анне Владимировне, и откладывать выжатое в опекунский совет. Причем говорила:

— Вот и для сирот денежки прикапливаю, а что они прокормлением да уходом стоят — ничего уж с них не беру! За мою хлеб-соль, видно, бог мне заплатит!

Наконец младшие дети, Порфирий и Павел Владимирычи, находились на службе в Петербурге: первый — по гражданской части, второй — по военной. Порфирий был женат, Павел — холостой.

Порфирий Владимирыч известен был в семействе под тремя именами: Иудушки, кровопивушки и откровенного мальчика, каковые прозвища еще в детстве были ему даны Степкой-балбесом. С младенческих лет любил он приласкаться к милому другу маменьке, украдкой поцеловать ее в плечико, а иногда и слегка понаушничать. Неслышно отворит, бывало, дверь маменькиной комнаты, неслышно прокрадется в уголок, сядет и, словно очарованный, не сводит глаз с маменьки, покуда она пишет или возится со счетами. Но Арина Петровна уже и тогда с какою-то подозрительностью относилась к этим сыновним заискиваньям. И тогда этот пристально устремленный на нее взгляд казался ей загадочным, и тогда она не могла определить себе, что именно он источает из себя: яд или сыновнюю почтительность.

— И сама понять не могу, что у него за глаза такие, — рассуждала она иногда сама с собою, — взглянет — ну, словно вот петлю закидывает. Так вот и поливает ядом, так и подманивает!

И припомнились ей при этом многознаменательные подробности того времени, когда она еще была «тяжела» Порфишей. Жил у них тогда в доме некоторый благочестивый и прозорливый старик, которого называли Порфишей-блаженненьким и к которому она всегда обращалась, когда желала что-либо провидеть в будущем. И вот этот-то самый старец, когда она спросила его, скоро ли последуют роды и кого-то бог даст ей, сына или дочь — ничего прямо ей не ответил, но три раза прокричал петухом и вслед затем пробормотал:

— Петушок, петушок! востер ноготок! Петух кричит, наседке грозит; наседка — кудах-тах-тах, да поздно будет!

И только. Но через три дня (вот оно — три раза-то прокричал!) она родила сына (вот оно — петушок-петушок!), которого и назвали Порфирием, в честь старца-провидца...

Первая половина пророчества исполнилась; но что могли означать таинственные слова: «наседка — кудах-тах-тах, да поздно будет»? — вот об этом-то и задумывалась Арина Петровна, взглядывая из-под руки на Порфишу, покуда тот сидел в своем углу и смотрел на нее своим загадочным взглядом.

А Порфиша продолжал себе сидеть кротко и бесшумно, и все смотрел на нее, смотрел до того пристально, что широко раскрытые и неподвижные глаза его подергивались слезою. Он как бы провидел сомнения, шевелившиеся в душе матери, и вел себя с таким расчетом, что самая придирчивая подозрительность — и та должна была признать себя безоружною перед его кротостью. Даже рискуя надоесть матери, он постоянно вертелся у ней на глазах, словно говорил: «Смотри на меня! Я ничего не утаиваю! Я весь послушливость и преданность, и притом послушливость не токмо за страх, но и за совесть». И как ни сильно говорила в ней уверенность, что Порфишка-подлец только хвостом лебезит, а глазами все-таки петлю накидывает, но ввиду такой беззаветности и ее сердце не выдерживало. И невольно рука ее искала лучшего куска на блюде, чтоб передать его ласковому сыну, несмотря на то, что один вид этого сына поднимал в ее сердце смутную тревогу чего-то загадочного, недоброго.

Совершенную противоположность с Порфирием Владимирычем представлял брат его, Павел Владимирыч. Это было полнейшее олицетворение человека, лишенного каких бы то ни было поступков. Еще мальчиком, он не выказывал ни малейшей склонности ни к ученью, ни к играм, ни к общительности, но любил жить особняком, в отчуждении от людей. Забьется, бывало, в угол, надуется и начнет фантазировать. Представляется ему, что он толокна наелся, что от этого ноги сделались у него тоненькие, и он не учится. Или — что он не Павел-дворянский сын, а Давыдка-пастух, что на лбу у него выросла болона̀, как и у Давыдки, что он арапником щелкает и не учится. Поглядит-поглядит, бывало, на него Арина Петровна, и так и раскипятится ее материнское сердце.

— Ты что, как мышь на крупу, надулся! — не утерпит, прикрикнет она на него, — или уж с этих пор в тебе яд-то действует! нет того, чтобы к матери подойти: маменька, мол, приласкайте меня, душенька!

Павлуша покидал свой угол и медленными шагами, словно его в спину толкали, приближался к матери.

— Маменька, мол, — повторял он каким-то неестественным для ребенка басом, — приласкайте меня, душенька!

— Пошел с моих глаз... тихоня! ты думаешь, что забьешься в угол, так я и не понимаю? Насквозь тебя понимаю, голубчик! все твои планы-прожекты как на ладони вижу!

И Павел тем же медленным шагом отправлялся назад и забивался опять в свой угол.

Шли годы, и из Павла Владимирыча постепенно образовывалась та апатичная и загадочно-угрюмая личность, из которой, в конечном результате, получается человек, лишенный поступков. Может быть, он был добр, но никому добра не сделал; может быть, был и не глуп, но во всю жизнь ни одного умного поступка не совершил. Он был гостеприимен, но никто не льстился на его гостеприимство; он охотно тратил деньги, но ни полезного, ни приятного результата от этих трат ни для кого никогда не происходило; он никого никогда не обидел, но никто этого не вменял ему в достоинство; он был честен, но не слыхали, чтоб кто-нибудь сказал: ка̀к честно поступил в таком-то случае Павел Головлев! В довершение всего он нередко огрызался против матери и в то же время боялся ее, как огня. Повторяю: это был человек угрюмый, но за его угрюмостью скрывалось отсутствие поступков — и ничего больше.

В зрелом возрасте, различие характеров обоих братьев всего резче высказалось в их отношениях к матери. Иудушка каждую неделю аккуратно слал к маменьке обширное послание, в котором пространно уведомлял ее о всех подробностях петербургской жизни и в самых изысканных выражениях уверял в бескорыстной сыновней преданности. Павел писал редко и кратко, а иногда даже загадочно, словно клещами вытаскивал из себя каждое слово. «Деньги столько-то и на такой-то срок, бесценный друг маменька, от доверенного вашего, крестьянина Ерофеева, получил, — уведомлял, например, Порфирий Владимирыч, — а за присылку оных, для употребления на мое содержание, согласно вашему, милая маменька, соизволению, приношу чувствительнейшую благодарность и с нелицемерною сыновнею преданностью целую ваши ручки. Об одном только грущу и сомнением мучусь: не слишком ли утруждаете вы драгоценное ваше здоровье непрерывными заботами об удовлетворении не только нужд, но и прихотей наших?! Не знаю, как брат, а я»... и т. д. А Павел, по тому же поводу, выражался: «Деньги столько-то на такой-то срок, дражайшая родительница, получил, и, по моему расчету, следует мне еще шесть с полтиной дополучить, в чем и прошу вас меня почтеннейше извинить». Когда Арина Петровна посылала детям выговоры за мотовство (это случалось нередко, хотя серьезных поводов и не было), то Порфиша всегда с смирением покорялся этим замечаниям и писал: «Знаю, милый дружок маменька, что вы несете непосильные тяготы ради нас, недостойных детей ваших; знаю, что мы очень часто своим поведением не оправдываем ваших материнских об нас попечений, и, что всего хуже, по свойственному человекам заблуждению, даже забываем о сем, в чем и приношу вам искреннее сыновнее извинение, надеясь со временем от порока сего избавиться и быть, в употреблении присылаемых вами, бесценный друг маменька, на содержание и прочие расходы денег осмотрительным». А Павел отвечал так: «Дражайшая родительница! хотя вы долгов за меня еще не платили, но выговор в названии меня мотом беспрепятственно принимаю, в чем и прошу чувствительнейше принять уверение». Даже на письмо Арины Петровны, с извещением о смерти сестрицы Анны Владимировны, оба брата отозвались различно. Порфирий Владимирыч писал: «Известие о кончине любезной сестрицы и доброй подруги детства Анны Владимировны поразило мое сердце скорбию, каковая скорбь еще более усилилась при мысли, что вам, милый друг маменька, посылается еще новый крест, в лице двух сирот-малюток. Ужели еще недостаточно, что вы, общая наша благодетельница, во всем себе отказываете и, не щадя своего здоровья, все силы к тому направляете, дабы обеспечить свое семейство не только нужным, но и излишним? Право, хоть и грешно, но иногда невольно поропщешь. И единственное, по моему мнению, для вас, родная моя, в настоящем случае, убежище — это сколь можно чаще припоминать, что вытерпел сам Христос». Павел же писал: «Известие о кончине сестры, погибшей жертвою, получил. Впрочем, надеюсь, что всевышний успокоит ее в своих сенях, хотя сие и неизвестно».

Перечитывала Арина Петровна эти письма сыновей и все старалась угадать, который из них ей злодеем будет. Прочтет письмо Порфирия Владимирыча, и кажется, что вот он-то и есть самый злодей.

— Ишь ведь как пишет! ишь как языком-то вертит! — восклицала она, — недаром Степка-балбес Иудушкой его прозвал! Ни одного-то ведь слова верного нет! всё-то он лжет! и «милый дружок маменька», и про тягости-то мои, и про крест-то мой... ничего он этого не чувствует!

Потом примется за письмо Павла Владимирыча, и опять чудится, что вот он-то и есть ее будущий злодей.

— Глуп-глуп, а смотри, как исподтишка мать козыряет! «В чем и прошу чувствительнейше принять уверение...», милости просим! Вот я тебе покажу, что значит «чувствительнейше принимать уверение»! Выброшу тебе кусок, как Степке-балбесу — вот ты и узнаешь тогда, как я понимаю твои «уверения»!

И в заключение из ее материнской груди вырывался поистине трагический вопль:

— И для кого я всю эту прорву коплю! для кого я припасаю! ночей недосыпаю, куска недоедаю... для кого?!

Таково было семейное положение Головлевых в ту минуту, когда бурмистр Антон Васильев доложил Арине Петровне о промотании Степкой-балбесом «выброшенного куска», который, ввиду дешевой его продажи, получал уже сугубое значение «родительского благословения».

***

Арина Петровна сидела в спальной и не могла прийти в себя. Что-то такое шевелилось у нее внутри, в чем она не могла отдать себе ясного отчета. Участвовала ли тут каким-то чудом явившаяся жалость к постылому, но все-таки сыну или говорило одно нагое чувство оскорбленного самовластия — этого не мог бы определить самый опытный психолог: до такой степени перепутывались и быстро сменялись в ней все чувства и ощущения. Наконец из общей массы накопившихся представлений яснее других выделилось опасение, что «постылый» опять сядет ей на шею.

«Анютка щенков своих навязала, да вот еще балбес...» — рассчитывала она мысленно.

Долго просидела она таким образом, не молвив ни слова и смотря в окно в одну точку. Принесли обед, до которого она почти не коснулась; пришли сказать: барину водки пожалуйте! — она, не глядя, швырнула ключ от кладовой. После обеда она ушла в образную, велела засветить все лампадки и затворилась, предварительно заказав истопить баню. Все это были признаки, которые несомненно доказывали, что барыня «гневается», и потому в доме все вдруг смолкло, словно умерло. Горничные ходили на цыпочках; ключница Акулина совалась, как помешанная: назначено было после обеда варенье варить, и вот пришло время, ягоды вычищены, готовы, а от барыни ни приказу, ни отказу нет; садовник Матвей пришел было с вопросом, не пора ли персики обирать, но в девичьей так на него цыкнули, что он немедленно отретировался.

Помолившись богу и вымывшись в баньке, Арина Петровна почувствовала себя несколько умиротворенною и вновь потребовала Антона Васильева к ответу.

— Ну, а что же балбес делает? — спросила она.

— Москва велика — и в год ее всю не исходить!

— Да ведь, чай, пить, есть надо?

— Около своих мужичков прокармливаются. У кого пообедают, у кого на табак гривенничек выпросят.

— А кто позволил давать?

— Помилуйте, сударыня! Мужички разве обижаются! Чужим неимущим подают, а уж своим господам отказать!

— Вот я им ужо... подавальщикам! Сошлю балбеса к тебе в вотчину, и содержите его всем обществом на свой счет!

— Вся ваша власть, сударыня.

— Что? что ты такое сказал?

— Вся, мол, ваша власть, сударыня. Прикажете, так и прокормим!

— То-то... прокормим! ты у меня говори, да не заговаривайся!

Молчание. Но Антон Васильев недаром получил от барыни прозвище переметной сумы. Он не вытерпливает и вновь начинает топтаться на месте, сгорая желанием нечто доложить.

— Да еще какой прокурат! — наконец произносит он, — сказывают, как из похода-то воротился, сто рублей денег с собой принес. Не велики деньги сто рублей, а и на них бы сколько-нибудь прожить можно...

— Ну?

— Поправиться, вишь, полагал, в аферу пустился...

— Говори, не мни!

— В немецкое, чу, собрание свез. Думал дурака найти в карты обыграть, ан, заместо того, сам на умного попался. Он было и наутек, да в прихожей, сказывают, задержали. Что было денег — все обрали!

— Чай, и бокам досталось?

— Было всего. На другой день приходит к Ивану Михайлычу, да сам же и рассказывает. И даже удивительно это: смеется... веселый! словно бы его по головке погладили!

— Ништо ему! лишь бы ко мне на глаза не показывался!

— А надо полагать, что так будет.

— Что̀ ты! да я его на порог к себе не пущу!

— Не ина̀че, что так будет! — повторяет Антон Васильев, — и Иван

Михайлыч сказывал, что он проговаривался: шабаш! говорит, пойду к старухе хлеб всухомятку есть! Да ему, сударыня, коли по правде сказать, и деваться-то, окроме здешнего места, некуда. По своим мужичкам долго в Москве не находится. Одежа тоже нужна, спокой...

Вот этого-то именно и боялась Арина Петровна, это-то именно и составляло суть того неясного представления, которое бессознательно тревожило ее. «Да, он явится, ему некуда больше идти — этого не миновать! Он будет здесь, вечно у нее на глазах, клятой, постылый, забытый! Для чего же она выбросила ему в то время „кусок"? Она думала, что, получивши „что следует", он канул в вечность — ан он возрождается! Он придет, будет требовать, будет всем мозолить глаза своим нищенским видом. И надо будет удовлетворять его требованиям, потому что он человек наглый, готовый на всякое буйство. „Его" не спрячешь под замок; „он" способен и при чужих явиться в отребье, способен произвести дебош, бежать к соседям и рассказать им вся сокровенная головлевских дел. Сослать его разве в Суздаль-монастырь? — Но кто ж его знает, полно, есть ли еще этот Суздаль-монастырь, и в самом ли деле он для того существует, чтоб освобождать огорченных родителей от лицезрения строптивых детей? Сказывают еще, что смирительный дом есть... да ведь смирительный дом — ну, как ты его туда, экого сорокалетнего жеребца, приведешь?» Одним словом, Арина Петровна совсем растерялась при одной мысли о тех невзгодах, которые грозят взбудоражить ее мирное существование с приходом Степки-балбеса.

— Я его к тебе в вотчину пришлю! корми на свой счет! — пригрозилась она бурмистру, — не на вотчинный счет, а на собственный свой!

— За что так, сударыня?

— А за то, что не каркай. Кра! кра! «не иначе, что так будет»... пошел с моих глаз долой... ворона!

Антон Васильев повернул было налево кругом, но Арина Петровна вновь остановила его.

— Стой! погоди! так это верно, что он в Головлево лыжи навострил? — спросила она.

— Стану ли я, сударыня, лгать! Верно говорил: к старухе пойду хлеб всухомятку есть!

— Вот я ему покажу ужо, какой для него у старухи хлеб припасен!

— Да что, сударыня, недолго он у вас наживет!

— А что такое?

— Да, кашляет оченно сильно... за левую грудь все хватается... Не заживется!

— Этакие-то, любезный, еще дольше живут! и нас всех переживет!

Кашляет да кашляет — что ему, жеребцу долговязому, делается! Ну, да там посмотрим. Ступай теперь: мне нужно распоряжение сделать.

Весь вечер Арина Петровна думала и наконец-таки надумала: созвать семейный совет для решения балбесовой участи. Подобные конституционные замашки не были в ее нравах, но на этот раз она решилась отступить от преданий самодержавия, дабы решением всей семьи оградить себя от нареканий добрых людей. В исходе предстоящего совещания она, впрочем, не сомневалась, и потому с легким духом села за письма, которыми предписывалось Порфирию и Павлу Владимирычам немедленно прибыть в Головлево.

***

Покуда все это происходило, виновник кутерьмы, Степка-балбес, уж подвигался из Москвы по направлению к Головлеву. Он сел в Москве, у Рогожской, в один из так называемых «дележанов», в которых в былое время езжали, да и теперь еще кой-где ездят мелкие купцы и торгующие крестьяне, направляясь в свое место в побывку. «Дележан» ехал по направлению к Владимиру, и тот же сердобольный трактирщик Иван Михайлыч вез на свой счет Степана Владимирыча, взявши для него место и уплачивая за его харчи в продолжение всей дороги.

— Так уж вы, Степан Владимирыч, так и сделайте: на повертке слезьте, да пешком, как есть в костюме — так и отъявитесь к маменьке! — условливался с ним Иван Михайлыч.

— Так, так, так! — подтверждал и Степан Владимирыч, — много ли от повертки — пятнадцать верст пешком пройти! мигом отхватаю! В пыли, в навозе — так и явлюсь!

— Увидит маменька в костюме-то — может, и пожалеет!

— Пожалеет! как не пожалеть! Мать — ведь она старуха добрая!

Степану Головлеву нет еще сорока лет, но по наружности ему никак нельзя дать меньше пятидесяти. Жизнь до такой степени истрепала его, что не оставила на нем никакого признака дворянского сына, ни малейшего следа того, что и он был когда-то в университете и что и к нему тоже было обращено воспитательное слово науки. Это — чрезмерно длинный, нечесаный, почти немытый малый, худой от недостатка питания, с впалою грудью, с длинными, загребистыми руками. Лицо у него распухшее, волосы на голове и бороде растрепанные, с сильною проседью, голос громкий, но сиплый, простуженный, глаза навыкате и воспаленные, частью от непомерного употребления водки, частью от постоянного нахождения на ветру. На нем ветхая и совершенно затасканная серая ополченка, галуны с которой содраны и проданы на выжигу; на ногах — стоптанные, порыжелые и заплатанные сапоги навыпуск; из-за распахнутой ополченки виднеется рубашка, почти черная, словно вымазанная сажей — рубашка, которую он с истинно ополченским цинизмом сам называет «блошни́цею». Смотрит он исподлобья, угрюмо, но эта угрюмость не выражает внутреннего недовольства, а есть следствие какого-то смутного беспокойства, что вот-вот еще минута, и он, как червяк, подохнет с голоду.

Говорит он без умолку, без связи перескакивая с одного предмета на другой; говорит и тогда, когда Иван Михайлыч слушает его, и тогда, когда последний засыпает под музыку его говора. Ему ужасно неловко сидеть. В «дележане» поместилось четыре человека, а потому приходится сидеть, скрючивши ноги, что уже на протяжении трех-четырех верст производит невыносимую боль в коленках. Тем не менее, несмотря на боль, он постоянно говорит. Облака пыли врываются в боковые отверстия повозки; по временам заползают туда косые лучи солнца, и вдруг, словно полымем, обожгут всю внутренность «дележана», а он все говорит.

— Да, брат, тяпнул-таки я на своем веку горя, — рассказывает он, — пора и на боковую! Не объем же ведь я ее, а куска-то хлеба, чай, как не найтись! Ты как, Иван Михайлыч, об этом думаешь?

— У маменьки вашей много кусков!

— Только не про меня — так, что ли, ты хочешь сказать? Да, дружище, деньжищ у нее — целая прорва, а для меня пятака медного жаль! И ведь всегда-то она меня, ведьма, ненавидела! За что? Ну, да теперь, брат, шалишь! с меня взятки-то гладки, я и за горло возьму! Выгнать меня вздумает — не пойду! Есть не даст — сам возьму! Я, брат, отечеству послужил — теперь мне всякий помо̀чь обязан! Одного боюсь: табаку не будет давать — скверность!

— Да, уж с табачком, видно, проститься придется!

— Так я бурмистра за бока! может лысый черт и подарить барину!

— Подарить отчего не подарить! А ну, как она, маменька-то ваша, и бурмистру запретит?

— Ну, тогда я уж совсем мат; только одна роскошь у меня и осталась от прежнего великолепия — это табак! Я, брат, как при деньгах был, в день по четвертке Жукова выкуривал!

— Вот и с водочкой тоже проститься придется!

— Тоже скверность. А мне водка даже для здоровья полезна — мокро̀ту разбивает. Мы, брат, как походом под Севастополь шли — еще до Серпухова не дошли, а уж по ведру на брата вышло!

— Чай, очунели?

— Не помню. Кажется, что-то было. Я, брат, вплоть до Харькова дошел, а хоть убей — ничего не помню. Помню только, что и деревнями шли, и городами шли, да еще, что в Туле откупщик нам речь говорил. Прослезился, подлец! Да, тяпнула-таки в ту пору горя наша матушка-Русь православная! Откупщики, подрядчики, приемщики — как только бог спас!

— А вот маменьке вашей так и тут барышок вышел. Из нашей вотчины больше половины ратников домой не вернулось, так за каждого, сказывают, зачетную рекрутскую квитанцию нынче выдать велят. Ан она, квитанция-то, в казне с лишком четыреста стоит.

— Да, брат, у нас мать — умница! Ей бы министром следовало быть, а не в Головлеве пенки с варенья снимать! Знаешь ли что! Несправедлива она ко мне была, обидела она меня, — а я ее уважаю! Умна, как черт, вот что главное! Кабы не она — что бы мы теперь были? Были бы при одном Головлеве — сто одна душа с половиной! А она — посмотри, какую чертову пропасть она накупила!

— Будут ваши братцы при капитале!

— Будут. Вот я так ни при чем останусь — это верно! Да, вылетел, брат, я в трубу! А братья будут богаты, особливо Кровопивушка. Этот без мыла в душу влезет. А впрочем, он ее, старую ведьму, со временем порешит; он и именье и капитал из нее высосет — я на эти дела провидец! Вот Павел-брат — тот душа-человек! он мне табаку потихоньку пришлет — вот увидишь! Как приеду в Головлево — сейчас ему цидулу: так и так, брат любезный, — успокой! Э-э-эх, эхма! вот кабы я богат был!

— Что ж бы вы сделали?

— Во-первых, сейчас бы тебя озолотил...

— Меня зачем же! Вы об себе, а я и так, по милости вашей маменьки, доволен.

— Ну нет — это, брат, аттанде! — я бы тебя главнокомандующим надо всеми имениями сделал! Да, друг, накормил, обогрел ты служивого — спасибо тебе! Кабы не ты, понтировал бы я теперь пешедралом до дома предков моих! И вольную бы тебе сейчас в зубы, и все бы перед тобой мои сокровища открыл — пей, ешь и веселись! А ты как обо мне полагал, дружище?

— Нет, уж про меня вы, сударь, оставьте. Что бы еще-то вы сделали, кабы богаты были?

— Во-вторых, сейчас бы штучку себе завел. В Курске, ходил я к владычице молебен служить, так одну видел... ах, хороша штучка! Веришь ли, ни одной-то минуты не было, чтоб она спокойно на месте постояла!

— А может, она бы в штучки-то и не пошла?

— А деньги на что! презренный металл на что? Мало ста тысяч — двести бери! Я, брат, коли при деньгах, ничего не пожалею, только чтоб в свое удовольствие пожить! Я, признаться сказать, ей и в ту пору через ефрейтора три целковеньких посулил — пять, бестия, запросила!

— А пяти-то, видно, не случилось?

— И не знаю, брат, как сказать. Говорю тебе: все словно как во сне видел. Может, она даже и была у меня, да я забыл. Всю дорогу, целых два месяца — ничего не помню! А с тобой, видно, этого не случалось?

Но Иван Михайлыч молчит. Степан Владимирыч вглядывается и убеждается, что спутник его мерно кивает головой и, по временам, когда касается носом чуть не колен, как-то нелепо вздрагивает и опять начинает кивать в такт.

— Эхма! — говорит он, — уж и укачало тебя! на боковую просишься! Разжирел ты, брат, на чаях да на харчах-то трактирных! А у меня так и сна нет! нет у меня сна — да и шабаш! Что̀ бы теперь, однако ж, какую бы штукенцию предпринять! Разве вот от плода сего виноградного...

Головлев озирается кругом и удостоверяется, что и прочие пассажиры спят. У купца, который рядом с ним сидит, голову об перекладину колотит, а он все спит. И лицо у него сделалось глянцевое, словно лаком покрыто, и мухи кругом рот облепили.

«А что, если б всех этих мух к нему в хайло̀ препроводить — то-то бы, чай, небо с овчинку показалось!» — вдруг осеняет Головлева счастливая мысль, и он уже начинает подкрадываться к купцу рукой, чтобы привести свой план в исполнение, но на половине пути что-то припоминает и останавливается.

— Нет, полно проказничать — баста! Спите, други, и почивайте! А я покуда... и куда это он полштоф засунул? Ба! вот он, голубчик! Полезай, полезай сюда! Спа-си, го-о-споди, люди твоя! — запевает он вполголоса, вынимая посудину из холщовой сумки, прикрепленной сбоку кибитки, и прикладывая ко рту горлышко, — ну вот, теперь ладно! тепло сделалось! Или еще? Нет, ладно... до станции-то верст двадцать еще будет, успею натенькаться... или еще? Ах, прах ее побери, эту водку! Увидишь полштоф — так и подманивает! Пить скверно, да и не пить нельзя — потому сна нет! Хоть бы сон, черт его возьми, сморил меня!

Булькнув еще несколько глотков из горлышка, он засовывает полштоф на прежнее место и начинает набивать трубку.

— Важно! — говорит он, — сперва выпили, а теперь трубочки покурим! Не даст, ведьма, мне табаку, не даст — это он верно сказал. Есть-то даст ли? Объедки, чай, какие-нибудь со стола посылать будет! Эхма! были и у нас денежки — и нет их! Был человек — и нет его! Так-то вот и все на сем свете! сегодня ты и сыт и пьян, живешь в свое удовольствие, трубочку покуриваешь...

А завтра — где ты, человек?

Однако надо бы и закусить что-нибудь. Пьешь-пьешь, словно бочка с изъяном, а закусить путем не закусишь. А доктора сказывают, что питье тогда на пользу, когда при нем и закуска благопотребная есть, как говорил преосвященный Смарагд, когда мы через Обоянь проходили. Через Обоянь ли? А черт его знает, может, и через Кромы! Не в том, впрочем, дело, а как бы закуски теперь добыть. Помнится, что он в мешочек колбасу и три французских хлеба положил! Небось икорки пожалел купить! Ишь ведь как спит, какие песни носом выводит! Чай, и провизию-то под себя сгреб!

Он шарит крутом себя и ничего не нашаривает.

— Иван Михайлыч! а Иван Михайлыч! — окликает он.

Иван Михайлыч просыпается и с минуту словно не понимает, каким образом он очутился vis-a-vis с барином.

— А меня только что было сон заводить начал! — наконец говорит он.

— Ничего, друг, спи! Я только спросить, где у нас тут мешок с провизией спрятан?

— Поесть захотелось? да ведь прежде, чай, выпить надо!

— И то дело! где у тебя полштоф-то?

Выпивши, Степан Владимирыч принимается за колбасу, которая оказывается твердою, как камень, соленою, как сама соль, и облеченною в такой прочный пузырь, что нужно прибегнуть к острому концу ножа, чтобы проткнуть его.

— Белорыбицы бы теперь хорошо, — говорит ок.

— Уж извините, сударь, совсем из памяти вон. Все утро помнил, даже жене говорил: беспременно напомни об белорыбице — и вот, словно грех случился!

— Ничего, и колбасы поедим. Походом шли — не то едали. Вот папенька рассказывал: англичанин с англичанином об заклад побился, что дохлую кошку съест — и съел!

— Тсс... съел?

— Съел. Только тошнило его после! Ромом вылечился. Две бутылки залпом выпил — как рукой сняло. А то еще один англичанин об заклад бился, что целый год одним сахаром питаться будет.

— Выиграл?

— Нет, двух суток до году не дожил — околел! Да ты что ж сам-то! водочки бы долбанул?

— Сроду не пивал.

— Чаем одним наливаешься? Нехорошо, брат; оттого и брюхо у тебя растет. С чаем надобно тоже осторожно: чашку выпей, а сверху рюмочкой прикрой. Чай мокро̀ту накопляет, а водка разбивает. Так, что ли?

— Не знаю; вы люди ученые, вам лучше знать.

— То-то. Мы как походом шли — с чаями-то да с кофеями нам

некогда было возиться. А водка — святое дело: отвинтил манерку, налил, выпил — и шабаш. Скоро уж больно нас в ту пору гнали, так скоро, что я дней десять не мывшись был!

— Много вы, сударь, трудов приняли!

— Много не много, а попробуй попонтируй-ко по столбовой! Ну, да вперед-то идти все-таки нешто̀ было: жертвуют, обедами кормят, вина вволю. А вот как назад идти — чествовать-то уж и перестали!

Головлев с усилием грызет колбасу и наконец прожевывает один кусок.

— Солоненька, брат, колбаса-то! — говорит он, — впрочем, я неприхотлив! Мать-то ведь тоже разносолами потчевать не станет: щец тарелку да каши чашку — вот и всё!

— Бог милостив! Может, и пирожка в праздничек пожалует!

— Ни чаю, ни табаку, ни водки — это ты верно сказал. Говорят, она нынче в дураки играть любить стала — вот разве это? Ну, позовет играть, и напоит чайком. А уж насчет прочего — ау, брат!

На станции остановились часа на четыре кормить лошадей. Головлев успел покончить с полуштофом, и его разбирал сильный голод. Пассажиры ушли в избу и расположились обедать. Побродив по двору, заглянув на задворки и в ясли к лошадям, вспугнувши голубей и даже попробовавши заснуть, Степан Владимирыч наконец убеждается, что самое лучшее для него — это последовать за прочими пассажирами в избу. Там, на столе, уже дымятся щи, и в сторонке, на деревянном лотке, лежит большой кус говядины, которую Иван Михайлыч крошит на мелкие куски. Головлев садится несколько поодаль, закуривает трубку и долгое время не знает, как поступить относительно своего насыщения.

— Хлеб да соль, господа! — наконец, говорит он, — щи-то, кажется, жирные?

— Ничего щи! — отзывается Иван Михайлыч, — да вы бы, сударь, и себе спросили!

— Нет, я только к слову, сыт я!

— Чего сыты! Колбасы кусок съели, а с ее, с проклятой, еще пуще живот пучит. Кушайте-ка! вот я велю в сторонке для вас столик накрыть — кушайте на здоровье! Хозяюшка! накрой барину в сторонке — вот так!

Пассажиры молча приступают к еде и только загадочно переглядываются между собой. Головлев догадывается, что его «проникли», хотя он, не без нахальства, всю дорогу разыгрывал барина и называл Ивана Михайлыча своим казначеем. Брови у него насуплены, табачный дым так и валит изо рта. Он готов отказаться от еды, но требования голода до того настоятельны, что он как-то хищно набрасывается на поставленную перед ним чашку щей и мгновенно опоражнивает ее. Вместе с сытостью возвращается к нему и самоуверенность, и он, как ни в чем не бывало, говорит, обращаясь к Ивану Михайлычу:

— Ну, брат казначей, ты уж и расплачивайся за меня, а я пойду на сеновал с Храповицким поговорить!

Переваливаясь, отправляется он на сенник и на этот раз, так как желудок у него обременен, засыпает богатырским сном. В пять часов он опять уже на ногах. Видя, что лошади стоят у пустых яслей и чешутся мордами об края их, он начинает будить ямщика.

— Дрыхнет, каналья! — кричит он, — нам к спеху, а он приятные сны видит!

Так идет дело до станции, с которой дорога повертывает на Головлево. Только тут Степан Владимирыч несколько остепеняется. Он явно упадает духом и делается молчаливым. На этот раз уж Иван Михайлыч ободряет его и паче всего убеждает бросить трубку.

— Вы, сударь, как будете к усадьбе подходить, трубку-то в крапиву бросьте! после найдете!

Наконец лошади, долженствующие везти Ивана Михайлыча дальше, готовы. Наступает момент расставания.

— Прощай, брат! — говорит Головлев дрогнувшим голосом, целуя Ивана Михайлыча, — заест она меня!

— Бог милостив! вы тоже не слишним пугайтесь!

— Заест! — повторяет Степан Владимирыч таким убежденным тоном, что Иван Михайлыч невольно опускает глаза.

Сказавши это, Головлев круто поворачивает по направлению проселка и начинает шагать, опираясь на суковатую палку, которую он перед тем срезал от дерева.

Иван Михайлыч некоторое время следит за ним и потом бросается ему вдогонку.

— Вот что, барин! — говорит он, нагоняя его, — давеча, как ополченку вашу чистил, так три целковеньких в боковом кармане видел — не оброните как-нибудь ненароком!

Степан Владимирыч видимо колеблется и не знает, как ему поступить в этом случае. Наконец он протягивает Ивану Михайлычу руку и говорит сквозь слезы:

— Понимаю... служивому на табак... благодарю! А что касается до того... заест она меня, друг любезный! вот помяни мое слово — заест!

Головлев окончательно поворачивается лицом к проселку, и через пять минут уже далеко мелькает его серый ополченский картуз, то исчезая, то вдруг появляясь из-за чащи лесной поросли. Время стоит еще раннее, шестой час в начале; золотистый утренний туман вьется над проселком, едва пропуская лучи только что показавшегося на горизонте солнца; трава блестит; воздух напоен запахами ели, грибов и ягод; дорога идет зигзагами по низменности, в которой кишат бесчисленные стада птиц. Но Степан Владимирыч ничего не замечает: все легкомыслие вдруг соскочило с него, и он идет, словно на Страшный суд. Одна мысль до краев переполняет все его существо: еще три-четыре часа — и дальше идти уже некуда. Он припоминает свою старую головлевскую жизнь, и ему кажется, что перед ним растворяются двери сырого подвала, что, как только он перешагнет за порог этих дверей, так они сейчас захлопнутся, — и тогда все кончено. Припоминаются и другие подробности, хотя непосредственно до него не касающиеся, но несомненно характеризующие головлевские порядки. Вот дяденька Михаил Петрович (в просторечии «Мишка-буян»), который тоже принадлежал к числу «постылых» и которого дедушка Петр Иваныч заточил к дочери в Головлево, где он жил в людской и ел из одной чашки с собакой Трезоркой. Вот тетенька Вера Михайловна, которая из милости жила в головлевской усадьбе у братца Владимира Михайлыча и которая умерла «от умеренности», потому что Арина Петровна корила ее каждым куском, съедаемым за обедом, и каждым поленом дров, употребляемых для отопления ее комнаты. То же самое приблизительно предстоит пережить и ему. В воображении его мелькает бесконечный ряд безрассветных дней, утопающих в какой-то зияющей серой пропасти, — и он невольно закрывает глаза. Отныне он будет один на один с злою старухою, и даже не злою, а только оцепеневшею в апатии властности. Эта старуха заест его, заест не мучительством, а забвением. Не с кем молвить слова, некуда бежать — везде она, властная, цепенящая, презирающая. Мысль об этом неотвратимом будущем до такой степени всего его наполнила тоской, что он остановился около дерева и несколько времени бился об него головой. Вся его жизнь, исполненная кривлянья, бездельничества, буффонства, вдруг словно осветилась перед его умственным оком. Он идет теперь в Головлево, он знает, что ожидает там его, и все-таки идет, и не может не идти. Нет у него другой дороги. Самый последний из людей может что-нибудь для себя сделать, может добыть себе хлеба — он один ничего не может. Эта мысль словно впервые проснулась в нем. И прежде ему случалось думать о будущем и рисовать себе всякого рода перспективы, но это были всегда перспективы дарового довольства и никогда — перспективы труда. И вот теперь ему предстояла расплата за тот угар, в котором бесследно потонуло его прошлое. Расплата горькая, выражавшаяся в одном ужасном слове: заест!

Было около десяти часов утра, когда из-за леса показалась белая головлевская колокольня.

Лицо Степана Владимирыча побледнело, руки затряслись: он снял картуз и перекрестился. Вспомнилась ему евангельская притча о блудном сыне, возвращающемся домой, но он тотчас же понял, что, в применении к нему, подобные воспоминания составляют только одно обольщение. Наконец он отыскал глазами поставленный близ дороги межевой столб и очутился на головлевской земле, на той постылой земле, которая родила его постылым, вскормила постылым, выпустила постылым на все четыре стороны и теперь, постылого же, вновь принимает его в свое лоно. Солнце стояло уже высоко и беспощадно палило бесконечные головлевские поля. Но он бледнел все больше и больше и чувствовал, что его начинает знобить.

Наконец он дошел до погоста, и тут бодрость окончательно оставила его. Барская усадьба смотрела из-за деревьев так мирно, словно в ней не происходило ничего особенного; но на него ее вид произвел действие медузиной головы. Там чудился ему гроб. Гроб! гроб! гроб! — повторял он бессознательно про себя. И не решился-таки идти прямо в усадьбу, а зашел прежде к священнику и послал его известить о своем приходе и узнать, примет ли его маменька.

Попадья при виде его закручинилась и захлопотала об яичнице; деревенские мальчишки столпились вокруг него и смотрели на барина изумленными глазами; мужики, проходя мимо, молча снимали шапки и как-то загадочно взглядывали на него; какой-то старик-дворовый даже подбежал и попросил у барина ручку поцеловать. Все понимали, что перед ними постылый, который пришел в постылое место, пришел навсегда, и нет для него отсюда выхода, кроме как ногами вперед на погост. И всем делалось в одно и то же время и жалко и жутко.

Наконец поп пришел и сказал, что «маменька готовы принять» Степана Владимирыча. Через десять минут он был уже там. Арина Петровна встретила его торжественно-строго и смерила с ног до головы ледяным взглядом; но никаких бесполезных упреков не позволила себе. И в комнаты не допустила, а так на девичьем крыльце свиделась и рассталась, приказав проводить молодого барина через другое крыльцо к папеньке. Старик дремал в постели, покрытой белым одеялом, в белом колпаке, весь белый, словно мертвец. Увидевши его, он проснулся и идиотски захохотал.

— Что, голубчик! попался к ведьме в лапы! — крикнул он, покуда Степан Владимирыч целовал его руку. Потом крикнул петухом, опять захохотал и несколько раз сряду повторил: — съест! съест! съест!

— Съест! — словно эхо, откликнулось и в его душе.

Предвидения его оправдались. Его поместили в особой комнате того флигеля, в котором помещалась и контора. Туда принесли ему белье из домашнего холста и старый папенькин халат, в который он и облачился немедленно. Двери склепа растворились, пропустили его, и — захлопнулись.

***

Потянулся ряд вялых, безобразных дней, один за другим утопающих в серой, зияющей бездне времени. Арина Петровна не принимала его; к отцу его тоже не допускали. Дня через три бурмистр Финогей Ипатыч объявил ему от маменьки «положение», заключавшееся в том, что он будет получать стол и одежу и, сверх того, по фунту фалера[2] в месяц. Он выслушал маменькину волю и только заметил:

— Ишь ведь, старая! Пронюхала, что Жуков два рубля, а Фалер рубль девяносто стоит — и тут десять копеечек ассигнациями в месяц утянула! Верно, нищему на мой счет подать собиралась!

Признаки нравственного отрезвления, появившиеся было в те часы, покуда он приближался проселком к Головлеву, вновь куда-то исчезли. Легкомыслие опять вступило в свои права, а вместе с тем последовало и примирение с «маменькиным положением». Будущее, безнадежное и безвыходное, однажды блеснувшее его уму и наполнившее его трепетом, с каждым днем все больше и больше заволакивалось туманом и, наконец, совсем перестало существовать. На сцену выступил насущный день, с его цинической наготою, и выступил так назойливо и нагло, что всецело заполонил все помыслы, все существо. Да и какую роль может играть мысль о будущем, когда течение всей жизни бесповоротно и в самых малейших подробностях уже решено в уме Арины Петровны?

Целыми днями шагал он взад и вперед по отведенной комнате, не выпуская трубки изо рта и напевая кой-какие обрывки песен, причем церковные напевы неожиданно сменялись разухабистыми, и наоборот. Когда в конторе находился налицо земский, то он заходил к нему и высчитывал доходы, получаемые Ариной Петровной.

— И куда она экую прорву деньжищ девает! — удивлялся он, досчитываясь до цифры с лишком в восемьдесят тысяч на ассигнации, — братьям, я знаю, не ахти сколько посылает, сама живет скаредно, отца солеными полотками кормит... В ломбард! больше некуда, как в ломбард кладет.

Иногда в контору приходил и сам Финогей Ипатыч с оброками, и

[2] фунту фалера- известный в то время табачный фабрикант, конкурировавший с Жуковым. (Прим. М. Е. Салтыкова-Щедрина.)

тогда на конторском столе раскладывались по пачкам те самые деньги, на которые так разгорались глаза у Степана Владимирыча.

— Ишь пропасть какая деньжищ! — восклицал он, — и все-то к ней в хайло уйдут! нет того, чтоб сыну пачечку уделить! на мол, сын мой, в горести находящийся! вот тебе на вино и на табак!

И затем начинались бесконечные и исполненные цинизма разговоры с Яковом-земским о том, какими бы средствами сердце матери так смягчить, чтоб она души в нем не чаяла.

— В Москве у меня мещанин знакомый был, — рассказывал Головлев, — так он «слово» знал... Бывало, как не захочет ему мать денег дать, он это «слово» и скажет... И сейчас это всю ее корчить начнет, руки, ноги — словом, всё!

— Порчу, стало быть, какую ни на есть пущал! — догадывался Яков-земский.

— Ну, уж там как хочешь разумей, а только истинная это правда, что такое «слово» есть. А то еще один человек сказывал: возьми, говорит, живую лягушку и положи ее в глухую полночь в муравейник; к утру муравьи ее всю объедят, останется одна косточка; вот эту косточку ты возьми, и покуда она у тебя в кармане — что хочешь у любой бабы проси, ни в чем тебе отказу не будет.

— Что ж, это хоть сейчас сделать можно!

— То-то, брат, что сперва проклятие на себя наложить нужно! Кабы не это... то-то бы ведьма мелким бесом передо мной заплясала.

Целые часы проводились в подобных разговорах, но средств все-таки не обреталось. Всё — либо проклятие на себя наложить приходилось, либо душу черту продать. В результате ничего другого не оставалось, как жить на «маменькином положении», поправляя его некоторыми произвольными поборами с сельских начальников, которых Степан Владимирыч поголовно обложил данью в свою пользу, в виде табаку, чаю и сахару. Кормили его чрезвычайно плохо. Обыкновенно, приносили остатки маменькинова обеда, а так как Арина Петровна была умеренна до скупости, то естественно, что на его долю оставалось немного. Это было в особенности для него мучительно, потому что с тех пор, как вино сделалось для него запретным плодом, аппетит его быстро усилился. С утра до вечера он голодал и только об том и думал, как бы наесться. Подкарауливал часы, когда маменька отдыхала, бегал в кухню, заглядывал даже в людскую и везде что-нибудь нашаривал. По временам садился у открытого окна и поджидал, не проедет ли кто. Ежели проезжал мужик из своих, то останавливал его и облагал данью: яйцом, ватрушкой и т. д.

Еще при первом свидании, Арина Петровна в коротких словах выяснила ему полную программу его житья-бытья. — Покуда — живи! —

сказала она, — вот тебе угол в конторе, пить-есть будешь с моего стола, а на прочее — не погневайся, голубчик! Разносолов у меня от роду не бывало, а для тебя и подавно заводить не стану. Вот братья ужо приедут: какое положение они промежду себя для тебя присоветуют — так я с тобой и поступлю. Сама на душу греха брать не хочу, как братья решат — так тому и быть!

И вот теперь он с нетерпением ждал приезда братьев. Но при этом он совсем не думал о том, какое влияние будет иметь этот приезд на дальнейшую его судьбу (по-видимому, он решил, что об этом и думать нечего), а загадывал только, привезет ли ему брат Павел табаку, и сколько именно.

«А может, и денег отвалит! — прибавлял он мысленно, — Порфишка-кровопивец — тот не даст, а Павел... Скажу ему: дай, брат, служивому на вино... даст! как, чай, не дать!»

Время проходило, и он не замечал его. Это была абсолютная праздность, которою он, однако, почти не тяготился. Только по вечерам было скучно, потому что земский уходил часов в восемь домой, а для него Арина Петровна не отпускала свечей, на том основании, что по комнате взад и вперед шагать и без свечей можно. Но он и к этому скоро привык и даже полюбил темноту, потому что в темноте сильнее разыгрывалось воображение и уносило его далеко из постылого Головлева. Одно его тревожило: сердце у него неспокойно было и как-то странно трепыхалось в груди, в особенности когда он ложился спать. Иногда он вскакивал с постели, словно ошеломленный, и бегал по комнате, держась рукой за левую сторону груди.

«Эх, кабы околеть! — думалось ему при этом, — нет, ведь, не околею! А может быть...»

Но когда однажды утром земский таинственно доложил ему, что ночью братцы приехали, — он невольно вздрогнул и изменился в лице. Что-то ребяческое вдруг в нем проснулось; хотелось бежать поскорее в дом, взглянуть, как они одеты, какие постланы им постели и есть ли у них такие же дорожные несессеры, как он видел у одного ополченского капитана; хотелось послушать, как они будут говорить с маменькой, подсмотреть, что будут им подавать за обедом. Словом сказать, хотелось и еще раз приобщиться к той жизни, которая так упорно отметала его от себя, броситься к матери в ноги, вымолить ее прощение и потом, на радостях, пожалуй, съесть и упитанного тельца. Еще в доме было все тихо, а он уж сбегал к повару на кухню и узнал, что к обеду заказано: на горячее щи из свежей капусты, небольшой горшок, да вчерашний суп разогреть велено, на холодное — полоток соленый да сбоку две пары котлеточек, на жаркое — баранину да сбоку четыре бекасика, на пирожное — малиновый пирог со сливками.

— Вчерашний суп, полоток и баранина — это, брат, постылому! — сказал он повару, — пирога, я полагаю, мне тоже не дадут!

— Это как будет угодно маменьке, сударь.

— Эхма! А было время, что и я дупелей едал! едал, братец! Однажды с поручиком Гремыкиным даже на пари побился, что сряду пятнадцать дупелей съем, — и выиграл! Только после этого целый месяц смотреть без отвращения на них не мог!

— А теперь и опять бы покушали?

— Не даст! А чего бы, кажется, жалеть! Дупель — птица вольная: ни кормить ее, ни смотреть за ней — сама на свой счет живет! И дупель некупленный, и баран некупленный — а вот поди ж ты! знает, ведьма, что дупель вкуснее баранины, — ну и не даст! Сгноит, а не даст! А на завтрак что заказано?

— Печенка заказана, грибы в сметане, сочни...

— Ты бы хоть соченька мне прислал... постарайся, брат!

— Надо постараться. А вы вот что, сударь. Ужо, как завтракать братцы сядут, пришлите сюда земского: он вам парочку соченьков за пазухой пронесет.

Все утро прождал Степан Владимирыч, не придут ли братцы, но братцы не шли. Наконец, часов около одиннадцати, принес земский два обещанных сочня и доложил, что братцы сейчас отзавтракали и заперлись с маменькой в спальной.

***

Арина Петровна встретила сыновей торжественно, удрученная горем. Две девки поддерживали ее под руки; седые волосы прядями выбились из-под белого чепца, голова понурилась и покачивалась из стороны в сторону, ноги едва волочились. Вообще она любила в глазах детей разыграть роль почтенной и удрученной матери и в этих случаях с трудом волочила ноги и требовала, чтобы ее поддерживали под руки девки. Степка-балбес называл такие торжественные приемы — архиерейским служением, мать — архиерейшею, а девок Польку и Юльку — архиерейшиными жезлоносицами. Но так как был уже второй час ночи, то свидание произошло без слов. Молча подала она детям руку для целования, молча перецеловала и перекрестила их, и когда Порфирий Владимирыч изъявил готовность хоть весь остаток ночи прокалякать с милым другом маменькой, то махнула рукой, сказав:

— Ступайте! отдохните с дороги! не до разговоров теперь, завтра поговорим.

На другой день, утром, оба сына отправились к папеньке ручку поцеловать, но папенька ручки не дал. Он лежал на постели с закрытыми глазами и, когда вошли дети, крикнул:

— Мытаря судить приехали?.. вон, фарисеи... вон!

Тем не менее Порфирий Владимирыч вышел из папенькинова кабинета взволнованный и заплаканный, а Павел Владимирыч, как «истинно бесчувственный идол», только ковырял пальцем в носу.

— Не хорош он у вас, добрый друг маменька! ах, как не хорош! — воскликнул Порфирий Владимирыч, бросаясь на грудь к матери.

— Разве очень сегодня слаб?

— Уж так слаб! так слаб! Не жилец он у вас!

— Ну, поскрипит еще!

— Нет, голубушка, нет! И хотя ваша жизнь никогда не была особенно радостна, но как подумаешь, что столько ударов зараз... право, даже удивляешься, как это вы силу имеете переносить эти испытания!

— Что ж, мой друг, и перенесешь, коли господу богу угодно! знаешь, в Писании-то что сказано: тяготы друг другу носите — вот и выбрал меня он, батюшко, чтоб семейству своему тяготы носить!

Арина Петровна даже глаза зажмурила: так это хорошо ей показалось, что все живут на всем на готовеньком, у всех-то все припасено, а она одна — целый-то день мается да всем тяготы носит.

— Да, мой друг! — сказала она после минутного молчания, — тяжеленько-таки мне на старости лет! Припасла я детям на свой пай — пора бы и отдохнуть! Шутка сказать — четыре тысячи душ! этакой-то махиной управлять в мои лета! за всяким ведь погляди! всякого уследи! да походи, да побегай! Хоть бы эти бурмистры да управители наши: ты не гляди, что он тебе в глаза смотрит! одним-то глазом он на тебя, а другим — в лес норовит! Самый это народ... маловерный! Ну, а ты что? — прервала она вдруг, обращаясь к Павлу, — в носу ковыряешь?

— Мне что ж! — огрызнулся Павел Владимирыч, обеспокоенный в самом разгаре своего занятия.

— Как что! все же отец тебе — можно бы и пожалеть!

— Что ж — отец! Отец как отец... как всегда! Десять лет он такой! Всегда вы меня притесняете!

— Зачем мне тебя притеснять, друг мой, я мать тебе! Вот Порфиша: и приласкался и пожалел — все как след доброму сыну сделал, а ты и на мать-то путем посмотреть не хочешь, все исподлобья да сбоку, словно она — не мать, а ворог тебе! Не укуси, сделай милость!

— Да что же я...

— Постой! помолчи минутку! дай матери слово сказать! Помнишь ли, что в заповеди-то сказано: чти отца твоего и матерь твою — и благо ти будет... стало быть, ты «блага»-то себе не хочешь?

Павел Владимирыч молчал и смотрел на мать недоумевающими глазами.

— Вот видишь, ты и молчишь, — продолжала Арина Петровна, — стало быть, сам чувствуешь, что блохи за тобой есть. Ну, да уж бог с тобой! Для радостного свидания, оставим этот разговор. Бог, мой друг, все видит, а я... ах, как давно я тебя насквозь понимаю! Ах, детушки, детушки! вспомните мать, как в могилке лежать будет, вспомните — да поздно уж будет!

— Маменька! — вступился Порфирий Владимирыч, — оставьте эти черные мысли! оставьте!

— Умирать, мой друг, всем придется! — сентенциозно произнесла Арина Петровна, — не черные это мысли, а самые, можно сказать... божественные! Хирею я, детушки, ах, как хирею! Ничего-то во мне прежнего не осталось — слабость да хворость одна! Даже девки-поганки заметили это — и в ус мне не дуют! Я слово — они два! я слово — они десять! Одну только угрозу и имею на них, что молодым господам, дескать, пожалуюсь! Ну, иногда и попритихнут!

Подали чай, потом завтрак, в продолжение которых Арина Петровна все жаловалась и умилялась сама над собой. После завтрака она пригласила сыновей в свою спальную.

Когда дверь была заперта на ключ, Арина Петровна немедленно приступила к делу, по поводу которого был созван семейный совет.

— Балбес-то ведь явился! — начала она.

— Слышали, маменька, слышали! — отозвался Порфирий Владимирыч не то с иронией, не то с благодушием человека, который только что сытно покушал.

— Пришел, словно и дело сделал, словно так и следовало: сколько бы, мол, я ни кутил, ни мутил, у старухи матери всегда про меня кусок хлеба найдется! Сколько я в своей жизни ненависти от него видела! сколько от одних его буффонств да каверзов мучения вытерпела! Что я в ту пору трудов приняла, чтоб его на службу-то втереть! — и все как с гуся вода! Наконец билась-билась, думаю: господи! да коли он сам об себе радеть не хочет — неужто я обязана из-за него, балбеса долговязого, жизнь свою убивать! Дай, думаю, выкину ему кусок, авось свой грош в руки попадет — постепеннее будет! И выкинула. Сама и дом-то для него высмотрела, сама собственными руками, как одну копейку, двенадцать тысячек серебром денег выложила! И что ж! не прошло после того и трех лет — ан он и опять у меня на шее повис! Долго ли мне надругательства-то эти переносить?

Порфиша вскинул глазами в потолок и грустно покачал головою, словно бы говорил: «а-а-ах! дела! дела! и нужно же милого друга маменьку так беспокоить! сидели бы все смирно, ладком да мирком — ничего бы этого не было, и маменька бы не гневалась... а-а-ах, дела, дела!» Но Арине Петровне, как женщине, не терпящей, чтобы течение ее мыслей было чем бы то ни было прерываемо, движение Порфиши не понравилось.

— Нет, ты погоди головой-то вертеть, — сказала она, — ты прежде выслушай! Каково мне было узнать, что он родительское-то благословение, словно обглоданную кость, в помойную яму выбросил? Каково мне было чувствовать, что я, с позволения сказать, ночей недосыпала, куска недоедала, а он — на-тко! Словно вот взял, купил на базаре бирюльку — не занадобилась, и выкинул ее за окно! Это родительское-то благословение!

— Ах, маменька! Это такой поступок! такой поступок! — начал было Порфирий Владимирыч, но Арина Петровна опять остановила его.

— Стой! погоди! когда я прикажу, тогда свое мнение скажешь! И хоть бы он меня, мерзавец, предупредил! Виноват, мол, маменька, так и так — не воздержался! Я ведь и сама, кабы вовремя, сумела бы за бесценок дом-то приобрести! Не сумел недостойный сын пользоваться, — пусть попользуются достойные дети! Ведь он, шутя-шутя, дом-то, пятнадцать процентов в год интересу принесет! Может быть, я бы ему за это еще тысячку рублей на бедность выкинула! А то — на-тко! сижу здесь, ни сном, ни делом не вижу, а он уж и распорядился! Двенадцать тысяч собственными руками за дом выложила, а он его с аукциона в восьми тысячах спустил!

— А главное, маменька, что он с родительским благословением так низко поступил! — поспешил скороговоркой прибавить Порфирий Владимирыч, словно опасаясь, чтоб маменька вновь не прервала его.

— И это, мой друг, да и то. У меня, голубчик, деньги-то не шальные; я не танцами да курантами приобретала их, а хребтом да потом. Я как богатства-то достигала? Как за папеньку-то я шла, у него только и было, что Головлево, сто одна душа, да в дальних местах, где двадцать, где тридцать — душ с полтораста набралось! А у меня, у самой-то — и всего ничего! И ну-тко, при таких-то средствах, какую махину выстроила! Четыре-то тысячи душ — их ведь не скроешь! И хотела бы в могилку с собой унести, да нельзя! Как ты думаешь, легко мне они, эти четыре тысячи душ, достались? Нет, друг мой любезный, так нелегко, так нелегко, что, бывало, ночью не спишь — все тебе мерещится, как бы так дельцо умненько обделать, чтоб до времени никто и пронюхать об нем не мог! Да чтобы кто-нибудь не перебил, да чтобы копеечки лишненькой не истратить! И чего я не попробовала! и слякоть-то, и распутицу-то, и гололедицу-то — всего отведала! Это уж в последнее время я в тарантасах-то роскошничать начала, а в первое-то время соберут, бывало, тележонку крестьянскую, кибитчонку кой-какую на нее навяжут, пару лошадочек запрягут — я и плетусь трюх-трюх до Москвы! Плетусь, а сама все думаю: а ну, как кто-нибудь именье-то у меня перебьет! Да и в Москву приедешь, у Рогожской на постоялом остановишься, вони да грязи — все я, друзья мои, вытерпела! На извозчика, бывало, гривенника жаль, — на своих на двоих от Рогожской до Солянки пру! Даже дворники — и те дивятся: барыня, говорят, ты молоденькая и с достатком, а такие труды на себя принимаешь! А я все молчу да терплю. И денег-то у меня в первый раз всего тридцать тысяч на ассигнации было — папенькины кусочки дальние, душ со сто, продала, — да с этою-то суммой и пустилась я, шутка сказать, тысячу душ покупать! Отслужила у Иверской молебен, да и пошла на Солянку счастья попытать. И что ж ведь! Словно видела заступница мои слезы горькие — оставила-таки имение за мной! И чудо какое: как я тридцать тысяч, окроме казенного долга, надавала, так словно вот весь аукцион перерезала! Прежде и галдели и горячились, а тут и надбавлять перестали, и стало вдруг тихо-тихо кругом. Встал это присутствующий, поздравляет меня, а я ничего не понимаю! Стряпчий тут был, Иван Николаич, подошел ко мне: с покупочкой, говорит, сударыня, а я словно вот столб деревянный стою! И как ведь милость-то божия велика! Подумайте только: если б, при таком моем исступлении, вдруг кто-нибудь на озорство крикнул: тридцать пять тысяч даю! — ведь я, пожалуй, в беспамятстве-то и все сорок надавала бы! А где бы я их взяла?!

Арина Петровна много раз уже рассказывала детям эпопею своих первых шагов на арене благоприобретения, но, по-видимому, она и доднесь не утратила в их глазах интереса новизны. Порфирий Владимирыч слушал маменьку, то улыбаясь, то вздыхая, то закатывая глаза, то опуская их, смотря по свойству перипетий, через которые она проходила. А Павел Владимирыч даже большие глаза раскрыл, словно ребенок, которому рассказывают знакомую, но никогда не надоедающую сказку.

— А вы, чай, думаете, даром состояние-то матери досталось! — продолжала Арина Петровна, — нет, друзья мои! даром-то и прыщ на носу не вскочит: я после первой-то покупки в горячке шесть недель вылежала! Вот теперь и судите: каково мне видеть, что после таких-то, можно сказать, истязаний, трудовые мои денежки, ни дай ни вынеси за что, в помойную яму выброшены!

Последовало минутное молчание. Порфирий Владимирыч готов был ризы на себе разодрать, но опасался, что в деревне, пожалуй, некому починить их будет; Павел Владимирыч, как только кончилась «сказка» о благоприобретении, сейчас же опустился, и лицо его приняло прежнее апатичное выражение.

— Так вот я затем вас и призвала, — вновь начала Арина Петровна, — судите вы меня с ним, со злодеем! Как вы скажете, так и будет! Его осу́дите — он будет виноват, меня осу́дите — я виновата буду. Только уж я себя злодею в обиду не дам! — прибавила она совсем неожиданно.

Порфирий Владимирыч почувствовал, что праздник на его улице наступил, и разошелся соловьем. Но, как истинный кровопивец, он не приступил к делу прямо, а начал с околичностей.

— Если вы позволите мне, милый друг маменька, выразить мое мнение, — сказал он, — то вот оно в двух словах: дети обязаны повиноваться родителям, слепо следовать указаниям их, покоить их в старости — вот и все. Что такое дети, милая маменька? Дети — это любящие существа, в которых все, начиная от них самих и кончая последней тряпкой, которую они на себе имеют, — все принадлежит родителям. Поэтому, родители могут судить детей; дети же родителей — никогда. Обязанность детей — чтить, а не судить. Вы говорите: судите меня с ним! Это великодушно, милая маменька, веллли-ко-лепно! Но можем ли мы без страха даже подумать об этом, мы, от первого дня рождения облагодетельствованные вами с головы до ног? Воля ваша, но это будет святотатство, а не суд! Это будет такое святотатство, такое святотатство...

— Стой! погоди! коли ты говоришь, что не можешь меня судить, так оправь меня, а его осуди! — прервала его Арина Петровна, которая вслушивалась и никак не могла разгадать: какой такой подвох у Порфишки-кровопивца в голове засел.

— Нет, голубушка маменька, и этого не могу! Или, лучше сказать, не смею и не имею права. Ни оправлять, ни обвинять — вообще судить не могу. Вы — мать, вам одним известно, как с нами, вашими детьми, поступать. Заслужили мы — вы наградите нас, провинились — накажите. Наше дело — повиноваться, а не критиковать. Если б вам пришлось даже и переступить, в минуту родительского гнева, меру справедливости — и тут мы не смеем роптать, потому что пути провидения скрыты от нас. Кто знает? Может быть, это и нужно так! Так-то и здесь: брат Степан поступил низко, даже, можно сказать, черно̀, но определить степень возмездия, которое он заслуживает за свой поступок, можете вы одни!

— Стало быть, ты отказываешься? Выпутывайтесь, мол, милая маменька, как сами знаете!

— Ах, маменька, маменька! и не грех это вам! Ах-ах-ах! Я говорю: как вам угодно решить участь брата Степана, так пусть и будет — а вы... ах, какие вы черные мысли во мне предполагаете!

— Хорошо. Ну, а ты как? — обратилась Арина Петровна к Павлу Владимирычу.

— Мне что ж! Разве вы меня послушаетесь? — заговорил Павел Владимирыч словно сквозь сон, но потом неожиданно захрабрился и продолжал: — Известно, виноват... на куски рвать... в ступе истолочь... вперед известно... мне что ж!

Пробормотавши эти бессвязные слова, он остановился и с разинутым ртом смотрел на мать, словно сам не верил ушам своим.

— Ну, голубчик, с тобой — после! — холодно оборвала его Арина Петровна, — ты, я вижу, по Степкиным следам идти хочешь... ах, не ошибись, мой друг! Покаешься после — да поздно будет!

— Я что ж! Я ничего!.. Я говорю: как хотите! что же тут... непочтительного? — спасовал Павел Владимирыч.

— После, мой друг, после с тобой поговорим! Ты думаешь, что офицер, так и управы на тебя не найдется! Найдется, голубчик, ах, как найдется! Так, значит, вы оба от су́дбища отказываетесь?

— Я, милая маменька...

— И я тоже. Мне что! По мне, пожалуй, хоть на куски...

— Да замолчи, Христа ради... недобрый ты сын! (Арина Петровна понимала, что имела право сказать «негодяй», но, ради радостного свидания, воздержалась.) Ну, ежели вы отказываетесь, то приходится мне уж собственным судом его судить. И вот какое мое решение будет: попробую и еще раз добром с ним поступить: отделю ему папенькину вологодскую деревнюшку, велю там флигелечек небольшой поставить — и пусть себе живет, вроде как убогого, на прокормлении у крестьян!

Хотя Порфирий Владимирыч и отказался от суда над братом, но великодушие маменьки так поразило его, что он никак не решился скрыть от нее опасные последствия, которые влекла за собой сейчас высказанная мера.

— Маменька! — воскликнул он, — вы больше, чем великодушны! Вы видите перед собой поступок... ну, самый низкий, черный поступок... и вдруг все забыто, все прощено! Веллли-ко-лепно. Но извините меня... боюсь я, голубушка, за вас! Как хотите меня судите, а на вашем месте... я бы так не поступил!

— Это почему?

— Не знаю... Может быть, во мне нет этого великодушия... этого, так сказать, материнского чувства... Но все как-то сдается: а что, ежели брат Степан, по свойственной ему испорченности, и с этим вторым вашим родительским благословением поступит точно так же, как и с первым?

Оказалось, однако, что соображение это уж было в виду у Арины Петровны, но что, в то же время, существовала и другая сокровенная мысль, которую и пришлось теперь высказать.

— Вологодское-то именье ведь папенькино, родовое, — процедила она сквозь зубы, — рано или поздно все-таки придется ему из папенькинова имения часть выделять.

— Понимаю я это, милый друг маменька...

— А коли понимаешь, так, стало быть, понимаешь и то, что, выделивши ему вологодскую-то деревню, можно обязательство с него стребовать, что он от папеньки отделен и всем доволен?

— Понимаю и это, голубушка маменька. Большую вы тогда, по доброте вашей, ошибку сделали! Надо было тогда, как вы дом покупали, — тогда надо было обязательство с него взять, что он в папенькино именье не вступщик!

— Что делать! не догадалась!

— Тогда он, на радостях-то, какую угодно бумагу бы подписал! А вы, по доброте вашей... ах, какая это ошибка была! такая ошибка! такая ошибка!

— «Ах» да «ах» — ты бы в ту пору, ахало, ахал, как время было. Теперь ты все готов матери на голову свалить, а чуть коснется до дела — тут тебя и нет! А впрочем, не об бумаге и речь: бумагу, пожалуй, я и теперь сумею от него вытребовать. Папенька-то не сейчас, чай, умрет, а до тех пор балбесу тоже пить-есть надо. Не выдаст бумаги — можно и на порог ему указать: жди папенькиной смерти! Нет, я все-таки знать желаю: тебе не нравится, что я вологодскую деревнюшку хочу ему отделить?

— Промотает он ее, голубушка! дом промотал — и деревню промотает!

— А промотает, так пусть на себя и пеняет!

— К вам же ведь он тогда придет!

— Ну нет, это дудки! И на порог к себе его не пущу! Не только хлеба — воды ему, постылому, не вышлю! И люди меня за это не осудят, и бог не накажет. На-тко! дом прожил, имение прожил — да разве я крепостная его, чтобы всю жизнь на него одного припасать? Чай, у меня и другие дети есть!

— И все-таки к вам он придет. Наглый ведь он, голубушка маменька!

— Говорю тебе: на порог не пущу! Что ты, как сорока, заладил: «придет» да «придет» — не пущу!

Арина Петровна умолкла и уставилась глазами в окно. Она и сама смутно понимала, что вологодская деревнюшка только временно освободит ее от «постылого», что в конце концов он все-таки и ее промотает, и опять придет к ней, и что, как мать, она не может отказать ему в угле, но мысль, что ее ненавистник останется при ней навсегда, что он, даже заточенный в контору, будет, словно привидение, ежемгновенно преследовать ее воображение — эта мысль до такой степени давила ее, что она невольно всем телом вздрагивала.

— Ни за что! — крикнула она наконец, стукнув кулаком по столу и вскакивая с кресла.

А Порфирий Владимирыч смотрел на милого друга маменьку и скорбно покачивал в такт головою.

— А ведь вы, маменька, гневаетесь! — наконец произнес он таким умильным голосом, словно собирался у маменьки брюшко пощекотать.

— А по-твоему, в пляс, что ли, я пуститься должна?

— А-а-ах! а что в Писании насчет терпенья-то сказано? В терпении, сказано, стяжите души ваши! в терпении — вот как! Бог-то, вы думаете, не видит? Нет, он все видит, милый друг маменька! Мы, может быть, и не подозреваем ничего, сидим вот: и так прикинем, и этак примерим, — а он там уж и решил: дай, мол, пошлю я ей испытание! А-а-ах! а я-то думал, что вы, маменька, паинька!

Но Арина Петровна очень хорошо поняла, что Порфишка-кровопивец только петлю закидывает, и потому окончательно рассердилась.

— Шутовку ты, что ли, из меня сделать хочешь! — прикрикнула она на него, — мать об деле говорит, а он — скоморошничает! Нечего зубы-то мне заговаривать! сказывай, какая твоя мысль! В Головлеве, что ли, его, у матери на шее, оставить хочешь?

— Точно так, маменька, если милость ваша будет. Оставить его на том же положении, как и теперь, да и бумагу насчет наследства от него вытребовать.

— Так... так... знала я, что ты это присоветуешь. Ну хорошо. Положим, что сделается по-твоему. Как ни несносно мне будет ненавистника моего всегда подле себя видеть, — ну, да видно пожалеть обо мне некому. Молода была — крест несла, а старухе и подавно от креста отказываться не след. Допустим это, будем теперь об другом говорить. Покуда мы с папенькой живы — ну и он будет жить в Головлеве, с голоду не помрет. А потом как?

— Маменька! друг мой! Зачем же черные мысли?

— Черные ли, белые ли — подумать все-таки надо. Не молоденькие мы. Поколеем оба — что с ним тогда будет?

— Маменька! да неужто ж вы на нас, ваших детей, не надеетесь? в таких ли мы правилах вами были воспитаны?

И Порфирий Владимирыч взглянул на нее одним из тех загадочных взглядов, которые всегда приводили ее в смущение.

— Закидывает! — откликнулось в душе ее.

— Я, маменька, бедному-то еще с большею радостью помогу! богатому что! Христос с ним! у богатого и своего довольно! А бедный — знаете ли, что Христос про бедного-то сказал!

Порфирий Владимирыч встал и поцеловал у маменьки ручку.

— Маменька! позвольте мне брату два фунта табаку подарить! — попросил он.

Арина Петровна не отвечала. Она смотрела на него и думала: неужто он в самом деле такой кровопивец, что брата родного на улицу выгонит?

— Ну, делай как знаешь! В Головлеве так в Головлеве ему жить! — наконец, сказала она, — окружил ты меня кругом! опутал! начал с того: как вам, маменька, будет угодно! а под конец заставил-таки меня под свою дудку плясать! Ну, только слушай ты меня! Ненавистник он мне, всю жизнь он меня казнил да позорил, а наконец и над родительским благословением моим надругался, а все-таки, если ты его за порог выгонишь или в люди заставишь идти — нет тебе моего благословения! Нет, нет и нет! Ступайте теперь оба к нему! чай, он и буркалы-то свои проглядел, вас высматриваючи!

Сыновья ушли, а Арина Петровна встала у окна и следила, как они, ни слова друг другу не говоря, переходили через красный двор к конторе. Порфиша беспрестанно снимал картуз и крестился: то на церковь, белевшуюся вдали, то на часовню, то на деревянный столб, к которому была прикреплена кружка для подаяний. Павлуша, по-видимому, не мог оторвать глаз от своих новых сапогов, на кончике которых так и переливались лучи солнца.

— И для кого я припасала! ночей недосыпала, куска недоедала... для кого? — вырвался из груди ее вопль.

***

Братцы уехали; головлевская усадьба запустела. С усиленною ревностью принялась Арина Петровна за прерванные хозяйственные занятия; притихла стукотня поварских ножей на кухне, но зато удвоилась деятельность в конторе, в амбарах, кладовых, погребах и т. д. Лето-припасуха приближалось к концу; шло варенье, соленье, приготовление впрок; отовсюду стекались запасы на зиму, из всех вотчин возами привозилась бабья натуральная повинность: сушеные грибы, ягоды, яйца, овощи и проч. Все это мерялось, принималось и присовокуплялось к запасам прежних годов. Недаром у головлевской барыни была выстроена целая линия погребов, кладовых и амбаров; все они были полным-полнехоньки, и немало было в них порченого материала, к которому приступить нельзя было, ради гнилого запаха. Весь этот материал сортировался к концу лета, и та часть его, которая оказывалась ненадежною, сдавалась в застольную.

— Огурчики-то еще хороши, только сверху немножко словно

поослизли, припахивают, ну, да уж пусть дворовые полакомятся, — говорила Арина Петровна, приказывая оставить то ту, то другую кадку.

Степан Владимирыч удивительно освоился с своим новым положением. По временам ему до страсти хотелось «дерябнуть», «куликнуть» и вообще «закатиться» (у него, как увидим дальше, были даже деньги для этого), но он с самоотвержением воздерживался, словно рассчитывая, что «самое время» еще не наступило. Теперь он был ежеминутно занят, ибо принимал живое и суетливое участие в процессе припасания, бескорыстно радуясь и печалясь удачам и неудачам головлевского скопидомства. В каком-то азарте пробирался он от конторы к погребам, в одном халате, без шапки, хоронясь от матери позади деревьев и всевозможных клетушек, загромождавших красный двор (Арина Петровна, впрочем, не раз замечала его в этом виде, и закипало-таки ее родительское сердце, чтоб Степку-балбеса хорошенько осадить, но, по размышлении, она махнула на него рукой), и там с лихорадочным нетерпением следил, как разгружались подводы, приносились с усадьбы банки, бочонки, кадушки, как все это сортировалось и, наконец, исчезало в зияющей бездне погребов и. кладовых. В большей части случаев он оставался доволен.

— Сегодня рыжиков из Дубровина привезли две телеги — вот, брат, так рыжики! — в восхищении сообщал он земскому, — а мы уж думали, что на зиму без рыжиков останемся! Спасибо, спасибо дубровинцам! молодцы дубровинцы! выручили!

Или:

— Сегодня мать карасей в пруду наловить велела — ах, хороши старики! Больше чем в поларшина есть! Должно быть, мы всю эту неделю карасями питаться будем!

Иногда, впрочем, и печалился.

— Огурчики-то, брат, нынче не удались! Корявые да с пятнами — нет настоящего огурца, да и шабаш! Видно, прошлогодними будем питаться, а нынешние — в застольную, больше некуда!

Но вообще хозяйственная система Арины Петровны не удовлетворяла его.

— Сколько, брат, она добра перегноила — страсть! Таскали нынче, таскали: солонину, рыбу, огурцы — все в застольную велела отдать! Разве это дело? разве расчет таким образом хозяйство вести! Свежего запасу пропасть, а она и не прикоснется к нему, покуда всей старой гнили не приест!

Уверенность Арины Петровны, что с Степки-балбеса какую-угодно бумагу без труда стребовать можно, оправдалась вполне. Он не только без возражений подписал все присланные ему матерью бумаги, но даже хвастался в тот же вечер земскому:

— Сегодня, брат, я всё бумаги подписывал. Отка̀зные всё — чист теперь! Ни плошки, ни ложки — ничего теперь у меня нет, да и впредь не предвидится! Успокоил старуху!

С братьями он расстался мирно и был в восторге, что теперь у него целый запас табаку. Конечно, он не мог воздержаться, чтоб не обозвать Порфишу кровопивушкой и Иудушкой, но выражения эти совершенно незаметно утонули в целом потоке болтовни, в которой нельзя было уловить ни одной связной мысли. На прощанье братцы расщедрились и даже дали денег, причем Порфирий Владимирыч сопровождал свой дар следующими словами:

— Маслица в лампадку занадобится или богу свечечку поставить захочется — ан деньги-то и есть! Так-то, брат! Живи-ко, брат, тихо да смирно — и маменька будет тобой довольна, и тебе будет покойно, и всем нам весело и радостно. Мать — ведь она добрая, друг!

— Добрая-то добрая, — согласился и Степан Владимирыч, — только вот солониной протухлой кормит!

— А кто виноват? кто над родительским благословением надругался? — сам виноват, сам именьице-то спустил! А именьице-то какое было: кругленькое, превыгодное, пречудесное именьице! Вот кабы ты повел себя скромненько да ладненько, ел бы ты и говядинку и телятинку, а не то так и соусцу бы приказал. И всего было бы у тебя довольно: и картофельцу, и капустки, и горошку... Так ли, брат, я говорю?

Если б Арина Петровна слышала этот диалог, наверно, она не воздержалась бы, чтоб не сказать: ну, затарантила таранта! Но Степка-балбес именно тем и счастлив был, что слух его, так сказать, не задерживал посторонних речей. Иудушка мог говорить сколько угодно и быть вполне уверенным, что ни одно его слово не достигнет по назначению.

Одним словом, Степан Владимирыч проводил братьев дружелюбно и не без самодовольства показал Якову-земскому две двадцатипятирублевые бумажки, очутившиеся в его руке после прощания.

— Теперь, брат, мне надолго станет! — сказал он, — табак у нас есть, чаем и сахаром мы обеспечены, только вина недоставало — захотим, и вино будет! Впрочем, покуда еще придержусь — времени теперь нет, на погреб бежать надо! Не присмотри крошечку — мигом растащат! А видела, брат, она меня, видела, ведьма, как я однажды около застольной по стенке пробирался! Стоит это у окна, смотрит, чай, на меня да думает: то-то я огурцов не досчитываюсь, — ан вот оно что!

Но вот наконец и октябрь на дворе: полились дожди, улица почернела и сделалась непроходимою. Степану Владимирычу некуда было выйти, потому что на ногах у него были заношенные папенькины туфли, на плечах старый папенькин халат. Безвыходно сидел он у окна в своей комнате и сквозь двойные рамы смотрел на крестьянский поселок, утонувший в грязи. Там, среди серых испарений осени, словно черные точки, проворно мелькали люди, которых не успела сломить летняя страда. Страда не прекращалась, а только получила новую обстановку, в которой летние ликующие тоны заменились непрерывающимися осенними сумерками. Овины курились за полночь, стук цепов унылою дробью разносился по всей окрестности. В барских ригах тоже шла молотьба, и в конторе поговаривали, что вряд ли ближе масленицы управиться со всей массой господского хлеба. Все глядело сумрачно, сонно, все говорило об угнетении. Двери конторы уже не были отперты настежь, как летом, и в самом ее помещении плавал сизый туман от испарений мокрых полушубков.

Трудно сказать, какое впечатление производила на Степана Владимирыча картина трудовой деревенской осени, и даже сознавал ли он в ней страду, продолжающуюся среди месива грязи, под непрерывным ливнем дождя; но достоверно, что серое, вечно слезящееся небо осени давило его. Казалось, что оно висит непосредственно над его головой и грозит утопить его в разверзнувшихся хлябях земли. У него не было другого дела, как смотреть в окно и следить за грузными массами облаков. С утра, чуть брезжил свет, уж весь горизонт был сплошь обложен ими; облака стояли словно застывшие, очарованные; проходил час, другой, третий, а они всё стояли на одном месте, и даже незаметно было ни малейшей перемены ни в колере, ни в очертаниях их. Вон это облако, что пониже и почернее других: и давеча оно имело разорванную форму (точно поп в рясе с распростертыми врозь руками), отчетливо выступавшую на белесоватом фоне верхних облаков, — и теперь, в полдень, сохранило ту же форму. Правая рука, правда, покороче сделалась, зато левая безобразно вытянулась, и льет из нее, льет так, что даже на темном фоне неба обозначилась еще более темная, почти черная полоса. Вон и еще облако подальше: и давеча оно громадным косматым комом висело над соседней деревней Нагловкой и, казалось, угрожало задушить ее — и теперь тем же косматым комом на том же месте висит, а лапы книзу протянуло, словно вот-вот спрыгнуть хочет. Облака, облака и облака — так весь день. Часов около пяти после обеда совершается метаморфоза: окрестность постепенно заволакивается, заволакивается и, наконец, совсем пропадает. Сначала облака исчезнут и все затянутся безразличной черной пеленою; потом куда-то пропадет лес и Нагловка; за нею утонет церковь, часовня, ближний крестьянский поселок, фруктовый сад, и только глаз, пристально следящий за процессом этих таинственных исчезновений, еще может различать стоящую в нескольких саженях барскую усадьбу. В комнате уж совсем темно; в конторе еще сумерничают, не зажигают огня; остается только ходить, ходить, ходить без конца. Болезненная истома сковывает ум; во всем организме, несмотря на бездеятельность, чувствуется беспричинное, невыразимое утомление; одна только мысль мечется, сосет и давит — и эта мысль: гроб! гроб! гроб! Вон эти точки, что давеча мелькали на темном фоне грязи, около деревенских гумен, — их эта мысль не гнетет, и они не погибнут под бременем уныния и истомы: они ежели и не борются прямо с небом, то, по крайней мере, барахтаются, что-то устраивают, ограждают, ухичивают. Стоит ли ограждать и ухичивать то, над устройством чего они день и ночь выбиваются из сил, — это не приходило ему на ум, но он сознавал, что даже и эти безымянные точки стоят неизмеримо выше его, что он и барахтаться не может, что ему нечего ни ограждать, ни ухичивать.

Вечера он проводил в конторе, потому что Арина Петровна, по-прежнему, не отпускала для него свечей. Несколько раз просил он через бурмистра, чтоб прислали ему сапоги и полушубок, но получил ответ, что сапогов для него не припасено, а вот наступят заморозки, то будут ему выданы валенки. Очевидно, Арина Петровна намеревалась буквально выполнить свою программу: содержать постылого в такой мере, чтоб он только не умер с голоду. Сначала он ругал мать, но потом словно забыл об ней; сначала он что-то припоминал, потом перестал и припоминать. Даже свет свечей, зажженных в конторе, и тот опостылел ему, и он затворялся в своей комнате, чтоб остаться один на один с темнотою. Впереди у него был только один ресурс, которого он покуда еще боялся, но который с неудержимою силой тянул его к себе. Этот ресурс — напиться и позабыть. Позабыть глубоко, безвозвратно, окунуться в волну забвения до того, чтоб и выкарабкаться из нее было нельзя. Все увлекало его в эту сторону: и буйные привычки прошлого, и насильственная бездеятельность настоящего, и больной организм с удушливым кашлем, с несносною, ничем не вызываемою одышкой, с постоянно усиливающимися колотьями сердца. Наконец он не выдержал.

— Сегодня, брат, надо ночью штоф припасти, — сказал он однажды земскому голосом, не предвещавшим ничего доброго.

Сегодняшний штоф привел за собой целый последовательный ряд новых, и с этих пор он аккуратно каждую ночь напивался. В девять часов, когда в конторе гасили свет и люди расходились по своим логовищам, он ставил на стол припасенный штоф с водкой и ломоть черного хлеба, густо посыпанный солью. Не сразу приступал он к водке, а словно подкрадывался к ней. Кругом все засыпало мертвым сном; только мыши скреблись за отставшими от стен обоями да часы назойливо чикали в конторе. Снявши халат, в одной рубашке, сновал он взад и вперед по жарко натопленной комнате, по временам останавливался, подходил к столу, нашаривал в темноте штоф и вновь принимался за ходьбу. Первые рюмки он выпивал с прибаутками, сладострастно всасывая в себя жгучую влагу; но мало-помалу биение сердца учащалось, голова загоралась — и язык начинал бормотать что-то несвязное. Притупленное воображение силилось создать какие-то образы, помертвелая память пробовала прорваться в область прошлого, но образы выходили разорванные, бессмысленные, а прошлое не откликалось ни единым воспоминанием, ни горьким, ни светлым, словно между ним и настоящей минутой раз навсегда встала плотная стена. Перед ним было только настоящее в форме наглухо запертой тюрьмы, в которой бесследно потонула и идея пространства, и идея времени. Комната, печь, три окна в наружной стене, деревянная скрипучая кровать и на ней тонкий притоптанный тюфяк, стол с стоящим на нем штофом — ни до каких других горизонтов мысль не додумывалась. Но, по мере того, как убывало содержание штофа, по мере того, как голова распалялась, — даже и это скудное чувство настоящего становилось не под силу. Бормотанье, имевшее вначале хоть какую-нибудь форму, окончательно разлагалось; зрачки глаз, усиливаясь различить очертания тьмы, безмерно расширялись; самая тьма, наконец, исчезала, и взамен ее являлось пространство, наполненное фосфорическим блеском. Это была бесконечная пустота, мертвая, не откликающаяся ни единым жизненным звуком, зловеще-лучезарная. Она следовала за ним по пятам, за каждым оборотом его шагов. Ни стен, ни окон, ничего не существовало; одна безгранично тянущаяся, светящаяся пустота. Ему становилось страшно; ему нужно было заморить в себе чувство действительности до такой степени, чтоб даже пустоты этой не было. Еще несколько усилий — и он был у цели. Спотыкающиеся ноги из стороны в сторону носили онемевшее тело, грудь издавала не бормотанье, а хрип, самое существование как бы прекращалось. Наступало то странное оцепенение, которое, нося на себе все признаки отсутствия сознательной жизни, вместе с тем несомненно указывало на присутствие какой-то особенной жизни, развивавшейся независимо от каких бы то ни было условий. Стоны за стонами вырывались из груди, нимало не нарушая сна; органический недуг продолжал свою разъедающую работу, не причиняя, по-видимому, физических болей.

Утром, он просыпался со светом, и вместе с ним просыпались: тоска, отвращение, ненависть. Ненависть без протеста, ничем не обусловленная, ненависть к чему-то неопределенному, не имеющему образа. Воспаленные глаза бессмысленно останавливаются то на одном, то на другом предмете и долго и пристально смотрят; руки и ноги дрожат; сердце то замрет, словно вниз покатится, то начнет колотить с такою силой, что рука невольно хватается за грудь. Ни одной мысли, ни одного желания. Перед глазами печка, и мысль до того переполняется этим представлением, что не принимает никаких других впечатлений. Потом окно заменило печку, как окно, окно, окно... Не нужно ничего, ничего, ничего не нужно. Трубка набивается и закуривается машинально и недокуренная опять выпадает из рук; язык что-то бормочет, но, очевидно, только по привычке. Самое лучшее: сидеть и молчать, молчать и смотреть в одну точку. Хорошо бы опохмелиться в такую минуту; хорошо бы настолько поднять температуру организма, чтобы хотя на короткое время ощутить присутствие жизни, но днем ни за какие деньги нельзя достать водки. Нужно дожидаться ночи, чтобы опять дорваться до тех блаженных минут, когда земля исчезает из-под ног и вместо четырех постылых стен перед глазами открывается беспредельная светящаяся пустота.

Арина Петровна не имела ни малейшего понятия о том, как «балбес» проводит время в конторе. Случайный проблеск чувства, мелькнувший было в разговоре с кровопивцем Порфишкой, погас мгновенно, так что она и не заметила. С ее стороны не было даже систематического образа действия, а было простое забвение. Она совсем потеряла из виду, что подле нее, в конторе, живет существо, связанное с ней кровными узами, существо, которое, быть может, изнывает в тоске по жизни. Как сама она, раз войдя в колею жизни, почти машинально наполняла ее одним и тем же содержанием, так, по мнению ее, должны были поступать и другие. Ей не приходило на мысль, что самый характер жизненного содержания изменяется сообразно с множеством условий, так или иначе сложившихся, и что наконец для одних (и в том числе для нее) содержание это представляет нечто излюбленное, добровольно избранное, а для других — постылое и невольное. Поэтому, хотя бурмистр неоднократно докладывал ей, что Степан Владимирыч «нехорош», но доклады эти проскальзывали мимо ушей, не оставляя в ее уме никакого впечатления. Много-много если она отвечала на них стереотипною фразой:

— Небось отдышится, еще нас с тобой переживет! Что ему, жеребцу долговязому, делается! Кашляет! иной сряду тридцать лет кашляет, и все равно что с гуся вода!

Тем не менее, когда ей однажды утром доложили, что Степан Владимирыч ночью исчез из Головлева, она вдруг пришла в себя. Немедленно разослала весь дом на поиски и лично приступила к следствию, начав с осмотра комнаты, в которой жил постылый. Первое, что поразило ее, — это стоявший на столе штоф, на дне которого еще плескалось немного жидкости и который впопыхах не догадались убрать.

— Это что? — спросила она, как бы не понимая.

— Стало быть... занимались, — отвечал, заминаясь, бурмистр.

— Кто доставал? — начала было она, но потом спохватилась и, затаив свой гнев, продолжала осмотр.

Комната была грязна, черна, заслякощена так, что даже ей, не знавшей и не признававшей никаких требований комфорта, сделалось неловко. Потолок был закопчен, обои на стенах треснули и во многих местах висели клочьями, подоконники чернели под густым слоем табачной золы, подушки валялись на полу, покрытом липкою грязью, на кровати лежала скомканная простыня, вся серая от насевших на нее нечистот. В одном окне зимняя рама была выставлена или, лучше сказать, выдрана, и самое окно оставлено приотворенным: этим путем, очевидно, и исчез постылый. Арина Петровна инстинктивно взглянула на улицу и перепугалась еще больше. На дворе стоял уж ноябрь в начале, но осень в этот год была особенно продолжительна, и морозы еще не наступали. И дорога и поля — все стояло черное, размокшее, невылазное. Как он прошел? куда? И тут же ей вспомнилось, что на нем ничего не было, кроме халата да туфлей, из которых одна была найдена под окном, и что всю прошлую ночь, как на грех, не переставаючи шел дождь.

— Давненько-таки я у вас здесь, голубчики, не бывала! — молвила она, вдыхая в себя вместо воздуха какую-то отвратительную смесь сивухи, тютюна и прокислых овчин.

Весь день, покуда люди шарили по лесу, она простояла у окна, с тупым вниманием вглядываясь в обнаженную даль. Из-за балбеса да такая кутерьма! — ей казалось, что это какой-то нелепый сон. Говорила тогда, что надо его в вологодскую деревню сослать — так нет, лебезит проклятый Иудушка: оставьте, маменька, в Головлеве! — вот и купайся теперь с ним! Жил бы он там заглазно, как хотел, — и Христос бы с ним! Свое дело сделала: один кусок промотал — другой выбросила! А другой бы промотал — ну, и не погневайся, батюшка! Бог — и тот на ненасытную утробу не напасется! И все бы у нас было смирно да мирно, а теперь — легко ли штуку какую удрал! ищи его по лесу да свищи! Хорошо еще, как живого в дом привезут — ведь с пьяных-то глаз и в петлю угодить недолго! Взял веревку, зацепил за сук, обмотал кругом шеи, да и был таков! Мать ночей недосыпала, куска недоедала, а он, на-тко, какую моду выдумал — вешаться вздумал. И добро бы худо ему было, есть-пить бы не давали, работой бы изнуряли — а то слонялся целый день взад и вперед по комнате, как оглашенный, ел да пил, ел да пил! Другой бы не знал, чем мать отблагодарить, а он вешаться вздумал — вот так одолжил сынок любезный!

Но на этот раз предположения Арины Петровны относительно насильственной смерти балбеса не оправдались. К вечеру в виду Головлева показалась кибитка, запряженная парой крестьянских лошадей, и подвезла беглеца к конторе. Он находился в полубесчувственном состоянии, весь избитый, порезанный, с посинелым и распухшим лицом. Оказалось, что за ночь он дошел до дубровинской усадьбы, отстоявшей в двадцати верстах от Головлева.

Целые сутки после того он проспал, на другие — проснулся. По обыкновению, он начал шагать назад и вперед по комнате, но к трубке не прикоснулся, словно позабыл, и на все вопросы не проронил ни одного слова. С своей стороны, Арина Петровна настолько восчувствовала, что чуть было не приказала перевести его из конторы в барский дом, но потом успокоилась и опять оставила балбеса в конторе, приказавши вымыть и почистить его комнату, переменить постельное белье, повесить на окнах шторы и проч. На другой день вечером, когда ей доложили, что Степан Владимирыч проснулся, она велела позвать его в дом к чаю и даже отыскала ласковые тоны для объяснения с ним.

— Ты куда ж это от матери уходил? — начала она, — знаешь ли, как ты мать-то обеспокоил? Хорошо еще, что папенька ни об чем не узнал, — каково бы ему было при его-то положении?

Но Степан Владимирыч, по-видимому, остался равнодушным к материнской ласке и уставился неподвижными, стеклянными глазами на сальную свечку, как бы следя за нагаром, который постепенно образовывался на фитиле.

— Ах, дурачок, дурачок! — продолжала Арина Петровна все ласковее и ласковее, — хоть бы ты подумал, какая через тебя про мать слава пойдет! Ведь завистников-то у ней — слава богу! и невесть что наплетут! Скажут, что и не кормила-то, и не одевала-то... ах, дурачок, дурачок!

То же молчание, и тот же неподвижный, бессмысленно устремленный в одну точку взор.

— И чем тебе худо у матери стало! Одет ты и сыт — слава богу! И теплехонько тебе, и хорошохонько... чего бы, кажется, искать! Скучно тебе, так не прогневайся, друг мой, — на то и деревня! Веселиев да балов у нас нет — и все сидим по углам да скучаем! Вот я и рада была бы поплясать да песни попеть — ан посмотришь на улицу, и в церковь-то божию в этакую мокреть ехать охоты нет!

Арина Петровна остановилась в ожидании, что балбес хоть что-нибудь промычит; но балбес словно окаменел. Сердце мало-помалу закипает в ней, но она все еще сдерживается.

— А ежели ты чем недоволен был — кушанья, может быть, недостало, или из белья там, — разве не мог ты матери откровенно объяснить? Маменька, мол, душенька, прикажите печеночки или там ватрушечки изготовить — неужто мать в куске-то отказала бы тебе? Или вот хоть бы и винца — ну, захотелось тебе винца, ну, и Христос с тобой!

Рюмка, две рюмки — неужто матери жалко? А то на-тко: у раба попросить не стыдно, а матери слово молвить тяжело!

Но напрасны были все льстивые слова: Степан Владимирыч не только не расчувствовался (Арина Петровна надеялась, что он ручку у ней поцелует) и не обнаружил раскаяния, но даже как будто ничего не слыхал.

С этих пор он безусловно замолчал. По целым дням ходил по комнате, наморщив угрюмо лоб, шевеля губами и не чувствуя усталости. Временами останавливался, как бы желая что-то выразить, но не находил слова. По-видимому, он не утратил способности мыслить; но впечатления так слабо задерживались в его мозгу, что он тотчас же забывал их. Поэтому неудача в отыскании нужного слова не вызывала в нем даже нетерпения. Арина Петровна с своей стороны думала, что он непременно подожжет усадьбу.

— Целый день молчит! — говорила она, — ведь думает же, балбес, об чем-нибудь, покуда молчит! вот помяните мое слово, ежели он усадьбы не спалит!

Но балбес просто совсем не думал. Казалось, он весь погрузился в безрассветную мглу, в которой нет места не только для действительности, но и для фантазии. Мозг его вырабатывал нечто, но это нечто не имело отношения ни к прошедшему, ни к настоящему, ни к будущему. Словно черное облако окутало его с головы до ног, и он всматривался в него, в него одного, следил за его воображаемыми колебаниями и по временам вздрагивал и словно оборонялся от него. В этом загадочном облаке потонул для него весь физический и умственный мир...

В декабре того же года Порфирий Владимирыч получил от Арины Петровны письмо следующего содержания:

«Вчера утром постигло нас новое, ниспосланное от господа испытание: сын мой, а твой брат, Степан, скончался. Еще с вечера накануне был здоров совершенно и даже поужинал, а наутро найден в постеле мертвым — такова сей жизни скоротечность! И что всего для материнского сердца прискорбнее: так, без напутствия, и оставил сей суетный мир, дабы устремиться в область неизвестного.

Сие да послужит нам всем уроком: кто семейными узами небрежет — всегда должен для себя такого конца ожидать. И неудачи в сей жизни, и напрасная смерть, и вечные мучения в жизни следующей — все из сего источника происходит. Ибо как бы мы ни были высокоумны и даже знатны, но ежели родителей не почитаем, то оные как раз и высокоумие, и знатность нашу в ничто обратят. Таковы правила, кои всякий живущий в сем мире человек затвердить должен, а рабы, сверх того, обязаны почитать господ.

Впрочем, несмотря на сие, все почести отшедшему в вечность были отданы сполна, яко сыну. Покров из Москвы выписали, а погребение совершал известный тебе отец архимандрит соборне. Сорокоусты же и поминовения и поднесь совершаются, как следует, по христианскому обычаю. Жаль сына, но роптать не смею, и вам, дети мои, не советую. Ибо кто может сие знать? — мы здесь ропщем, а его душа в горних увеселяется!».

По-родственному

Жаркий июльский полдень. На дубровинской барской усадьбе словно все вымерло. Не только досужие, но и рабочие люди разбрелись по углам и улеглись в тень. Собаки раскинулись под навесом громадной ивы, стоящей посреди красного двора, и слышно, как они хлопают зубами, ловя в полусне мух. Даже деревья стоят понурые и неподвижные, точно замученные. Все окна, как в барском доме, так и в людских, отворены настежь. Жар так и окачивает сверху горячей волной; земля, покрытая коротенькой, опаленной травою, пылает; нестерпимый свет, словно золотистою дымкой, задернул окрестность, так что с трудом можно различать предметы. И барский дом, когда-то выкрашенный серой краской, и теперь побелевший, и маленький палисадник перед домом, и березовая роща, отделенная от усадьбы проезжей дорогой, и пруд, и крестьянский поселок, и ржаное поле, начинающееся сейчас за околицей, — все тонет в светящейся мгле. Всякие запахи, начиная с благоуханий цветущих лип и кончая миазмами скотного двора, густою массой стоят в воздухе. Ни звука. Только с кухни доносится дробное отбивание поварских ножей, предвещающее неизменную окрошку и битки за обедом.

Внутри господского дома царствует бесшумная тревога. Старуха барыня и две молодые девушки сидят в столовой и, не притрогиваясь к вязанью, брошенному на столе, словно застыли в ожидании. В девичьей две женщины занимаются приготовлением горчичников и примочек, и мерное звяканье ложек, подобно крику сверчка, прорезывается сквозь общее оцепенение. В коридоре осторожно двигаются девчонки на босу ногу, перебегая по лестнице из антресолей в девичью и обратно. По временам сверху раздается крик: «Что ж горчичники! заснули? а?» — и вслед за тем стрелой промчится девчонка из девичьей. Наконец слышится скрип тяжелых шагов по лестнице, и в столовую входит полковой доктор. Доктор — человек высокий, широкоплечий, с крепкими, румяными щеками, которые так и прыщут здоровьем. Голос у него звонкий, походка твердая, глаза светлые и веселые, губы полные, сочные, вид открытый. Это жуир в полном смысле слова, несмотря на свои пятьдесят лет, жуир, который и прежде не отступал и долго еще не отступит ни перед какой попойкой, ни перед каким объедением. Одет по-летнему, щеголем, в пикейный сюртучок необычайной белизны, украшенный светлыми гербовыми пуговицами. Он входит, причмокивая губами и присасывая языком.

— Вот что, голубушка, принеси-ка ты нам водочки да закусить что-нибудь! — отдает он приказание, останавливаясь в дверях, ведущих в коридор.

— Ну что? как? — тревожно спрашивает старуха барыня.

— У бога милостей без конца, Арина Петровна! — отвечает доктор.

— Как же это? стало быть...

— Да так же. Денька два-три протянет, а потом — шабаш!

Доктор делает многозначительный жест рукою и вполголоса мурлыкает: «Кувырком, кувырком, ку-выр-ком по-ле-тит!»

— Как же это так? лечили-лечили доктора — и вдруг!

— Какие доктора?

— Земский наш да вот городовой приезжал.

— Доктора!! кабы ему месяц назад заволоку здоровенную соорудить — был бы жив!

— Неужто ж так-таки ничего и нельзя?

— Сказал: у бога милостей много, а больше ничего прибавить не могу.

— А может быть, и подействует?

— Что подействует?

— А вот, что теперь... горчичники эти...

— Может быть-с.

Женщина, в черном платье и в черном платке, приносит поднос, на котором стоят графин с водкой и две тарелки с колбасой и икрой. При появлении ее разговор смолкает. Доктор наливает рюмку, высматривает ее на свет и щелкает языком.

— За ваше здоровье, маменька! — говорит он, обращаясь к старухе барыне и проглатывая водку.

— На здоровье, батюшка!

— Вот от этого самого Павел Владимирыч и погибает в цвете лет —

от водки от этой! — говорит доктор, приятно морщась и тыкая вилкой в кружок колбасы.

— Да, много через нее людей пропадает.

— Не всякий эту жидкость вместить может — оттого! А так как мы вместить можем, то и повторим! Ваше здоровье, сударыня!

— Кушайте, кушайте! вам — ничего!

— Мне — ничего! у меня и легкие, и почки, и печенка, и селезенка — всё в исправности! Да, бишь! вот что! — обращается он к женщине в черном платье, которая приостановилась у дверей, словно прислушиваясь к барскому разговору, — что у вас нынче к обеду готовлено?

— Окрошка, да битки, да цыплята на жаркое, — отвечает женщина, как-то кисло улыбаясь.

— А рыба соленая у вас есть?

— Как, сударь, рыбы не быть! осетрина есть, севрюжина... Найдется рыбы — довольно!

— Так скомандуй ты нам к обеду ботвиньи с осетринкой... звенышко, знаешь, да пожирнее! как тебя: Улитушкой, что ли, звать?

— Улитой, сударь, люди зовут.

— Ну, так живо, Улитушка, живо!

Улитушка уходит; на минуту водворяется тяжелое молчание. Арина Петровна встает с своего места и высматривает в дверь, точно ли Улитушка ушла.

— Насчет сироток-то говорили ли вы ему, Андрей Осипыч? — спрашивает она доктора.

— Разговаривал-с.

— Ну, и что ж?

— Все одно и то же-с. Вот как выздоровею, говорит, непременно и духовную и векселя напишу.

Молчание, еще более тяжелое, водворяется в комнате. Девицы берут со стола канвовые работы, и руки их с заметною дрожью выделывают шов за швом; Арина Петровна как-то безнадежно вздыхает; доктор ходит по комнате и насвистывает: «Кувырком, ку-вы-ы-рком!»

— Да вы бы хорошенько ему сказали!

— Чего еще лучше: подлец, говорю, будешь, ежели сирот не обеспечишь. Да, мамашечка, опростоволосились вы! Кабы месяц тому назад вы меня позвали, я бы и заволоку ему соорудил, да и насчет духовной постарался бы... А теперь все Иудушке, законному наследнику, достанется... непременно!

— Бабушка! что ж это такое будет! — почти сквозь слезы жалуется старшая из девиц, — что ж это дядя с нами делает!

— Не знаю, милая, не знаю. Вот даже насчет себя не знаю. Сегодня —

здесь, а завтра — уж и не знаю где... Может быть, бог приведет где-нибудь в сарайчике ночевать, а может быть, и у мужичка в избе!

— Господи! какой этот дядя глупый! — восклицает младшая из девиц.

— А вы бы, молодая особа, язычок-то на привязи придержали! — замечает доктор и, обращаясь к Арине Петровне, прибавляет: — Да что ж вы сами, мамашечка! сами бы уговорить его попробовали!

— Нет, нет, нет! Не хочет! даже видеть меня не хочет! Намеднись сунулась было я к нему: напутствовать, что ли, меня пришли? говорит.

— Я думаю, что это все больше Улитушка... она его против вас настраивает.

— Она! именно она! И все Порфишке-кровопивцу передает! Сказывают, что у него и лошади в хомутах целый день стоят, на случай, ежели брат отходить начнет! И представьте, на днях она даже мебель, вещи, посуду — всё переписала: на случай, дескать, чтобы не пропало чего! Это она нас-то, нас-то воровками представить хочет!

— А вы бы ее по-военному... Кувырком, знаете, кувырком...

Но не успел доктор развить свою мысль, как в комнату вбежала вся запыхавшаяся девчонка и испуганным голосом крикнула:

— К барину! доктора барин требует!

Семейство, которое выступает на сцену в настоящем рассказе, уже знакомо нам. Старуха барыня — не кто иная, как Арина Петровна Головлева; умирающий владелец дубровинской усадьбы — ее сын, Павел Владимирыч; наконец, две девушки, Аннинька и Любинька, — дочери покойной Анны Владимировны Улановой, той самой, которой некогда Арина Петровна «выбросила кусок». Прошло не больше десяти лет с тех пор, как мы видели их, а положения действующих лиц до того изменились, что не осталось и следа тех искусственных связей, благодаря которым головлевская семья представлялась чем-то вроде неприступной крепости. Семейная твердыня, воздвигнутая неутомимыми руками Арины Петровны, рухнула, но рухнула до того незаметно, что она, сама не понимая, как это случилось, сделалась соучастницею и даже явным двигателем этого разрушения, настоящею душою которого был, разумеется, Порфишка-кровопивец.

Из бесконтрольной и бранчивой обладательницы головлевских имений Арина Петровна сделалась скромною приживалкой в доме младшего сына, приживалкой праздною и не имеющею никакого голоса в хозяйственных распоряжениях. Голова ее поникла, спина сгорбилась, глаза потухли, поступь сделалась вялою, порывистость движений пропала. От нечего делать она научилась на старости лет вязанию, но и оно не спорится у ней, потому что мысль ее постоянно где-то витает — где? —

она и сама не всегда разберет, но, во всяком случае, не около вязальных спиц. Посидит, повяжет несколько минут — и вдруг руки сами собой опустятся, голова откинется на спинку кресел, и начнет она припоминать... Припоминает, припоминает, покуда старческая дремота не охватит всего старческого существа. Или встанет и начнет бродить по комнатам и все чего-то ищет, куда-то заглядывает, словно женщина, которая всю жизнь была в ключах и не понимает, где и как она их потеряла.

Первый удар властности Арины Петровны был нанесен не столько отменой крепостного права, сколько теми приготовлениями, которые предшествовали этой отмене. Сначала простые слухи, потом дворянские собрания с их адресами, потом губернские комитеты, потом редакционные комиссии — все это изнуряло, поселяло смуту. Воображение Арины Петровны, и без того богатое творчеством, рисовало ей целые массы пустяков. То вдруг вопрос представится: как это я Агашку звать буду? чай, Агафьюшкой... а может, и Агафьей Федоровной величать придется! То представится: ходит она по пустому дому, а людишки в людскую забрались и жрут! Жрать надоест — под стол бросают! То покажется, что заглянула она в погреб, а там Юлька с Фешкой так-то за обе щеки уписывают, так-то уписывают! Хотела было она реприманд им сделать — и поперхнулась. «Как ты им что-нибудь скажешь! теперь они вольные, на них, поди, и суда нет!»

Как ни ничтожны такие пустяки, но из них постепенно созидается целая фантастическая действительность, которая втягивает в себя всего человека и совершенно парализует его деятельность. Арина Петровна как-то вдруг выпустила из рун бразды правления и в течение двух лет только и делала, что с утра до вечера восклицала:

— Хоть бы одно что-нибудь — пан либо пропал! а то: первый призыв! второй призыв! ни богу свеча, ни черту кочерга!

В это время, в самый развал комитетов, умер и Владимир Михайлыч. Умер примиренный, умиротворенный, отрекшись от Баркова и всех дел его. Последние слова его были:

— Благодарю моего бога, что не допустил меня, наряду с холопами, предстать перед лицо свое!

Слова эти глубоко запечатлелись в восприимчивой душе Арины Петровны, и смерть мужа, вместе с фантасмагориями будущего, наложили какой-то безнадежный колорит на весь головлевский обиход. Как будто и старый головлевский дом, и все живущее в нем — все разом собралось умереть.

Порфирий Владимирыч, по немногим жалобам, вылившимся в письмах Арины Петровны, с изумительной чуткостью отгадал сумятицу, овладевшую ее помыслами. Арина Петровна уже не выговаривала и не учительствовала в письмах, но больше всего уповала на божию помощь, «которая, по нынешнему легковерному времени, и рабов не оставляет, а тем паче тех, кои, по достаткам своим, надежнейшей опорой для церкви и ее украшения были». Иудушка инстинктом понял, что ежели маменька начинает уповать на бога, то это значит, что в ее существовании кроется некоторый изъян. И он воспользовался этим изъяном с свойственною ему лукавою ловкостью.

Перед самым концом эмансипационного дела он совсем неожиданно посетил Головлево и нашел Арину Петровну унывающею, почти измученною.

— Что? как? что в Петербурге поговаривают? — был первый ее вопрос по окончании взаимных приветствий.

Порфиша потупился и сидел молча.

— Нет, ты в мое положение войди! — продолжала Арина Петровна, поняв из молчания сына, что хорошего ждать нечего, — теперь у меня одних поганок в девичьей тридцать штук сидит — как с ними поступить? Ежели они на моем иждивении останутся — чем я их кормить стану? Теперь у меня и капустки, и картофельцу, и хлебца — всего довольно, ну и питаемся понемногу! Картофельцу нет — велишь капустки сварить; капустки нет — огурчиками извернешься! А ведь тогда я сама за всем на базар побеги, да за все денежки заплати, да купи, да подай — где на этакую ораву напасешься!

Порфиша глядел милому другу маменьке в глаза и горько улыбался в знак сочувствия.

— Ежели же их на все на четыре стороны выпустят: бегите, мол, милые, вытаращивши глаза! — ну, уж не знаю! Не знаю! не знаю! не знаю, что из этого выйдет!

Порфиша ухмыльнулся, как будто ему и самому очень уж смешно показалось, «что из этого выйдет».

— Нет, ты не смейся, мой друг! Это дело так серьезно, так серьезно, что разве уж господь им разуму прибавит — ну, тогда... Скажу хоть бы про себя: ведь и я не огрызок: как-никак, а и меня пристроить ведь надобно. Как тут поступить? Ведь мы какое воспитание-то получили? Потанцевать да попеть да гостей принять — что я без поганок-то без своих делать буду? Ни я подать, ни принять, ни сготовить для себя — ничего ведь я, мой друг, не могу!

— Бог милостив, маменька!

— Был милостив, мой друг, а нынче, нет! Милостив, милостив, а тоже с расчетцем: были мы хороши — и нас царь небесный жаловал; стали дурны — ну и не прогневайтесь! Уж я что думаю: не бросить ли все за добра ума. Право! выстрою себе избушку около папенькиной могилки, да и буду жить да поживать!

Порфирий Владимирыч навострил уши; на губах его показалась слюна.

— А имениями кто же распоряжаться будет? — возразил он осторожно, словно закидывая удочку.

— Не погневайтесь, и сами распоря́дитесь! Слава богу — припасла! Не все мне одной тяготы носить...

Арина Петровна вдруг словно споткнулась и подняла голову. В глаза ее бросилось осклабляющееся, слюнявое лицо Иудушки, все словно маслом подернутое, все проникнутое каким-то плотоядным внутренним сиянием.

— Да ты, никак, уж хоронить меня собрался! — сухо заметила она, — не рано ли, голубчик! не ошибись!

Таким образом, на первый раз дело кончилось ничем. Но есть разговоры, которые, раз начавшись, уже не прекращаются. Через несколько часов Арина Петровна вновь возвратилась к прерванной беседе.

— Уеду к Сергию-троице, — мечтала она, — разделю имение, куплю на посаде домичек — и заживу!

Но Порфирий Владимирыч, искушенный давешним опытом, на этот раз смолчал.

— Прошлого года, как еще покойник папенька был жив, — продолжала мечтать Арина Петровна, — сидела я у себя в спаленке одна и вдруг слышу, словно мне кто шепчет: съезди к чудотворцу! съезди к чудотворцу! съезди к чудотворцу!.. да ведь до трех раз! Я этак, знаешь, обернулась — нет никого! Однако думаю: ведь это — видение мне! Что ж, говорю, коли моя вера угодна богу — я готова! И только что я это выговорила, как вдруг это в комнате... такое благоухание! такое благоухание разлилось! Разумеется, сейчас же велела укладываться, а к вечеру уж в дороге была!

У Арины Петровны даже слезы на глазах выступили. Иудушка воспользовался этим, чтоб поцеловать у маменьки ручку, причем позволил себе даже обнять ее за талию.

— Вот теперь вы — паинька! — сказал он, — ах! хорошо, голубушка, коли кто с богом в ладу живет! И он к богу с молитвой, и бог к нему с помощью. Так-то, добрый друг маменька!

— Постой! Я еще не все досказала! Приезжаю я на другой день вечером в посад, и прямо — к угоднику. А там всенощная; поют, свечки горят, благоухание от кадил — и не знаю, где я, на земле или на небеси! Пошла я от всенощной к иеромонаху Ионе и говорю: чтой-то, ваше высокопреподобие, больно у вас сегодня хорошо в храме! А он мне: «Чего, сударыня! ведь нынче отцу Аввакуму видение за всенощной было! Только что начал он руки на молитву заводить — смотрит, ан в самом кумполе свет, и голубь на него смотрит!» Вот с этих пор я себе и положила: какова пора ни мера, а конец жизни у Сергия-троицы пожить!

— А об нас-то кто позаботится! об детях-то ваших кто похлопочет? Ах, маменька, маменька!

— Ну, не маленькие, и сами об себе промыслите! А я... удалюсь я с Аннушкиными сиротками к чудотворцу и заживу у него под крылышком! Может быть, и из них у которой-нибудь явится желание богу послужить, так тут и Хотьков рукой подать! Куплю себе домичек, огородец вскопаю; капустки, картофельцу — всего у меня довольно будет!

Несколько дней сряду велся этот праздный разговор; несколько раз делала Арина Петровна самые смелые предположения, брала их назад и опять делала, но, наконец, довела дело до такой точки, что и отступить уж было нельзя. Не далее как через полгода после Иудушкиной побывки положение дел было следующее: Арина Петровна не уехала ни к Сергию-троице, ни в домик у могилки мужа, а имение разделила, оставив при себе только капитал. При этом Порфирию Владимирычу была выделена лучшая часть, а Павлу Владимирычу — похуже.

Арина Петровна осталась, по-прежнему, в Головлеве, причем, разумеется, не обошлось без семейной комедии. Иудушка пролил слезы и умолил доброго друга маменьку управлять его имением безотчетно, получать с него доходы и употреблять по своему усмотрению, «а что вы мне, голубушка, из доходов уделите, я всем, даже малостью, буду доволен». Напротив того, Павел поблагодарил мать холодно («точно укусить хотел»), тотчас же вышел в отставку («так, без материнского благословения, как оглашенный, и выскочил на волю!») и поселился в Дубровине.

С этих пор на Арину Петровну нашло затмение. Тот внутренний образ Порфишки-кровопивца, который она когда-то с такою редкою проницательностью угадывала, вдруг словно туманом задернулся. Казалось, она ничего больше не понимала, кроме того, что, несмотря на раздел имения и освобождение крестьян, она по-прежнему живет в Головлеве и по-прежнему ни перед кем не отчитывается. Тут же, под боком, живет другой сын — но какая разница! Тогда как Порфиша и себя и семью — все вверил маменькиному усмотрению, Павел не только ни об чем с ней не советуется, но даже при встречах как-то сквозь зубы говорит!

И чем больше затмевался ее рассудок, тем больше раскипалось в ней сердце ревностью к ласковому сыну. Порфирий Владимирыч ничего у ней не просил — она сама шла навстречу его желаниям. Мало-помалу она начала находить недостатки в фигуре головлевских дач. В таком-то месте чужая земля врезывалась в дачу — хорошо было бы эту землю прикупить; в таком-то месте можно бы хуторок отдельный устроить, да покосцу мало, а тут, по смежности, и покосец продажный есть — ах, хорош покос! Арина Петровна увлекалась и как мать, и как хозяйка, желающая выставить во всем блеске свои способности перед ласковым сыном. Но Порфирий Владимирыч словно в непроницаемую скорлупу схоронился. Напрасно Арина Петровна соблазняла его покупками — на все ее предложения приобрести такой-то лесок или такой-то покосец он неизменно отвечал: «Я, добрый друг маменька, и тем доволен, что вы, по милости вашей, мне пожаловали».

Ответы эти только разжигали Арину Петровну. Увлекаясь, с одной стороны, хозяйственными задачами, с другой — полемическими соображениями относительно «подлеца Павлушки», который жил подле и знать ее не хотел, она совершенно утратила представление о своих действительных отношениях к Головлеву. Прежняя горячка приобретения с новою силою овладела всем ее существом, но приобретения уже не за свой собственный счет, а за счет любимого сына. Головлевское имение разрослось, округлилось и зацвело.

И вот, в ту самую минуту, когда капитал Арины Петровны до того умалился, что сделалось почти невозможным самостоятельное существование на проценты с него, Иудушка, при самом почтительном письме, прислал ей целый тюк форм счетоводства, которые должны были служить для нее руководством на будущее время при составлении годовой отчетности. Тут, рядом с главными предметами хозяйства, стояли: малина, крыжовник, грибы и т. д. По всякой статье был особенный счет приблизительно следующего содержания:

К 18** году состояло кустов малины 00
К сему поступило вновь посаженных 00
С наличного числа кустов собрано ягод .... 00 п. 00 ф. 00 зол.
Из сего числа:
Вами, милый друг маменька, употреблено .... 00 п. 00 ф. 00 зол.
Израсходовано на варенье для дома Его Превосходительства
ПорфирияВладимирыча Головлева .... 00 п. 00 ф. 00 зол.
Дано мальчику N в награду за добронравие.. 1 ф.
Продано простому народу на лакомство ....00 п. 00 ф. 00 зол.
Сгнило, по неимению в виду покупщиков, а равно и от других причин…….. 00 п. 00 ф. 00 зол.
И т. д. И т. д. ....

Примечание. В случае, ежели урожай отчетного года менее против прошлого года, то здесь должны быть объясняемы причины сего, как-то: засуха, дожди, град и проч.

Арина Петровна так и ахнула. Во-первых, ее поразила скупость Иудушки: она никогда и не слыхивала, чтоб крыжовник мог составлять в Головлеве предмет отчетности, а он, по-видимому, на этом предмете всего больше и настаивал; во-вторых, она очень хорошо поняла, что все эти формы не что иное, как конституция, связывающая ее по рукам и по ногам.

Кончилось дело тем, что, после продолжительной полемической переписки, Арина Петровна, оскорбленная и негодующая, перебралась в Дубровино, а вслед за тем и Порфирий Владимирыч вышел в отставку и поселился в Головлеве.

С этих пор для старухи начался ряд мутных дней, посвященных насильственному покою. Павел Владимирыч, как человек, лишенный поступков, был как-то особенно придирчив в отношении к матери. Он принял ее довольно сносно, то есть обязался кормить и поить ее и сирот-племянниц, но под двумя условиями: во-первых, не ходить к нему на антресоли, а во-вторых — не вмешиваться в распоряжения по хозяйству. Последнее условие в особенности волновало Арину Петровну. Всем в доме Павла Владимирыча заправляли: во-первых, ключница Улитушка, женщина ехидная и уличенная в секретной переписке с кровопивцем Порфишкой, и, во-вторых, бывший папенькин камердинер Кирюшка, ничего не смысливший в полеводстве и ежедневно читавший Павлу Владимирычу халуйского свойства поучения. Оба крали немилосердно. Сколько раз болело сердце Арины Петровны при виде господствовавшего в доме расхищения! сколько раз порывалась она предупредить, раскрыть сыну глаза насчет чая, сахару, масла! Всего этого выходили массы, и неоднократно Улитушка, нимало не стесняясь присутствием старухи барыни, даже в глазах ее, прятала в карман целые пригоршни сахару. Арина Петровна видела все это и должна была оставаться безмолвной свидетельницей расхищения. Потому что едва разевала она рот, чтобы заметить что-нибудь, как Павел Владимирыч в ту же минуту ее осаживал.

— Маменька! — говорил он, — надобно, чтоб кто-нибудь один в доме распоряжался! Это не я говорю, все так поступают. Я знаю, что мои распоряжения глупые, ну и пусть будут глупые. А ваши распоряжения умные — ну и пусть будут умные! Умны вы, даже очень умны, а Иудушка все-таки без угла вас оставил!

К довершению всего Арина Петровна сделала ужасное открытие: Павел Владимирыч пил. Страсть эта въелась в него крадучись, благодаря деревенскому одиночеству, и, наконец, получила то страшное развитие, которое должно было привести к неизбежному концу. В первое время, когда в доме поселилась мать, он как будто еще совестился; довольно часто сходил с антресолей вниз и разговаривал с матерью. Замечая, как путается его язык, Арина Петровна долго думала, что это происходит от глупости. Она не любила, когда он приходил «разговаривать», и считала эти разговоры большим для себя притеснением. В самом деле, он постоянно и как-то нелепо роптал. То дождя по целым неделям нет, то вдруг такой зарядит, словно с цепи сорвется; то жук одолел, все деревья в саду обглодал; то крот появился, все луга изрыл. Все это представляло неистощимый источник для ропота. Сойдет, бывало, с антресолей, сядет против матери и начнет:

— Кругом тучи ходят — Головлево далеко ли? у кровопивца вчера проливной был! — а у нас нет да и нет! Ходят тучки, похаживают кругом — и хоть бы те капля на наш пай!

Или:

— Ишь льет-поливает! рожь только что зацвела, а он знай поливает! Половину сена уж сгноили, а он прыскает да попрыскивает! Головлево далеко ли? кровопивец давно с поля убрался, а мы сиди-посиди! Придется скотину зимой гнилым сеном кормить!

Молчит-молчит Арина Петровна, слушая глупые речи, но иногда не вытерпит и молвит:

— Ты бы побольше руки сложа сидел!

Не успеет она это вымолвить, как Павел Владимирыч уж и взбеленился.

— А вы что ж мне прикажете делать? В Головлево дождик, что ли, перевести?

— Не дождик, а вообще...

— Нет, вы скажите, что, по-вашему, делать мне нужно? Не «вообще», а прямо... Климат, что ли, я для вас переменить должен? Вот в Головлеве: нужен был дождик — и был дождик; не нужно дождя — и нет его! Ну, и растет там все... А у нас все напротив! вот посмотрим, как-то вы станете разговаривать, как есть нечего будет!

— Стало быть, божья воля такова...

— Так вы та̀к и говорите, что божья воля! А то «вообще» — вот какое объясненье нашли!

Иногда дело доходило до того, что он даже собственностью отягощался.

— И зачем только это Дубровино мне досталось? — жаловался он, — что в нем?

— Чем же Дубровино не усадьба! земля хорошая, всего довольно... И что тебе вдруг вздумалось!

— А то и вздумалось, что, по нынешнему времени, совсем собственности иметь не надо! Деньги — это так! Деньги взял, положил в карман и удрал с ними! А недвижимость эта...

— Да что ж это за время такое за особенное, что уж и собственности иметь нельзя?

— А такое время, что вы вот газет не читаете, а я читаю. Нынче адвокаты везде пошли — вот и понимайте. Узнает адвокат, что у тебя собственность есть — и почнет кружить!

— Как же он тебя кружить будет, коль скоро у тебя праведные документы есть?

— Так и будет кружить, как кружат. Или вот Порфишка-кровопивец: наймет адвоката, а тот и будет тебе повестку за повесткой присылать!

— Что ты! не бессудная, чай, земля?

— Оттого и будут повестки присылать, что не бессудная. Кабы бессудная была, и без повесток бы отняли, а теперь с повестками. Вон у товарища моего, у Горлопятова, дядя умер, а он возьми да сдуру и прими после него наследство! Наследства-то оказался грош, а долгов — на сто тысяч: векселя, да все фальшивые. Вот и судят его третий год сряду: сперва дядино имение обрали, а потом и его собственное с аукциону продали! Вот тебе и собственность!

— Неужто такой закон есть?

— Кабы не было закона — не продали бы. Стало быть, всякий закон есть. У кого совести нет, для того все законы открыты, а у кого есть совесть, для того и закон закрыт. Поди, отыскивай его в книге-то!

Арина Петровна всегда уступала в этих спорах. Не раз ее подмывало крикнуть: вон с моих глаз, подлец! но подумает-подумает, да и смолчит. Только разве про себя поропщет:

— Господи! и в кого я этаких извергов уродила! Один — кровопивец, другой — блаженный какой-то! Для кого я припасала! ночей недосыпала, куска недоедала... для кого?!

И чем больше овладевал Павлом Владимирычем запой, тем фантастичнее и, так сказать, внезапнее становились его разговоры. Наконец Арина Петровна начала замечать, что тут есть что-то неладное. Например: с утра в шкапчик, в столовой, ставится полный графин водки, а к обеду уж ни капли в нем нет. Или: сидит она в гостиной и слышит какой-то таинственный скрип, происходящий в столовой, около заветного шкапчика; крикнет: кто там? — и слышит, что чьи-то шаги быстро, но осторожно удаляются по направлению к антресолям.

— Матушки! да, никак, он у вас пьет? — спросила она однажды Улитушку.

— Занимаются-с, — отвечала та, язвительно улыбаясь.

Убедившись, что мать отгадала его, Павел Владимирыч окончательно перестал церемониться. В одно прекрасное утро шкапчик совсем исчез из столовой, и на вопрос Арины Петровны, куда он девался, Улитушка отвечала:

— На антресоли перенести приказали; там им свободнее заниматься будет.

Действительно, на антресолях графинчики следовали друг за другом с изумительной быстротой. Уединившись с самим собой, Павел Владимирыч возненавидел общество живых людей и создал для себя особенную, фантастическую действительность. Это был целый глупо-героический роман, с превращениями, исчезновениями, внезапными обогащениями, роман, в котором главными героями были: он сам и кровопивец Порфишка. Он сам не сознавал вполне, как глубоко залегла в нем ненависть к Порфишке. Он ненавидел его всеми помыслами, всеми внутренностями, ненавидел беспрестанно, ежеминутно. Словно живой, метался перед ним этот паскудный образ, а в ушах раздавалось слезнолицемерное пустословие Иудушки, пустословие, в котором звучала какая-то сухая, почти отвлеченная злоба ко всему живому, не подчиняющемуся кодексу, созданному преданием лицемерия. Павел Владимирыч пил и припоминал. Припоминал все обиды и унижения, которые ему приходилось вытерпеть, благодаря претензии Иудушки на главенство в доме. В особенности же припоминал раздел имения, рассчитывал каждую копейку, сравнивал каждый клочок земли — и ненавидел. В разгоряченном вином воображении создавались целые драмы, в которых вымещались все обиды и в которых обидчиком являлся уже он, а не Иудушка. То будто выиграл он двести тысяч и приезжает сообщить об этом Порфишке (целая сцена с разговорами), у которого от зависти даже перекосило лицо. То будто умер дедушка (опять сцена с разговорами, хотя никакого дедушки не было), ему оставил миллион, а Порфишке-кровопивцу — шиш. То будто он изобрел средство делаться невидимкой и через это получил возможность творить Порфишке такие пакости, от которых тот начинает стонать. В изобретении этих проказ он был неистощим, и долго нелепый хохот оглашал антресоли, к удовольствию Улитушки, спешившей уведомить о происходящем братца Порфирия Владимирыча.

Он ненавидел Иудушку и в то же время боялся его. Он знал, что глаза Иудушки источают чарующий яд, что голос его, словно змей, заползает в душу и парализует волю человека. Поэтому он решительно отказался от свиданий с ним. Иногда кровопивец приезжал в Дубровино, чтобы поцеловать ручку у доброго друга маменьки (он выгнал ее из дому, но почтительности не прекращал) — тогда Павел Владимирыч запирал антресоли на ключ и сидел взаперти все время, покуда Иудушка калякал с маменькой.

Таким образом шли дни за днями, покуда наконец Павел Владимирыч не очутился лицом к лицу с смертным недугом.

***

Доктор переночевал «для формы» и на другой день, рано утром, уехал в город. Оставляя Дубровино, он высказал прямо, что больному остается жить не больше двух дней и что теперь поздно думать об каких-нибудь «распоряжениях», потому что он и фамилии путем подписать не может.

— Подпишет он вам «обмокни» — потом и с судом, пожалуй, не разделаетесь, — прибавил он, — ведь Иудушка хоть и очень маменьку уважает, а дело о подлоге все-таки начнет, и ежели по закону мамашеньку в места не столь отдаленные ушлют, так ведь он только молебен в путь шествующим отслужит!

Арина Петровна целое утро ходила как в отупении. Попробовала было встать на молитву — не внушит ли что бог? — но и молитва на ум не шла, даже язык как-то не слушался. Начнет: Помилуй мя, боже, по велицей милости твоей, и вдруг сама не знает как, съедет на от лукавого. «Очисти»! «очисти»! — машинально лепечет язык, а мысль так и летает: то на антресоли заглянет, то на погреб зайдет («сколько добра по осени было — всё растащили!»), то начнет что-то припоминать — далекое-далекое. Всё сумерки какие-то, и в этих сумерках люди, много людей, и все они копошатся, стараются, припасают. Блажен муж... блажен муж... яко кадило... научи мя... научи мя... Но вот и язык мало-помалу смяк, глаза смотрят на образа и не видят; рот раскрыт широко, руки сложены на поясе, и вся она стоит неподвижно, словно застыла.

Наконец она села и заплакала. Слезы так и лились из потухших глаз по старческим засохшим щекам, задерживаясь в углублениях морщин и капая на замасленный ворот старой ситцевой блузы. Это было что-то горькое, полное безнадежности и вместе с тем бессильно-строптивое. И старость, и немощи, и беспомощность положения — все, казалось, призывало ее к смерти, как к единственному примиряющему исходу, но в то же время замешивалось и прошлое с его властностью, довольством и простором, и воспоминания этого прошлого так и впивались в нее, так и притягивали ее к земле. «Умереть бы!» — мелькало в ее голове, а через мгновенье то же слово сменялось другим: «Пожить бы!» Она не вспоминала ни об Иудушке, ни об умирающем сыне — оба они словно перестали существовать для нее. Ни об ком она не думала, ми на кого не негодовала, никого не обвиняла; она даже забыла, есть ли у нее капитал и достаточен ли он, чтоб обеспечить ее старость. Тоска, смертная тоска охватила все ее существо. Тошно! горько! — вот единственное объяснение, которое она могла бы дать своим слезам. Эти слезы пришли издалека; капля по капле копились они с той самой минуты, как она выехала из

Головлева и поселилась в Дубровине. Ко всему, что теперь предстояло, она была уж приготовлена, все она ожидала и предвидела, но ей никогда как-то не представлялось с такою ясностью, что этому ожиданному и предвиденному должен наступить конец. И вот теперь этот конец наступил, конец, полный тоски и безнадежного одиночества. Всю-то жизнь она что-то устраивала, над чем-то убивалась, а оказывается, что убивалась над призраком. Всю жизнь слово «семья» не сходило у нее с языка; во имя семьи она одних казнила, других награждала; во имя семьи она подвергала себя лишениям, истязала себя, изуродовала всю свою жизнь — и вдруг выходит, что семьи-то именно у нее и нет!

«Господи! да неужто ж и у всех так!» — вертелось у нее в голове.

Она сидела, опершись головой на руку и обратив обмоченное слезами лицо навстречу поднимающемуся солнцу, как будто говорила ему: видь!! Она не стонала и не кляла, а только потихоньку всхлипывала, словно захлебывалась слезами. И в то же время на душе у ней так и горело:

— Нет никого! нет никого! нет! нет! нет!

Но вот иссякли и слезы. Умывши лицо, она без цели побрела в столовую, но тут девицы осадили ее новыми жалобами, которые на этот раз показались ей как-то особенно назойливыми.

— Что ж это, бабушка, будет! неужто ж мы так без ничего и останемся? — роптала Аннинька.

— Какой этот дядя глупый! — вторила ей Любинька.

Около полудня, Арина Петровна решилась проникнуть к умирающему сыну. Осторожно, чуть ступая, взошла она по лестнице и ощупью отыскала впотьмах двери, ведущие в комнаты. На антресолях царствовали сумерки; окна занавешены были зелеными шторами, сквозь которые чуть-чуть пробивался свет; давно не возобновляемая атмосфера комнат пропиталась противною смесью разнородных запахов, в составлении которой участвовали и ягоды, и пластыри, и лампадное масло, и те особенные миазмы, присутствие которых прямо говорит о болезни и смерти. Комнат было всего две: в первой сидела Улитушка, чистила ягоды и с ожесточением сдувала мух, которые шумным роем вились над ворохами крыжовника и нахально садились ей на нос и на губы. Сквозь полуотворенную дверь из соседней комнаты, не переставая, доносился сухой и короткий кашель, от времени до времени разрешающийся мучительною экспекторацией. Арина Петровна остановилась в нерешительной позе, вглядываясь в сумерки и как бы выжидая, что предпримет Улитушка в виду ее прихода. Но Улитушка даже не шевельнулась, словно была уже слишком уверена, что всякая попытка подействовать на больного останется бесплодною. Только сердитое движение скользнуло по ее губам, и Арине Петровне послышалось произнесенное шепотом слово: черт.

— Ты бы, голубушка, вниз пошла! — обратилась Арина Петровна к Улитушке.

— Это еще что за новости! — огрызнулась последняя.

— Мне с Павлом Владимирычем говорить нужно. Ступай!

— Помилуйте, сударыня! как же я их оставлю? А ежели что вдруг случится — ни подать, ни принять.

— Что там? — раздалось глухо из спальной.

— Прикажи, мой друг, Улите уйти. Мне с тобой переговорить нужно.

На этот раз Арина Петровна действовала настолько настойчиво, что осталась победительницей. Она перекрестилась и вошла в комнату. Около внутренней стены, подальше от окон, стояла постель больного. Он лежал на спине, покрытый белым одеялом, и почти бессознательно дымил папироской. Несмотря на табачный дым, мухи с каким-то ожесточением налетали на него, так что он беспрестанно то той, то другой рукой проводил около лица. Это были руки до такой степени бессильные, лишенные мускулов, что ясно представляли очертания кости, почти одинаково узкой от кисти до плеча. Голова его как-то безнадежно прильнула к подушке, лицо и все тело горели в сухом жару. Большие, круглые глаза ввалились и смотрели беспредметно, как бы чего-то искали; нос вытянулся и заострился, рот был полуоткрыт. Он не кашлял, но дышал с такою силой, что, казалось, вся жизненная энергия сосредоточилась в его груди.

— Ну что? как ты сегодня себя чувствуешь? — спросила Арина Петровна, опускаясь в кресло у его ног.

— Ничего... завтра... то бишь сегодня... когда это лекарь у нас был?

— Сегодня был лекарь.

— Ну, значит, завтра...

Больной заметался, как бы силясь припомнить слово.

— Встать можно будет? — подсказала Арина Петровна, — дай бог, мой друг, дай бог!

Оба замолкли на минуту. Арине Петровне хотелось сказать что-то, но для того, чтоб сказать, нужно было разговаривать. Вот этого-то именно разговора и не могла она никогда найти, когда была с глазу на глаз с Павлом Владимирычем.

— Иудушка... живет? — спросил наконец сам больной.

— Что ему делается! живет да поживает.

— Чай, думает: вот братец Павел умрет — и еще, по милости божией, именьице мне достанется!

— И все когда-нибудь умрем, и после всех именья пойдут... законным наследникам...

— Только не кровопивцу. Собакам выброшу, а не ему!

Случай выходил отличный: сам Павел Владимирыч заговаривал. Арина Петровна не преминула воспользоваться этим.

— Надо бы подумать об этом, мой друг! — сказала она словно мимоходом, не глядя на сына и рассматривая на свет руки, точно они составляли в эту минуту главный предмет ее внимания.

— Об чем, «об этом»?

— А вот хоть бы насчет того, если ты не желаешь, чтоб брату именье твое осталось...

Больной молчал. Только глаза его неестественно расширились, и лицо все больше и больше рдело.

— Можно бы, друг мой, и то в соображение взять, что у тебя племянницы-сироты есть — какой у них капитал? Ну и мать тоже... — продолжала Арина Петровна.

— Все Иудушке спустить успели?

— Как бы то ни было... знаю, что сама виновата... Да ведь и не бог знает, какой грех... Думала тоже, что сын... Да и тебе бы можно не попомнить этого матери.

Молчание.

— Что же! скажи хоть что-нибудь!

— А вы как скоро сбираетесь меня хоронить?

— Не хоронить, а все-таки... И прочие христиане... Не все сейчас умирают, а вообще...

— То-то «вообще»! Вы всегда «вообще»! Думаете, что я и не вижу!

— Что же ты видишь, мой друг?

— А то и вижу, что вы меня за дурака считаете! Ну, и положим, что я дурак, и пусть буду дурак! зачем же приходите к дураку? и не приходите! и не беспокойтесь!

— Я и не беспокоюсь; я только вообще... что всякому человеку предел жизни положен...

— Ну, и ждите!

Арина Петровна понурила голову и раздумывала. Она очень хорошо видела, что дело ее стоит плохо, но безнадежность будущего до того терзала ее, что даже очевидность не могла убедить в бесплодности дальнейших попыток.

— Не знаю, за что ты меня ненавидишь! — произнесла она наконец.

— Нисколько... я вас... нисколько! Я даже очень... Помилуйте! вы нас так вели... всех ровно...

Он говорил это порывисто, захлебываясь; в звуках голоса слышался какой-то надорванный и в то же время торжествующий хохот; в глазах показались искры; плечи и ноги беспокойно вздрагивали.

— Может, я и в самом деле чем-нибудь провинилась, так уж прости, Христа ради!

Арина Петровна встала и поклонилась, коснувшись рукой до земли. Павел Владимирыч закрыл глаза и не отвечал.

— Положим, что насчет недвижимости... Это точно, что в теперешнем твоем положении нечего и думать, чтобы распоряжения делать... Порфирий — законный наследник, ну пускай ему недвижимость и достается... А движимость, а капитал как? — решилась прямо объясниться Арина Петровна.

Павел Владимирыч вздрогнул, но молчал. Очень возможно, что при слове «капитал» он совсем не об инсинуациях Арины Петровны помышлял, а просто ему подумалось: вот и сентябрь на дворе, проценты получать надобно... шестьдесят семь тысяч шестьсот на пять помножить да на два потом разделить — сколько это будет?

— Ты, может быть, думаешь, что я смерти твоей желаю, так разуверься, мой друг! Ты только живи, а мне, старухе, и горюшка мало! Что мне! мне и тепленько, и сытенько у тебя, и даже ежели из сладенького чего-нибудь захочется — все у меня есть! Я только насчет того говорю, что у христиан обычаи такой есть, чтобы в ожидании предбудущей жизни...

Арина Петровна остановилась, словно искала подходящего слова.

— Присных своих обеспечивать, — докончила она, смотря в окно.

Павел Владимирыч лежал неподвижно и потихоньку откашливался, ни одним движением не выказывая, слушает он или нет. По-видимому, причитания матери надоели ему.

— Капитал-то можно бы при жизни из рук в руки передать, — молвила Арина Петровна, как бы вскользь бросая предположение и вновь принимаясь рассматривать на свет свои руки.

Больной чуть-чуть дрогнул, но Арина Петровна не заметила этого и продолжала:

— Капитал, мой друг, и по закону к перемещению допускается. Потому это вещь наживная: вчера он был, сегодня — нет его. И никто в нем отчета не может спрашивать — кому хочу, тому и отдаю.

Павел Владимирыч вдруг как-то зло засмеялся.

— Палочкина историю, должно быть, вспомнили! — зашипел он, — тот тоже из рук в руки жене капитал отдал, а она с любовником убежала!

— У меня, мой друг, любовников нет!

— Так без любовника убежите... с капиталом!

— Как ты, однако, меня понимаешь!

— Никак я вас не понимаю... Вы на весь свет меня дураком прославили — ну, и дурак я! И пусть буду дурак! Смотрите, какие штуки-фигуры придумали — капитал им из рук в руки передай! А сам что? — в монастырь, что ли, прикажете мне спасаться идти да оттуда глядеть, как вы моим капиталом распоряжаться будете?

Он выговорил все это залпом, злобствуя и волнуясь, и затем совсем изнемог. В продолжение, по крайней мере, четверти часа после того он кашлял во всю мочь, так что было даже удивительно, что этот жалкий человеческий остов еще заключает в себе столько силы. Наконец он отдышался и закрыл глаза.

Арина Петровна потерянно оглядывалась кругом. До сих пор ей все как-то не верилось, теперь она окончательно убедилась, что всякая новая попытка убедить умирающего может только приблизить день торжества Иудушки. Иудушка так и мелькал перед ее глазами. Вот он идет за гробом, вот отдает брату последнее Иудино лобзание, и две паскудные слезинки вытекли из его глаз. Вот и гроб опустили в землю; «пррощай, брат!» — восклицает Иудушка, подергивая губами, закатывая глаза и стараясь придать своему голосу ноту горести, и вслед за тем обращается вполоборота к Улитушке и говорит: кутью-то, кутью-то не забудьте в дом взять! да на чистенькую скатертцу поставьте... братца опять в доме помянуть! Вот кончился и поминальный обед, во время которого Иудушка без устали говорит с батюшкой об добродетелях покойного и встречает со стороны батюшки полное подтверждение этих похвал. «Ах, брат! брат! не захотел ты с нами пожить!» — восклицает он, выходя из-за стола и протягивая руку ладонью вверх под благословение батюшки. Вот наконец все, слава богу, наелись и даже выспались после обеда; Иудушка расхаживает хозяином по комнатам дома, принимает вещи, заносит в опись и по временам подозрительно взглядывает на мать, ежели в чем-нибудь встречает сомнение.

Все эти неизбежные сцены будущего так и метались перед глазами Арины Петровны. И как живой звенел в ее ушах маслянисто-пронзительный голос Иудушки, обращенный к ней:

— А помните, маменька, у брата золотенькие запоночки были... хорошенькие такие, еще он их по праздникам надевал... и куда только эти запоночки девались — ума приложить не могу!

***

Не успела Арина Петровна сойти вниз, как на бугре у дубровинской церкви показалась коляска, запряженная четверней. В коляске, на почетном месте, восседал Порфирий Головлев без шапки и крестился на церковь; против него сидели два его сына: Петенька и Володенька. У

Арины Петровны так и захолонуло сердце: «Почуяла Лиса Патрикевна, что мертвечиной пахнет!» — подумалось ей; девицы тоже струсили и как-то беспомощно жались к бабушке. В доме, до сих пор тихом, вдруг поднялась тревога: захлопали двери, забегали люди, раздались крики: барин едет! барин едет! — и все население усадьбы разом высыпало на крыльцо. Одни крестились, другие просто стояли в выжидательном положении, но все, очевидно, сознавали, что то, что до сих пор происходило в Дубровине, было лишь временное, что только теперь наступает настоящее, заправское, с заправским хозяином во главе. Многим из старых, заслуженных дворовых выдавалась при «прежнем» барине месячина; многие держали коров на барском сене, имели огороды и вообще жили «свободно»; всех, естественно, интересовал вопрос, оставит ли «новый» барин старые порядки или заменит их новыми, головлевскими.

Иудушка между тем подъехал и по сделанной ему встрече уже заключил, что в Дубровине дело идет к концу. Не торопясь вышел он из коляски, замахал руками на дворовых, бросившихся барину к ручке, потом сложил обе руки ладонями внутрь и начал медленно взбираться по лестнице, шепотом произнося молитву. Лицо его в одно и то же время выражало и скорбь, и твердую покорность. Как человек, он скорбел; как христианин — роптать не осмеливался. Он молился «о ниспослании», но больше всего уповал и покорялся воле провидения. Сыновья, в паре, шли сзади его. Володенька передразнивал отца, то есть складывал руки, закатывал глаза и шевелил губами; Петенька наслаждался представлением, которое давал брат. За ними, безмолвной гурьбой, следовал кортеж дворовых.

Иудушка поцеловал маменьку в ручку, потом в губы, потом опять в ручку; потом потрепал милого друга за талию и, грустно покачав головою, произнес:

— А вы все унываете! Нехорошо это, друг мой! ах, как нехорошо! А вы бы спросили себя: что, мол, бог на это скажет? — Скажет: вот я в премудрости своей все к лучшему устрояю, а она ропщет! Ах, маменька! маменька!

Потом перецеловал обеих племянниц и с тою же пленительною родственностью в голосе сказал:

— И вы, стрекозы, туда же в слезы! чтоб у меня этого не было! Извольте сейчас улыбаться — и дело с концом!

И он затопал на них ногами или, лучше сказать, делал вид, что топает, но, в сущности, только благосклонно шутил.

— Посмотрите на меня! — продолжал он, — как брат — я скорблю! Не раз, может быть, и всплакнул... Жаль брата, очень, даже до слез жаль... Всплакнешь, да и опомнишься: а бог-то на что! Неужто бог хуже нашего знает, как и что? Поразмыслишь эдак — и ободришься. Так-то и всем поступать надо! И вам, маменька, и вам, племяннушки, и вам... всем! — обратился он к прислуге. — Посмотрите на меня, каким я молодцом хожу!

И он с тою же пленительностью представил из себя «молодца», то есть выпрямился, отставил одну ногу, выпятил грудь и откинул назад голову. Все улыбнулись, но кисло как-то, словно всякий говорил себе: ну, пошел теперь паук паутину ткать!

Окончив представление в зале, Иудушка перешел в гостиную и вновь поцеловал у маменьки ручку.

— Так так-то, милый друг маменька! — сказал он, усаживаясь на диване, — вот и брат Павел...

— Да, и Павел... — потихоньку отозвалась Арина Петровна.

— Да, да, да... раненько бы! раненько! Ведь я, маменька, хоть и бодрюсь, а в душе тоже... очень-очень об брате скорблю! Не любил меня брат, крепко не любил, — может, за это бог и посылает ему!

— В этакую минуту можно бы и забыть про это! Старые-то дрязги оставить надо...

— Я, маменька, давно позабыл! Я только к слову говорю: не любил меня брат, а за что — не знаю! Уж я ли, кажется... и так и сяк, и прямо и стороной, и «голубчик» и «братец» — пятится от меня, да и шабаш! Ан бог-то взял да невидимо к своему пределу и приурочил!

— Говорю тебе: нечего поминать об этом! Человек на ладан уж дышит!

— Да, маменька, великая это тайна — смерть! Не вéсте ни дня ни часа — вот это какая тайна! Вот он все планы планировал, думал, уж так высоко, так высоко стоит, что и рукой до него не достанешь, а бог-то разом, в одно мгновение, все его мечтания опроверг. Теперь бы он, может, и рад грешки свои поприкрыть — ан они уж в книге живота записаны значатся. А из этой, маменька, книги, что там записано, не скоро выскоблишь!

— Чай, раскаянье-то приемлется!

— Желаю! от души брату желаю! Не любил он меня, а я — желаю! Я всем добра желаю! и ненавидящим и обидящим — всем! Несправедлив он был ко мне — вот бог болезнь ему послал, не я, а бог! А много он, маменька, страдает?

— Так себе... Ничего. Доктор был, даже надежду подал, — солгала Арина Петровна.

— Ну, вот как хорошо! Ничего, мой друг! не огорчайтесь! может быть, и отдышится! Мы-то здесь об нем сокрушаемся да на создателя ропщем, а он, может быть, сидит себе тихохонько на постельке да бога за исцеленье благодарит!

Эта мысль до того понравилась Иудушке, что он даже полегоньку хихикнул.

— А ведь я к вам, маменька, погостить приехал, — продолжал он, словно делая маменьке приятный сюрприз, — нельзя, голубушка... породственному! Не ровен случай — все же, как брат... и утешить, и посоветовать, и распорядиться... ведь вы позволите?

— Какие я позволения могу давать! сама здесь гостья!

— Ну, так вот что, голубушка. Так как сегодня у нас пятница, так уж вы прикажете, если ваша такая милость будет, мне постненького к обеду изготовить. Рыбки там, что ли, солененькой, грибков, капустки — мне ведь немного нужно! А я между тем по-родственному... на антресоли к брату поплетусь — может быть, и успею. Не для тела, так для души чтонибудь полезное сделаю. А в его положении душа-то, пожалуй, поважнее. Тело то мы, маменька, микстурками да при-парочками подправить можем, а для души лекарства поосновательнее нужны.

Арина Петровна не возражала. Мысль о непредотвратимости «конца» до такой степени охватила все ее существо, что она в каком-то оцепенении присматривалась и прислушивалась ко всему, что происходило кругом нее. Она видела, как Иудушка, покрякивая, встал с дивана, как он сгорбился, зашаркал ногами (он любил иногда притвориться немощным: ему казалось, что так почтеннее); она понимала, что внезапное появление кровопивца на антресолях должно глубоко взволновать больного и, может быть, даже ускорить развязку; но после волнений этого дня на нее напала такая усталость, что она чувствовала себя точно во сне.

Покуда это происходило, Павел Владимирыч находился в неописанной тревоге. Он лежал на антресолях совсем один и в то же время слышал, что в доме происходит какое-то необычное движение. Всякое хлопанье дверьми, всякий шаг в коридоре отзывались чем-то таинственным. Некоторое время он звал и кричал во всю мочь, но, убедившись, что крики бесполезны, собрал все силы, приподнялся на постели и начал прислушиваться. После общей беготни, после громкого говора голосов вдруг наступила мертвая тишина. Что-то неизвестное, страшное обступило его со всех сторон. Дневной свет сквозь опущенные гардины лился скупо, и так как в углу, перед образом, теплилась лампадка, то сумерки, наполнявшие комнату, казались еще темнее и гуще. В этот таинственный угол он и уставился глазами, точно в первый раз его поразило нечто в этой глубине. Образ в золоченом окладе, в который непосредственно ударяли лучи лампадки, с какою-то изумительной яркостью, словно что-то живое, выступал из тьмы; на потолке колебался светящийся кружок, то вспыхивая, то бледнея, по мере того как усиливалось или слабело пламя лампадки. Внизу господствовал полусвет, на общем фоне которого дрожали тени. На той же стене, около освещенного угла, висел халат, на котором тоже колебались полосы света и тени, вследствие чего казалось, что он движется. Павел Владимирыч всматривался-всматривался, и ему почудилось, что там, в этом углу, все вдруг задвигалось. Одиночество, беспомощность, мертвая тишина — и посреди этого тени, целый рой теней. Ему казалось, что эти тени идут, идут, идут... В неописанном ужасе, раскрыв глаза и рот, он глядел в таинственный угол и не кричал, а стонал. Стонал глухо, порывисто, точно лаял. Он не слыхал ни скрипа лестницы, ни осторожного шарканья шагов в первой комнате — как вдруг у его постели выросла ненавистная фигура Иудушки. Ему помещерилось, что он вышел оттуда, из этой тьмы, которая сейчас в его глазах так таинственно шевелилась; что там есть и еще, и еще... тени, тени, тени без конца! Идут, идут...

— Зачем? откуда? кто пустил? — инстинктивно крикнул он, бессильно опускаясь на подушку.

Иудушка стоял у постели, всматривался в больного и скорбно покачивал головой.

— Больно? — спросил он, сообщая своему голосу ту степень елейности, какая только была в его средствах.

Павел Владимирыч молчал и бессмысленными глазами уставился в него, словно усиливался понять. А Иудушка тем временем приблизился к образу, встал на колени, умилился, сотворил три земных поклона, встал и вновь очутился у постели.

— Ну, брат, вставай! Бог милости прислал! — сказал он, садясь в кресло, таким радостным тоном, словно и в самом деле «милость» у него в кармане была.

Павел Владимирыч наконец понял, что перед ним не тень, а сам кровопивец во плоти. Он как-то вдруг съежился, как будто знобить его начало. Глаза Иудушки смотрели светло, по-родственному, но больной очень хорошо видел, что в этих глазах скрывается «петля», которая вот-вот сейчас выскочит и захлестнет ему горло.

— Ах, брат, брат! какая ты бяка сделался! — продолжал подшучивать по-родственному Иудушка. — А ты возьми да и прибодрись! Встань да и побеги! Труском-труском — пусть-ка, мол, маменька полюбуется, какими мы молодцами стали! Фу-ты! ну-ты!

— Иди, кровопивец, вон! — отчаянно крикнул больной.

— А-а-ах! брат, брат! Я к тебе с лаской да с утешением, а ты... какое ты слово сказал! А-а-ах, грех какой! И как это язык у тебя, дружок, повернулся, чтоб этакое слово родному брату сказать! Стыдно, голубчик, даже очень стыдно! Постой-ка, я лучше подушечку тебе поправлю!

Иудушка встал и ткнул в подушку пальцем.

— Вот так! — продолжал он, — вот теперь славно! Лежи себе хорошохонько — хоть до завтрева поправлять не нужно!

— Уйди... ты!

— Ах, как болезнь-то, однако, тебя испортила! Даже характер в тебе — и тот какой-то строптивый стал! Уйди да уйди — ну как я уйду! Вот тебе испить захочется — я водички подам: вон лампадка не в исправности — я и лампадочку поправлю, маслица деревянненького подолью. Ты полежишь, я посижу; тихо да смирно — и не увидим, как время пройдет!

— Уйди, кровопивец!

— Вот ты меня бранишь, а я за тебя богу помолюсь. Я ведь знаю, что ты это не от себя, а болезнь в тебе говорит. Я, брат, привык прощать — я всем прощаю. Вот и сегодня — еду к тебе, встретился по дороге мужичок и что-то сказал. Ну и что ж! и Христос с ним! он же свой язык осквернил! А я... да не только я не рассердился, а даже перекрестил его — право!

— Ограбил... мужика?..

— Кто? я-то! Нет, мой друг, я не граблю; это разбойники по большим дорогам грабят, а я по закону действую. Лошадь его в своем лугу поймал — ну и ступай, голубчик, к мировому! Коли скажет мировой, что травить чужие луга дозволяется, — и бог с ним! А скажет, что травить не дозволяется, — нечего делать! штраф пожалуйте! По закону я, голубчик, по закону!

— Иуда! предатель! мать по миру пустил!

— И опять-таки скажу: хочешь сердись, хочешь не сердись, а не дело ты говоришь! И если б я не был христианин, я бы тоже... попретендовать за это на тебя мог!

— Пустил, пустил, пустил... мать по миру!

— Ну, перестань же, перестань! Вот я богу помолюсь: может быть, ты и попокойнее будешь...

Как ни сдерживал себя Иудушка, но ругательства умирающего до того его проняли, что даже губы у него искривились и побелели. Тем не менее лицемерие было до такой степени потребностью его натуры, что он никак не мог прервать раз начатую комедию. С последними словами он действительно встал на колени и с четверть часа воздевал руки и шептал. Исполнивши это, он возвратился к постели умирающего с лицом успокоенным, почти ясным.

— А ведь я, брат, об деле с тобой поговорить приехал, — сказал он, усаживаясь в кресло, — ты меня вот бранишь, а я об душе твоей думаю. Скажи, пожалуйста, когда ты в последний раз утешение принял?

— Господи! да что ж это... уведите его! Улитка! Агашка! кто тут есть? — стонал больной.

— Ну, ну, ну! успокойся, голубчик! знаю, что ты об этом говорить не любишь! Да, брат, всегда ты дурным христианином был и теперь таким же остаешься. А не худо бы, ах, как бы не худо в такую минуту об душе-то подумать! Ведь душа-то наша... ах, как с ней осторожно обращаться нужно, мой друг! Церковь-то что нам предписывает? Приносите, говорит, моления, благодарения... А еще: христианския кончины живота нашего безболезненны, непостыдны, мирны — вот что, мой друг! Послать бы тебе теперь за батюшкой, да искренно, с раскаяньем... Ну-ну! не буду! не буду! А право бы, так...

Павел Владимирыч лежал весь багровый и чуть не задыхался. Если б он мог в эту минуту разбить себе голову, он несомненно сделал бы это.

— Вот и насчет имения — может быть, ты уж и распорядился? — продолжал Иудушка. — Хорошенькое, очень хорошенькое именьице у тебя — нечего сказать. Земля даже лучше, чем в Головлеве: с песочком суглиночек-то! Ну, и капитал у тебя... я ведь, брат, ничего не знаю. Знаю только, что ты крестьян на выкуп отдал, а что и как — никогда я этим не интересовался. Вот и сегодня; еду к тебе и говорю про себя: должно быть, у брата Павла капитал есть! а впрочем, думаю, если и есть у него капитал, так уж, наверное, он насчет его распоряжение сделал!

Больной отвернулся и тяжело вздыхал.

— Не сделал? — ну, и тем лучше, мой друг! По закону — оно даже справедливее. Ведь не чужим, а своим же присным достанется. Я вот на чтó уж хил — одной ногой в могиле стою! а все-таки думаю: зачем же мне распоряжение делать, коль скоро закон за меня распорядиться может. И ведь как это хорошо, голубчик! Ни свары, ни зависти, ни кляуз... закон!

Это было ужасно. Павлу Владимирычу почудилось, что он заживо уложен в гроб, что он лежит словно скованный, в летаргическом сне, не может ни одним членом пошевельнуть и выслушивает, как кровопивец ругается над телом его.

— Уйди... ради Христа... уйди! — начал он наконец молить своего мучителя.

— Ну-ну-ну! успокойся! уйду! Знаю, что ты меня не любишь... стыдно, мой друг, очень стыдно родного брата не любить! Вот я так тебя люблю! И детям всегда говорю: хоть брат Павел и виноват передо мной, а я его все-таки люблю! Так ты, значит, не делал распоряжений — и прекрасно, мой друг! Бывает, впрочем, иногда, что и при жизни капитал растащат, особенно кто без родных, один... ну да уж я поприсмотрю... А? что? надоел я тебе? Ну, ну, так и быть, уйду! Дай только богу помолюсь!

Он встал, сложил ладони и наскоро пошептал:

— Прощай, друг! не беспокойся! Почивай себе хорошохонько — может, и даст бог! А мы с маменькой потолкуем да поговорим — может быть, что и попридумаем! Я, брат, постненького себе к обеду изготовить просил... рыбки солененькой, да грибков, да капустки — так ты уж меня извини! Что? или опять надоел? Ах, брат, брат!.. ну-ну, уйду, уйду! Главное, мой друг, не тревожься, не волнуй себя — спи себе да почивай! Хрр... хрр... — шутливо поддразнил он в заключение, решаясь наконец уйти.

— Кровопивец! — раздалось ему вслед таким пронзительным криком, что даже он почувствовал, что его словно обожгло.

***

Покуда Порфирий Владимирыч растабарывает на антресолях, внизу бабушка Арина Петровна собрала вокруг себя молодежь (не без цели что-нибудь выведать) и беседует с нею.

— Ну, ты как? — обращается она к старшему внучку, Петеньке.

— Ничего, бабушка, вот на будущий год в офицеры выйду.

— Выйдешь ли? который уж ты год обещаешь! Экзамены, что ли, у вас трудные — бог тебя знает!

— Он, бабушка, на последних экзаменах из «Начатков» срезался. Батюшка спрашивает: что есть бог? а он: бог есть дух... и есть дух... и святому духу...

— Ах, бедный ты, бедный! как же это ты так? Вот они, сироты — и то, чаи, знают!

— Г:ще бы! бог есть дух, невидимый... — спешит блеснуть своими познаниями Аннинька.

— Его же никто же не виде нигде же, — перебивает Любинька.

— Всеведущий, всеблагий, всемогущий, вездесущий, — продолжает Аннинька.

— Камо пойду от духа твоего и от лица твоего камо бежу? аще взыду на небо — тамо еси, аще сниду во ад — тамо еси...

— Вот и ты бы так отвечал, — с эполетами теперь был бы. А ты, Володя, что с собой думаешь?

Володя багровеет и молчит.

— Тоже, видно: «и святому духу»! Ах, детки, детки! На вид какие вы шустрые, а никак науку преодолеть не можете. И добро бы отец у вас баловник был... что, как он теперь с вами?

— Все то же, бабушка.

— Колотит? А я ведь слышала, что он перестал драться-то?

— Меньше, а все-таки... А главное, надоедает уж очень.

— Этого я что-то уж и не понимаю. Как это отец надоедать может?

— Очень, бабушка, надоедает. Ни уйти без спросу нельзя, ни взять что-нибудь... совсем подлость!

— А вы бы спрашивались! язык-то, чай, не отвалится!

— Нет уж. С ним только заговори, он потом и не отвяжется. Постой да погоди, потихоньку да полегоньку... уж очень, бабушка, скучно он разговаривает!

— Он, бабушка, за нами у дверей подслушивает. Только на днях его Петенька и накрыл...

— Ах вы, проказники! Что ж он?

— Ничего. Я ему говорю: это не дело, папенька, у дверей подслушивать; пожалуй, недолго и нос вам расквасить! А он: ну-ну! ничего, ничего! я, брат, яко тать в нощи!

— Он, бабушка, на днях яблоко в саду поднял да к себе в шкапик и положил, а я взял да и съел. Так он потом искал его, искал, всех людей к допросу требовал...

— Что это! скуп, что ли, он очень сделался?

— Нет, и не скуп, а так как-то... пустяками все занимается. Бумажки прячет, паданцев ищет...

— Он всякое утро проскомидию у себя в кабинете служит, а потом нам по кусочку просвиры дает... черствой-пречерствой! Только мы однажды с ним штуку сделали: подсмотрели, где у него просвиры лежат, надрезали в просвире дно, вынули мякиш да чухонского масла и положили!..

— Однако ж, вы тоже... головорезы!

— Нет, вы представьте на другой день его удивленье! Просвира, да еще с маслом!

— Чай, на порядках досталось вам!

— Ничего... Только целый день плевался и все словно про себя говорил: шельмы! Ну, мы, разумеется, на свой счет не приняли. А ведь он, бабушка, вас боится!

— Чего меня бояться... не пугало, чай!

— Боится — это верно; думает, что вы проклянете его. Он этих проклятиев — страх как трусит!

Арина Петровна задумывается. Сначала ей приходит на мысль: а что, ежели и в самом деле... прокляну? Так-таки возьму да и прокляну... прроклиннаю!! Потом на смену этой мысли поступает другой, более насущный вопрос: что-то Иудушка? какие-то проделки он там, наверху, проделывает? так, чай, и извивается! Наконец ее осеняет счастливая мысль.

— Володя! — говорит она, — ты, голубчик, легонький! сходил бы потихоньку да подслушал бы, что у них там?

— С удовольствием, бабушка.

Володенька на цыпочках направляется к дверям и исчезает в них.

— Как это вы к нам сегодня надумали? — начинает Арина Петровна допрашивать Петеньку.

— Мы, бабушка, давно собирались, а сегодня Улитушка прислала с нарочным сказать, что доктор был и что не нынче, так завтра дядя непременно умереть должен.

— Ну, а насчет наследства.... был у вас разговор?

— Мы, бабушка, целый день всё об наследствах говорим. Он все рассказывает, как прежде, еще до дедушки было... даже Горюшкино, бабушка, помнит. Вот, говорит, кабы у тетеньки Варвары Михайловны детей не было — нам бы Горюш-кино-то принадлежало! И дети-то, говорит, бог знает от кого — ну, да не нам других судить! У ближнего сучок в глазу видим, а у себя и бревна не замечаем... так-то, брат!

— Ишь ведь какой! Замужем, чай, тетенька-то была; коли что и было — все муж прикрыл!

— Право, бабушка. И всякий раз, как мы мимо Горюшкина едем, всякий-то раз он эту историю поднимает! И бабушка Наталья Владимировна, говорит, из Горюшкина взята была — по всем бы правам ему в головлевском роде быть должно; ан папенька, покойник, за сестрою в приданое отдал! А дыни, говорит, какие в Горюшкине росли! По двадцати фунтов весу — вот какие дыни!

— Уж в двадцать фунтов! чтой-то я об таких не слыхивала! Ну, а насчет Дубровина какие его предположения?

— Тоже в этом роде. Арбузы да дыни... пустяки всё! В последнее время, впрочем, все спрашивал: а как вы, детки, думаете, велик у брата Павла капитал? Он, бабушка, уж давно все вычислил: и выкупной ссуды сколько, и когда имение в опекунский совет заложено, и сколько долгу уплачено... Мы и бумажку видели, на которой он вычисления делал, только мы ее, бабушка, унесли... Мы его, бабушка, этой бумажкой чуть с ума не свели! Он ее в стол положит, а мы возьмем да в шкап переложим; он в шкапу на ключ запрет, а мы подберем ключ да в просвиры засунем... Раз он в баню мыться пошел, — смотрит, а на полке бумажка лежит!

— Веселье у вас там!

Возвращается Володенька; все глаза устремляются на него.

— Ничего не слыхать, — сообщает он шепотом, — только и слышно, что отец говорит: безболезненны, непостыдны, мирны, а дядя ему: уйди, кровопивец!

— А насчет «распоряжения»... не слыхал?

— Кажется, было что-то, да не разобрал... Очень уж, бабушка, плотно отец дверь захлопнул. Жужжит — и только. А потом дядя вдруг как крикнет: «у-уй-дди!» Ну, я поскорей-поскорей, да и сюда!

— Хоть бы сиротам... — тоскует в раздумье Арина Петровна.

— Уж если отцу достанется, он, бабушка, никому ничего не даст, — удостоверяет Петенька, — я даже так думаю, что он и нас-то наследства лишит.

— Не в могилу же с собой унесет?

— Нет, а какое-нибудь средство выдумает. Он намеднись недаром с попом поговаривал: а что, говорит, батюшка, если бы вавилонскую башню выстроить — много на это денег потребуется?

— Ну, это он так... может, из любопытства...

— Нет, бабушка, проект у него какой-то есть. Не на вавилонскую башню, так в Афон пожертвует, а уж нам не даст!

— А большое, бабушка, у отца имение будет, когда дядя умрет? — любопытствует Володенька.

— Ну, это еще богу известно, кто прежде кого умрет.

— Нет, бабушка, отец наверно рассчитывает. Давеча, только мы до дубровинской ямы доехали, он даже картуз снял, перекрестился: слава богу, говорит, опять по своей земле поедем!

— Он, бабушка, все уж распределил. Лесок увидал: вот, говорит, кабы на хозяина — ах, хорош бы был лесок! Потом на покосец посмотрел: ай да покосец! смотри-ка, смотри-ка, стогов-то что наставлено! тут прежде конный заводец был.

— Да, да... и лесок и покосец — все ваше, голубчики, будет! — вздыхает Арина Петровна, — батюшки! да, никак, на лестнице-то скрипнуло!

— Тише, бабушка, тише! Это он... яко тать в нощи... у дверей подслушивает.

Наступает молчание; но тревога оказывается ложною. Арина Петровна вздыхает и шепчет про себя: ах, детки, детки! Молодые люди в упор глядят на сироток, словно пожрать их хотят; сиротки молчат и завидуют.

— А вы, кузина, мамзель Лотар видели? — заговаривает Петенька.

Аннинька и Любинька взглядывают друг на друга, точно спрашивают, из истории это или из географии.

— В «Прекрасной Елене»... она на театре Елену играет.

— Ах да... Елена... это Парис? «Будучи прекрасен и молод, он разжег сердца богинь»... Знаем! знаем! — обрадовалась Любинька.

— Это, это самое и есть. А как она: cas-ca-ader, ca-as-ca-der выделывает... прелесть!

— У нас давеча доктор все «кувырком» пел.

— «Кувырком» — это покойная Лядова... вот, кузина, прелесть-то была! Когда умерла, так тысячи две человек за гробом шли... думали, что революция будет!

— Да ты об театрах, что ли, болтаешь? — вмешивается Арина Петровна, — так им, мой друг, не по театрам ездить, а в монастырь...

— Вы, бабушка, все нас в монастыре похоронить хотите! — жалуется Аннинька.

— А вы, кузина, вместо монастыря-то, в Петербург укатите! Мы вам там все покажем!

— У них, мой друг, не удовольствия на уме должны быть, а божественное, — продолжает наставительно Арина Петровна.

— Мы их, бабушка, в Сергиеву пустынь на лихаче прокатим, — вот и божественное будет!

У сироток даже глазки разгорелись и кончики носиков покраснели при этих словах.

— А как, говорят, поют у Сергия! — восклицает Аннинька.

— Сем уж, кузина, возьмите. Трисвятую песнь припевающе — даже отец так не споет. А потом мы бы вас по всем трем Подьяческим покатали.

— Мы бы вас, кузина, всему-всему научили! В Петербурге ведь таких, как вы, барышень очень много: ходят да каблучками постукивают.

— Разве что этому научите! — вступается Арина Петровна, — уж оставьте вы их, Христа ради... учители! Тоже учить собрались... наукам, должно быть! Вот я с ними, как Павел умрет, в Хотьков уеду... и так-то мы там заживем!

— А вы всё сквернословите! — вдруг раздалось в дверях.

Посреди разговора, никто и не слыхал, как подкрался Иудушка, яко тать в нощи. Он весь в слезах, голова поникла, лицо бледно, руки сложены на груди, губы шепчут. Некоторое время он ищет глазами образа, наконец находит и с минуту возносит свой дух.

— Плох! ах, как плох! — наконец восклицает он, обнимая милого друга маменьку.

— Неужто уж так?

— Очень-очень дурен, голубушка... а помните, каким он прежде молодцом был!

— Ну, когда же молодцом... что-то я этого не помню!

— Ах нет, маменька, не говорите! Всегда он... я как сейчас помню, как он из корпуса вышел: стройный такой, широкоплечий, кровь с молоком... Да, да! Так-то, мой друг маменька! Все мы под богом ходим! сегодня и здоровы, и сильны, и пожить бы, и пожуировать бы, и сладенького скушать, а завтра...

Он махнул рукой и умилился.

— Поговорил ли он, по крайней мере?

— Мало, голубушка; только и молвил: прощай, брат! А ведь он, маменька, чувствует! чувствует, что ему плохо приходится!

— Будешь, батюшка, чувствовать, как грудь-то ходуном ходит!

— Нет, маменька, я не об том. Я об прозорливости; прозорливость, говорят, человеку дана; который человек умирает — всегда тот заранше чувствует. Вот грешникам — тем в этом утешенье отказано.

— Ну-ну! об «распоряжении» не говорил ли чего?

— Нет, маменька. Хотел он что-то сказать, да я остановил. Нет, говорю, нечего об распоряжениях разговаривать! Что ты мне, брат, по милости своей, оставишь, я всем буду доволен, а ежели и ничего не оставишь — и даром за упокой помяну! А как ему, маменька, пожить-то хочется! так хочется! так хочется!

— И всякому пожить хочется!

— Нет, маменька, вот я об себе скажу. Ежели господу богу угодно призвать меня к себе — хоть сейчас готов!

— Хорошо, как к богу, а ежели к сатане угодишь?

В таком духе разговор длится и до обеда, и во время обеда, и после обеда. Арине Петровне даже на стуле не сидится от нетерпения. По мере того, как Иудушка растабарывает, ей все чаще и чаще приходит на мысль: а что, ежели... прокляну? Но Иудушка даже и не подозревает того, что в душе матери происходит целая буря; он смотрит так ясно и продолжает себе потихоньку да полегоньку притеснять милого друга маменьку своей безнадежною канителью.

«Прокляну! прокляну! прокляну!» — все решительнее да решительнее повторяет про себя Арина Петровна.

***

В комнатах пахнет ладаном, по дому раздается протяжное пение, двери отворены настежь, желающие поклониться покойному приходят и уходят. При жизни никто не обращал внимания на Павла Владимирыча, со смертью его — всем сделалось жалко. Припоминали, что он «никого не обидел», «никому грубого слова не сказал», «ни на кого не взглянул косо». Все эти качества, казавшиеся прежде отрицательными, теперь представлялись чем-то положительным, и из неясных обрывков обычного похоронного празднословия вырисовывался тип «доброго барина». Многие в чем-то раскаивались, сознавались, что по временам пользовались простотою покойного в ущерб ему, — да ведь кто же знал, что этой простоте так скоро конец настанет? Жила-жила простота, думали, что ей и веку не будет, а она вдруг... А была бы жива простота, — и теперь бы ее накаливали: накаливай, робята! что дуракам в зубы смотреть! Один мужичок принес Иудушке три целковых и сказал:

— Должок за мной покойному Павлу Владимирычу был. Записок промежду нас не было — так вот!

Иудушка взял деньги, похвалил мужичка и сказал, что он эти три целковых на маслице для «неугасимой» отдаст.

— И ты, дружок, будешь видеть, и все будут видеть, а душа покойного радоваться будет. Может, он что-нибудь и вымолит там для тебя! Ты и не ждешь — ан вдруг тебе бог счастье пошлет!

Очень возможно, что в мирской оценке качеств покойного неясно участвовало и сравнение. Иудушку не любили. Не то чтобы его нельзя было обойти, а очень уж он пустяки любил, надоедал да приставал. Даже земельные участки немногие решались у него кортомить, потому что он сдаст участок, да за каждый лишний запаханный или закошенный вершок, за каждую пропущенную минуту в уплате денег сейчас начнет съемщика по судам таскать. Многих он так-то затаскал и сам ничего не выиграл (его привычку кляузничать так везде знали, что, почти не разбирая дел, отказывали в его претензиях), и народ волокитами да прогулами разорил. «Не купи двора, а купи соседа», говорит пословица, а у всех на знати, каков сосед головлевский барин. Нужды нет, что мировой тебя оправит, он тебя своим судом, сатанинским, изведет. И так как злость (даже не злость, а скорее нравственное окостенение), прикрытая лицемерием, всегда наводит какой-то суеверный страх, то новые «соседи» (Иудушка очень приветливо называет их «соседушками») боязливо кланялись в пояс, проходя мимо кровопивца, который весь в черном стоял у гроба с сложенными ладонями и воздетыми вверх глазами.

Покуда покойник лежал в доме, домашние ходили на цыпочках, заглядывали в столовую (там, на обеденном столе, был поставлен гроб), качали головами, шептались. Иудушка притворялся чуть живым, шаркал по коридору, заходил к «покойничку», умилялся, поправлял на гробе покров и шептался с становым приставом, который составлял описи и прикладывал печати. Петенька и Володенька суетились около гроба, ставили и зажигали свечки, подавали кадило и проч. Аннинька и Любинька плакали и сквозь слезы тоненькими голосами подпевали дьячкам на панихидах. Дворовые женщины, в черных коленкоровых платьях, утирали передниками раскрасневшиеся от слез носы.

Арина Петровна, тотчас же, как последовала смерть Павла Владимирыча, ушла в свою комнату и заперлась там. Ей было не до слез, потому что она сознавала, что сейчас же должна была на что-нибудь решиться. Оставаться в Дубровине она и не думала... «ни за что!» — следовательно, предстояло одно: ехать в Погорелку, имение сирот, то самое, которое некогда представляло «кусок», выброшенный ею непочтительной дочери Анне Владимировне. Принявши это решение, она почувствовала себя облегченною, как будто Иудушка вдруг и навсегда потерял всякую власть над нею. Спокойно пересчитала пятипроцентные билеты (капиталу оказалось: своего пятнадцать тысяч да столько же сиротского, ею накопленного) и спокойно же сообразила, сколько нужно истратить денег, чтоб привести погорелковский дом в порядок. Затем немедленно послала за погорелковским старостой, отдала нужные приказания насчет найма плотников и присылки в Дубровино подвод за ее и сиротскими пожитками, велела готовить тарантас (в Дубровине стоял ее собственный тарантас, и она имела доказательства, что он ее собственный) и начала укладываться. К Иудушке она не чувствовала ни ненависти, ни расположения: ей просто сделалось противно с ним дело иметь. Даже ела она неохотно и мало, потому что с нынешнего дня приходилось есть уже не Павлово, а Иудушкино. Несколько раз Порфирий Владимирыч заглядывал в ее комнату, чтоб покалякать с милым другом маменькой (он очень хорошо понимал ее приготовления к отъезду, но делал вид, что ничего не замечает), но Арина Петровна не допускала его.

— Ступай, мой друг, ступай! — говорила она, — мне некогда.

Через три дня у Арины Петровны все было уже готово к отъезду. Отстояли обедню, отпели и схоронили Павла Владимирыча. На похоронах все произошло точно так, как представляла себе Арина Петровна в то утро, как Иудушке приехать в Дубровино. Именно так крикнул Иудушка: «Прощай, брат!» — когда опускали гроб в могилу, именно так же обратился он вслед за тем к Улитушке и торопливо сказал:

— Кутью-то! кутью-то не позабудьте взять! да в столовой на чистенькую скатертцу поставьте... чай, и в доме братца помянуть придется!

К обеду, который, по обычаю, был подан сейчас, как пришли с похорон, были приглашены три священника (в том числе отец благочинный) и дьякон. Дьячкам была устроена особая трапеза в прихожей. Арина Петровна и сироты вышли в дорожном платье, но Иудушка и тут сделал вид, что не замечает. Подойдя к закуске, Порфирий Владимирыч попросил отца благочинного благословить ядствие и питие, затем налил себе и духовным отцам по рюмке водки, умилился и произнес:

— Новопреставленному! вечная память! Ах, брат, брат! оставил ты нас! а кому бы, кажется, и пожить, как не тебе. Дурной ты, брат! нехороший!

Сказал, перекрестился и выпил. Потом опять перекрестился и проглотил кусочек икры, опять перекрестился — и балычка отведал.

— Кушайте, батюшка! — убеждал он отца благочинного, — все это запасы покойного братца! любил покойник покушать! И сам хорошо кушал, а еще больше других любил угостить! Ах, брат, брат! оставил ты нас! Нехороший ты, брат! недобрый!

Словом сказать, так зарапортовался, что даже позабыл об маменьке. Только тогда вспомнил, когда уж рыжичков зачерпнул и совсем было собрался ложку в рот отправить.

— Маменька! голубчик! — всполошился он, — а я-то, простофиля, уписываю — ах, грех какой! Маменька! закусочки! рыжичков-то, рыжичков! Дубровинские ведь рыжички-то! знаменитые!

Но Арина Петровна только безмолвно кивнула головой в ответ и не двинулась. Казалось, она с любопытством к чему-то прислушивалась. Как будто какой-то свет пролился у ней перед глазами, и вся эта комедия, к повторению которой она с малолетства привыкла, в которой сама всегда участвовала, вдруг показалась ей совсем новою, невиданною.

Обед начался с родственных пререканий. Иудушка настаивал, чтобы маменька на хозяйское место села; Арина Петровна отказывалась.

— Нет, ты здесь хозяин — ты и садись, куда тебе хочется! — сухо проговорила она.

— Вы хозяйка! вы, маменька, везде хозяйка! и в Головлеве и в Дубровине — везде! — убеждал Иудушка.

— Нет уж! садись! Где мне хозяйкой бог приведет быть, там я и сама сяду, где вздумается! а здесь ты хозяин — ты и садись!

— Так мы вот что сделаем! — умилился Иудушка, — мы хозяйский-то прибор незанятым оставим! Как будто брат здесь невидимо с нами сотрапезует... он хозяин, а мы гостями будем!

Так и сделали. Покуда разливали суп, Иудушка, выбрав приличный сюжет, начинает беседу с батюшками, преимущественно, впрочем, обращая речь к отцу благочинному.

— Вот многие нынче в бессмертие души не верят... а я верю! — говорит он.

— Уж это разве отчаянные какие-нибудь! — отвечает отец благочинный.

— Нет, и не отчаянные, а наука такая есть. Будто бы человек сам собою... Живет это, и вдруг — умер!

— Очень уж много этих наук нынче развелось — поубавить бы! Наукам верят, а в бога не верят. Даже мужики — и те в ученые норовят.

— Да, батюшка, правда ваша. Хотят, хотят в ученые попасть. У меня вот нагловские: есть нечего, а намедни приговор написали, училище открывать хотят... ученые!

— Против всего нынче науки пошли. Против дождя — наука, против вёдра — наука. Прежде, бывало, попросту: придут да молебен отслужат —

и даст бог. Вёдро нужно — вёдро господь пошлет; дождя нужно — и дождя у бога не занимать стать. Всего у бога довольно. А с тех пор как по науке начали жить — словно вот отрезало: все пошло безо времени. Сеять нужно — засуха, косить нужно — дождик!

— Правда ваша, батюшка, святая ваша правда. Прежде, как богу-то чаще молились, и земля лучше родила. Урожаи-то были не нынешние, сам-четверт да сам-пят, — сторицею давала земля. Вот маменька, чай, помнит? Помните, маменька? — обращается Иудушка к Арине Петровне с намерением и ее вовлечь в разговор.

— Не слыхала, чтоб в нашей стороне... Ты, может, об ханаанской земле читал — там, сказывают, действительно это бывало, — сухо отзывается Арина Петровна.

— Да, да, да, — говорит Иудушка, как бы не слыша замечания матери, — в бога не верят, бессмертия души не признают... а жрать хотят!

— Именно, только бы жрать бы да пить бы! — вторит отец благочинный, засучивая рукава своей рясы, чтобы положить на тарелку кусок поминального пирога.

Все принимаются за суп; некоторое время только и слышится, как лязгают ложки об тарелки да фыркают попы, дуя на горячую жидкость.

— А вот католики, — продолжает Иудушка, переставая есть, — так те хотя бессмертия души и не отвергают, но, взамен того, говорят, будто бы душа не прямо в ад или в ран попадает, а на некоторое время... в среднее какое-то место поступает.

— И это опять неосновательно.

— Как бы вам сказать, батюшка... — задумывается Порфирий Владимирыч, — коли начать говорить с точки зрения...

— Нечего об пустяках и говорить. Святая церковь как поет? Поет: в месте злачнем, в месте прохладнем, иде же несть ни печали, ни воздыхания... Об каком же тут «среднем» месте еще разговаривать!

Иудушка, однако ж, не вполне соглашается и хочет кой-что возразить. Но Арина Петровна, которую начинает уж коробить от этих разговоров, останавливает его.

— Ну уж, ешь, ешь... богослов! и суп, чай, давно простыл! — говорит она и, чтобы переменить разговор, обращается к отцу благочинному: — С рожью-то, батюшка, убрались?

— Убрался, сударыня; нынче рожь хороша, а вот яровые — не обещают! Овсы зерна не успели порядком налить, а уж мешаться начали. Ни зерна, ни соломы ожидать нельзя.

— Везде нынче на овсы жалуются! — вздыхает Арина Петровна, следя за Иудушкой, как он вычерпывает ложкой остатки супа.

Подают другое кушанье: ветчину с горошком. Иудушка пользуется этим случаем, чтоб возобновить прерванный разговор.

— Вот жиды этого кушанья не едят, — говорит он.

— Жиды — пакостники, — отзывается отец благочинный, — их за это свиным ухом дразнят.

— Однако ж, вот и татары... Какая-нибудь причина этому да есть...

— И татары тоже пакостники — вот и причина.

— Мы конины не едим, а татары — свининой брезгают. Вот в Париже, сказывают, крыс во время осады ели.

— Ну, те — французы!

Таким образом идет весь обед. Подают карасей в сметане — Иудушка объясняет:

— Кушайте, батюшка! Это караси особенные: покойный братец их очень любил!

Подают спаржу, — Иудушка говорит:

— Вот это так спаржа! В Петербурге за этакую спаржу рублик серебрецом платить надо. Покойный братец сам за нею ухаживал! Вон она, бог с ней, толстая какая!

У Арины Петровны так и кипит сердце: целый час прошел, а обед только в половине. Иудушка словно нарочно медлит: поест, потом положит ножик и вилку, покалякает, потом опять поест и опять покалякает. Сколько раз, в бывалое время, Арина Петровна крикивала за это на него: да ешь же, прости господи, сатана! — да, видно, он позабыл маменькины наставления. А может быть, и не позабыл, а нарочно делает, мстит. А может быть, даже и не мстит сознательно, а так нутро его, от природы ехидное, играет. Наконец подали жаркое; в ту самую минуту, как все встали и отец дьякон затянул «о блаженном успении», — в коридоре поднялась возня, послышались крики, которые совсем уничтожили эффект заупокойного возгласа.

— Что там за шум! — крикнул Порфирий Владимирыч, — в кабак, что ли, забрались?

— Не кричи, сделай милость! Это я... это мои сундуки перетаскивают, — отозвалась Арина Петровна и не без иронии прибавила: — Будешь, что ли, осматривать?

Все вдруг смолкли, даже Иудушка не нашелся и побледнел. Он, впрочем, сейчас же сообразил, что надо как-нибудь замять неприятную апострофу матери, и, обратясь к отцу благочинному, начал:

— Вот тетерев, например... В России их множество, а в других странах...

— Да ешь, Христа ради: нам ведь двадцать пять верст ехать; надо засветло поспевать, — прервала его Арина Петровна, — Петенька! поторопи там, голубчик, чтоб пирожное подавали!

Несколько минут длилось молчание. Порфирий Владимирыч живо

доел свой кусок тетерьки и сидел бледный, постукивая ногой в пол и вздрагивая губами.

— Обижаете вы меня, добрый друг маменька! крепко вы меня обижаете! — наконец произносит он, не глядя, впрочем, на мать.

— Кто тебя обидит! И чем это я так... крепко тебя обидела?

— Очень-очень обидно... так обидно! так обидно! В такую минуту... уезжать! Всё жили да жили... и вдруг... И наконец эти сундуки... осмотр... Обидно!

— Уж коли ты хочешь все знать, так я могу и ответ дать. Жила я тут, покуда сын Павел был жив; умер он — я и уезжаю. А что касается до сундуков, так Улитка давно за мной по твоему приказанью следит. А по мне, лучше прямо сказать матери, что она в подозрении состоит, нежели, как змея, из-за чужой спины на нее шипеть.

— Маменька! друг мой! да вы... да я... — простонал Иудушка.

— Будет! — не дала ему продолжать Арина Петровна, — я высказалась.

— Но чем же, друг мой, я мог...

— Говорю тебе: я высказалась — и оставь. Отпусти меня, ради Христа, с миром. Тарантас, чу, готов.

Действительно, на дворе раздались бубенчики и стук подъезжающего экипажа. Арина Петровна первая встала из-за стола, за ней поднялись и прочие.

— Ну, теперь присядемте на минутку, да и в путь! — сказала она, направляясь в гостиную.

Посидели, помолчали, а тем временем Иудушка совсем уж успел оправиться.

— А не то пожили бы, маменька, в Дубровине... посмотрите-ка, как здесь хорошо! — сказал он, глядя матери в глаза с ласковостью провинившегося пса.

— Нет, мой друг, будет! не хочу я тебе, на прощание, неприятного слова сказать... а нельзя мне здесь оставаться! Не у чего! Батюшка! помолимтесь!

Все встали и помолились; затем Арина Петровна со всеми перецеловалась, всех благословила... по-родственному и, тяжело ступая ногами, направилась к двери. Порфирий Владимирыч, во главе всех домашних, проводил ее до крыльца, но тут при виде тарантаса его смутил бес любомудрия. «А тарантас-то ведь братцев!» — блеснуло у него в голове.

— Так увидимся, добрый друг маменька! — сказал он, подсаживая мать и искоса поглядывая на тарантас.

— Коли бог велит... отчего же и не увидеться!

— Ах, маменька, маменька! проказница вы — право! Велите-ка тарантас-то отложить, да с богом на старое гнездышко... Право! — лебезил Иудушка.

Арина Петровна не отвечала; она совсем уж уселась и крестное знамение даже сотворила, но сиротки что-то медлили.

А Иудушка между тем поглядывал да поглядывал на тарантас.

— Так тарантас-то, маменька, как же? вы сами доставите или прислать за ним прикажете? — наконец не выдержал он.

Арина Петровна даже затряслась вся от негодования.

— Тарантас — мой! — крикнула она таким болезненным криком, что всем сделалось и неловко и совестно. — Мой! мой! мой тарантас! Я его... у меня доказательства... свидетели есть! А ты... а тебя... ну, да уж подожду... посмотрю, что дальше от тебя будет! Дети! долго ли?

— Помилуйте, маменька! я ведь не в претензии... Если б даже тарантас был дубровинский...

— Мой тарантас, мой! Не дубровинский, а мой! не смей говорить... слышишь!

— Слушаю, маменька... Так вы, голубушка, не забывайте нас... попросту, знаете, без затей! Мы к вам, вы к нам... по-родственному!

— Сели, что ли? трогай! — крикнула Арина Петровна, едва сдерживая себя.

Тарантас дрогнул и покатился мелкой рысцой по дороге. Иудушка стоял на крыльце, махал платком и, покуда тарантас не скрылся совсем из виду, кричал ему вслед:

— По-родственному! Мы к вам, вы к нам... по-родственному!

Семейные итоги

Никогда не приходило Арине Петровне на мысль, что может наступить минута, когда она будет представлять собой «лишний рот», — и вот эта минута подкралась и подкралась именно в такую пору, когда она в первый раз в жизни практически убедилась, что нравственные и физические ее силы подорваны. Такие минуты всегда приходят внезапно; хотя человек, быть может, уж давно надломлен, но все-таки еще перемогается и стоит, — и вдруг откуда-то сбоку наносится последний удар. Подстеречь этот удар, сознать его приближение очень трудно; приходится просто и безмолвно покориться ему, ибо это тот самый удар, который недавнего бодрого человека мгновенно и безапелляционно превращает в развалину.

Тяжело было положение Арины Петровны, когда она, разорвавши с Иудушкой, поселилась в Дубровине, но тогда она, по крайней мере, знала, что Павел Владимирыч хоть и косо смотрит на ее вторжение, но все-таки он человек достаточный, для которого лишний кусок не много значит. Теперь дело приняло совсем иной оборот: она стояла во главе такого хозяйства, где все «куски» были на счету. А она знала цену этим «кускам», ибо, проведя всю жизнь в деревне, в общении с крестьянским людом, вполне усвоила себе крестьянское представление об ущербе, который наносит «лишний рот» хозяйству, и без того уже скудному.

Тем не менее первое время по переселении в Погорелку она еще бодрилась, хлопотливо устроивалась на новом месте и выказывала прежнюю ясность хозяйственных соображений. Но хозяйство в Погорелке было суетливое, мелочное, требовало ежеминутного личного присмотра, и хотя сгоряча ей показалось, что достигнуть точного учета там, где из полушек составляются гроши, а из грошей гривенники, не составляет никакой мудрости, однако скоро она должна была сознаться, что это убеждение ошибочное. Мудрости действительно не было, но и не было ни прежней охоты, ни прежних сил. К тому же дело происходило осенью, в самый разгар хозяйственных итогов, а между тем время стояло ненастное и полагало невольный предел усердию Арины Петровны. Явились старческие немощи, не дозволявшие выходить из дома, настали длинные, тоскливые осенние вечера, осуждавшие на фаталистическую праздность. Старуха волновалась и рвалась, но ничего не могла сделать.

С другой стороны, она не могла не заметить, что и с сиротами делается что-то неладное. Они вдруг заскучали и опустили головы. Какие-то смутные планы будущего волновали их — планы, в которых представления о труде шли вперемежку с представлениями об удовольствиях, конечно, самого невинного свойства. Тут были и воспоминания об институте, в котором они воспитывались, и вычитанные урывками мысли о людях труда, и робкая надежда с помощью институтских связей ухватиться за какую-то нить и при ее пособии войти в светлое царство человеческой жизни. Над всей этой смутностью тем не менее господствовала одна щемящая и очень определенная мысль: во что бы ни стало уйти из постылой Погорелки. И вот в одно прекрасное утро Аннинька и Любинька объявили бабушке, что долее оставаться в Погорелке не могут и не хотят. Что это ни на что не похоже, что они в

Погорелке никого не видят, кроме попа, который к тому же постоянно, при свидании с ними, почему-то заговаривает о девах, погасивших свои светильники, и что вообще — «так нельзя». Девицы говорили резко, ибо боялись бабушки, и тем больше напускали на себя храбрости, чем больше ждали с ее стороны гневной вспышки и отпора. Но, к удивлению, Арина Петровна выслушала их сетования не только без гнева, но даже не выказав поползновения к бесплодным поучениям, на которые так торовата бессильная старость. Увы! это была уж не та властная женщина, которая во времена оны с уверенностью говаривала: «Уеду в Хотьков и внучат с собой возьму». И не одно старческое бессилие участвовало в этой перемене, но и понимание чего-то лучшего, более справедливого. Последние удары судьбы не просто смирили ее, но еще осветили в ее умственном кругозоре некоторые уголки, в которые мысль ее, по-видимому, никогда дотоле не заглядывала. Она поняла, что в человеческом существе кроются известные стремления, которые могут долго дремать, но, раз проснувшись, уже неотразимо влекут человека туда, где прорезывается луч жизни, тот отрадный луч, появление которого так давно подстерегали глаза среди безнадежной мглы настоящего. И, раз поняв законность подобного стремления, она уж была бессильна противодействовать ему. Правда, она отговаривала внучек от их намерения, но слабо, без убеждения; она беспокоилась насчет ожидающего их будущего, тем более что сама не имела никаких связей в так называемом свете, но в то же время чувствовала, что разлука с девушками есть дело должное, неизбежное. Что с ними будет? — этот вопрос вставал перед ней назойливо и ежеминутно; но ведь ни этим вопросом, ни даже более страшными не удержишь того, кто рвется на волю. А девушки только об том и твердили, чтоб вырваться из Погорелки. И действительно, после немногих колебаний и отсрочек, сделанных в угоду бабушке, уехали.

С отъездом сирот погорелковский дом окунулся в какую-то безнадежную тишину. Как ни сосредоточенна была Арина Петровна по природе, но близость человеческого дыхания производила и на нее успокоительное действие. Проводивши внучек, она, может быть, в первый раз почувствовала, что от ее существа что-то оторвалось и что она разом получила какую-то безграничную свободу, до того безграничную, что она уже ничего не видела перед собой, кроме пустого пространства. Чтоб как-нибудь скрыть в собственных глазах эту пустоту, она распорядилась немедленно заколотить парадные комнаты и мезонин, в котором жили сироты («кстати, и дров меньше выходить будет», — думала она при этом), а для себя отделила всего две комнаты, из которых в одной помещался большой киот с образами, а другая представляла в одно и то же время спальную, кабинет и столовую. Прислугу тоже, ради экономии, распустила, оставив при себе только старую, едва таскающую ноги ключницу Афимьюшку да одноглазую солдатку Марковну, которая готовила кушанье и стирала белье. Но все эти предосторожности помогли мало: ощущение пустоты не замедлило проникнуть и в те две комнаты, в которых она думала отгородиться от него. Беспомощное одиночество и унылая праздность — вот два врага, с которыми она очутилась лицом к лицу и с которыми отныне обязывалась коротать свою старость. А вслед за ними не заставила себя ждать и работа физического и нравственного разрушения, работа тем более жестокая, чем меньше отпора дает ей праздная жизнь.

Дни чередовались днями с тем удручающим однообразием, которым так богата деревенская жизнь, если она не обставлена ни комфортом, ни хозяйственным трудом, ни материалом, дающим пищу для ума. Независимо от внешних причин, делавших личный хозяйственный труд недоступным, Арине Петровне и внутренно сделалась противною та грошовая суета, которая застигла ее под конец жизни. Может быть, она бы и перемогла свое отвращение, если б была в виду цель, которая оправдывала бы ее усилия, но именно цели-то и не было. Всем она опостылела, надоела, и ей всё и все опостылели, надоели. Прежняя лихорадочная деятельность вдруг уступила место сонливой праздности, а праздность, мало-помалу, развратила волю и привела за собой такие наклонности, о которых, конечно, и во сне не снилось Арине Петровне за несколько месяцев тому назад. Из крепкой и сдержанной женщины, которую никто не решался даже назвать старухой, получилась развалина, для которой не существовало ни прошлого, ни будущего, а существовала только минута, которую предстояло прожить.

Днем она большею частью дремала. Сядет в кресло перед столом, на котором разложены вонючие карты, и дремлет. Потом вздрогнет, проснется, взглянет в окно, и долго без всякой сознательной мысли не отрывает глаз от расстилающейся без конца дали. Погорелка была печальная усадьба. Она стояла, как говорится, на тычке, без сада, без тени, без всяких признаков какого бы то ни было комфорта. Даже палисадника впереди не было. Дом был одноэтажный, словно придавленный, и весь почерневший от времени и непогод; сзади расположены были немногочисленные службы, тоже приходившие в ветхость; а кругом стлались поля, поля без конца; даже лесу на горизонте не было видно. Но так как Арина Петровна с детства почти безвыездно жила в деревне, то эта бедная природа не только не казалась ей унылою, но даже говорила ее сердцу и пробуждала остатки чувств, которые в ней теплились. Лучшая часть ее существа жила в этих нагих и бесконечных полях, и взоры инстинктивно искали их во всякое время. Она вглядывалась в полевую даль, вглядывалась в эти измокшие деревни, которые, в виде черных точек пестрели там и сям на горизонте; вглядывалась в белые церкви сельских погостов, вглядывалась в пестрые пятна, которые бродячие в лучах солнца облака рисовали на равнине полей, вглядывалась в этого неизвестного мужика, который шел между полевых борозд, а ей казалось, что он словно застыл на одном месте. Но при этом она ни об чем не думала, или, лучше сказать, у нее были мысли до того разорванные, что ни на чем не могла остановиться на более или менее продолжительное время. Она только глядела, глядела до тех пор, пока старческая дремота не начинала вновь гудеть в ушах и не заволакивала туманом и поля, и церкви, и деревни, и бредущего вдали мужика.

Иногда она, по-видимому, припоминала; но память прошлого возвращалась без связи, в форме обрывков. Внимание ни на чем не могло сосредоточиться и беспрерывно перебегало от одного далекого воспоминания к другому. По временам, однако ж, ее поражало что-нибудь особенное, не радость — на радости прошлое ее было до жестокости скупо, — а обида какая-нибудь, горькая, не переносная. Тогда внутри ее словно загоралось, тоска заползала в сердце, и слезы подступали к глазам. Она начинала плакать, плакала тяжко, с болью, плакала так, как плачет жалкая старость, у которой слезы льются точно под тяжестью кошмара. Но покуда слезы лились, бессознательная мысль продолжала свое дело и, незаметно для Арины Петровны, отвлекала ее от источника, породившего печальное настроение, так что через несколько минут старуха и сама с удивлением спрашивала себя, что такое случилось с нею.

Вообще она жила, как бы не участвуя лично в жизни, а единственно в силу того, что в этой развалине еще хоронились какие-то забытые концы, которые надлежало собрать, учесть и подвести итоги. Покуда эти концы были еще налицо, жизнь шла своим чередом, заставляя развалину производить все внешние отправления, какие необходимы для того, чтоб это полусонное существование не рассыпалось в прах.

Но ежели дни проходили в бессознательной дремоте, то ночи были положительно мучительны. Ночью Арина Петровна боялась; боялась воров, привидений, чертей, словом, всего, что составляло продукт ее воспитания и жизни. А защита против всего этого была плохая, потому что, кроме ветхой прислуги, о которой было сказано выше, ночной погорелковский штат весь воплощался в лице хроменького мужичка Федосеюшки, который, за два рубля в месяц, приходил с села сторожить по ночам господскую усадьбу и обыкновенно дремал в сенцах, выходя в урочные часы, чтоб сделать несколько ударов в чугунную доску. Хотя же на скотном дворе и жило несколько работников и работниц, но скотная изба отстояла от дома саженях в двадцати, и вызвать оттуда кого-нибудь было делом далеко не легким.

Есть что-то тяжелое, удручающее в бессонной деревенской ночи. Часов с девяти или много-много с десяти жизнь словно прекращается и наступает тишина, наводящая страх. И делать нечего, да и свечей жаль — поневоле приходится лечь спать. Афимьюшка, как только сняли со стола самовар, по привычке, приобретенной еще при крепостном праве, постелила войлок поперек двери, ведущей в барынину спальную; затем почесалась, позевала, и как только повалилась на пол, так и замерла. Марковна возилась в девичьей несколько долее и все что-то бормотала, кого-то ругала; но вот наконец и она притихла, и через минуту уж слышно, как она поочередно то храпит, то бредит. Сторож несколько раз звякнул в доску, чтоб заявить о своем присутствии, и умолк надолго. Арина Петровна сидит перед нагоревшей сальной свечой и пробует разогнать сон пасьянсом; но едва принимается она за раскладывание карт, как дремота начинает одолевать ее. «Того и гляди, еще пожар со сна наделаешь!» — говорит она сама с собой и решается лечь в кровать. Но едва успела она утонуть в пуховиках, как приходит другая беда: сон, который целый вечер так и манил, так и ломал, вдруг совсем исчез. В комнате и без того натоплено; из открытого душника жар так и валит, а от пуховиков атмосфера делается просто нестерпимою. Арина Петровна ворочается с боку на бок, и хочется ей покликать кого-нибудь, и знает она, что на ее клич никто не придет. Загадочная тишина царит вокруг — тишина, в которой настороженное ухо умеет отличить целую массу звуков. То хлопнуло где-то, то раздался вдруг вой, то словно кто-то прошел по коридору, то пролетело по комнате какое-то дуновение и даже по лицу задело. Лампадка горит перед образом и светом своим сообщает предметам какой-то обманчивый характер, точно это не предметы, а только очертания предметов. Рядом с этим сомнительным светом является другой, выходящий из растворенной двери соседней комнаты, где перед киотом зажжено четыре или пять лампад. Этот свет желтым четырехугольником лег на иолу, словно врезался в мрак спальной, не сливаясь с ним. Всюду тени, колеблющиеся, беззвучно движущиеся. Вот мышь заскреблась за обоями; «шт, паскудная!» — крикнет на нее Арина Петровна, и опять все смолкнет. Опять тени, опять неизвестно откуда берущийся шепот. В чуткой, болезненной дремоте проходит бо̀льшая часть ночи, и только к утру сон настоящим образом вступает в свои права. А в шесть часов Арина Петровна уж на ногах, измученная бессонной ночью.

Ко всем этим причинам, достаточно обрисовывающим жалкое существование, которое вела Арина Петровна, присоединялись еще две:

скудость питания и неудобства помещения. Ела она мало и дурно, вероятно, думая этим наверстать ущерб, производимый в хозяйстве недостаточностью надзора. Что же касается до помещения, то погорелковский дом был ветх и сыр, а комната, в которой заперлась Арина Петровна, никогда не освежалась и по целым неделям оставалась неубранною. И вот среди этой полной беспомощности, среди отсутствия всякого комфорта и ухода приближалась дряхлость.

Но чем больше она дряхлела, тем сильнее сказывалось в ней желание жизни. Или, лучше сказать, не столько желание жизни, сколько желание «полакомиться», сопряженное с совершенным отсутствием идеи смерти. Прежде она боялась смерти, теперь — как будто совсем позабыла об ней. И так как ее жизненные идеалы немногим разнились от идеалов любого крестьянина, то и представление о «хорошем житье», которым она себя обольщала, было довольно низменного свойства. Все, в чем она отказывала себе в течение жизни — хороший кусок, покой, беседа с живыми людьми, — все это сделалось предметом самых упорных помышлений. Все наклонности завзятой приживалки — празднословие, льстивая угодливость ради подачки, прожорливость — росли с изумительной быстротой. Она питалась дома людскими щами с несвежей солониной — и в это время мечтала о головлевских запасах, о карасях, которые водились в дубровинских прудах, о грибах, которыми полны были головлевские леса, о птице, которая откармливалась в Головлеве на скотном дворе. «Супцу бы теперь с гусиным потрохом или рыжичков бы в сметане», — мелькало в ее голове, мелькало до того живо, что даже углы губ у нее опускались. Ночью она ворочалась с боку на бок, замирая от страха при каждом шорохе, и думала: «Вот в Головлеве и запоры крепкие, и сторожа верные, стучат себе да постукивают в доску не уставаючи — спи себе, как у Христа за пазушкой!» Днем ей по целым часам приходилось ни с кем не вымолвить слова, и во время этого невольного молчания само собой приходило на ум: вот, в Головлеве — там людно, там есть и душу с кем отвести! Словом сказать, ежеминутно припоминалось Головлево, и, по мере этих припоминаний, оно делалось чем-то вроде светозарного пункта, в котором сосредоточивалось «хорошее житье».

И чем чаще смущалось воображение представлением о Головлеве, тем сильнее развращалась воля и тем дальше уходили вглубь недавние кровные обиды. Русская женщина, по самому складу ее воспитания и жизни, слишком легко мирится с участью приживалки, а потому и Арина Петровна не минула этой участи, хотя, казалось, все ее прошлое предостерегало и оберегало ее от этого ига. Не сделай она «в то время» ошибки, не отдели сыновей, не доверься Иудушке, она была бы и теперь брюзгливой и требовательной старухой, которая заставляла бы всех смотреть из ее рук. Но так как ошибка была сделана бесповоротно, то переход от брюзжаний самодурства к покорности и льстивости приживалки составлял только вопрос времени. Покуда силы сохраняли остатки прежней крепости, переход не выказывался наружу, но как только она себя сознала безвозвратно осужденною на беспомощность и одиночество, так тотчас же в душу начали заползать все поползновения малодушия и мало-помалу окончательно развратили и без того уже расшатанную волю. Иудушка, который, в первое время приезжая в Погорелку, встречал там лишь самый холодный прием, вдруг перестал быть ненавистным. Старые обиды забылись как-то само собой, и Арина Петровна первая сделала шаг к сближению.

Началось с выпрашиваний. Из Погорелки являлись к Иудушке гонцы сначала редко, потом чаще и чаще. То рыжичков в Погорелке не родилось, то огурчики от дождей вышли с пятнышками, то индюшки, по нынешнему вольному времени, переколели, «да приказал бы ты, сердечный друг, карасиков в Дубровине половить, в коих и покойный сын Павел старухе матери никогда не отказывал». Иудушка морщился, но открыто выражать неудовольствие не решался. Жаль ему было карасей, но он пуще всего боялся, что мать его проклянет. Он помнил, как она раз говорила: приеду в Головлево, прикажу открыть церковь, позову попа и закричу: «Проклинаю!» — и это воспоминание останавливало его от многих пакостей, на которые он был великий мастер. Но, выполняя волю «доброго друга маменьки», он все-таки вскользь намекал своим окружающим, что всякому человеку положено нести от бога крест и что это делается не без цели, ибо, не имея креста, человек забывается и впадает в разврат. Матери же писал так: «Огурчиков, добрый друг маменька, по силе возможности, посылаю; что же касается до индюшек, то, сверх пущенных на племя, остались только петухи, кои для вас, по огромности их и ограниченности вашего стола, будут бесполезны. А не угодно ли вам будет пожаловать в Головлево разделить со мною убогую трапезу: тогда мы одного из сих тунеядцев (именно тунеядцы, ибо мой повар Матвей преискусно оных каплунит) велим зажарить и всласть с вами, дражайший друг, покушаем».

С этих пор Арина Петровна зачастила в Головлево. Отведывала с Иудушкой и индюшек и уток: спала всласть и ночью, и после обеда и отводила душу в бесконечных разговорах о пустяках, на которые Иудушка был тороват по природе, а она сделалась тороватою вследствие старости. Даже и тогда не прекратила посещений, когда до нее дошло, что Иудушка, наскучив продолжительным вдовством, взял к себе в экономки девицу из духовного звания, именем Евпраксию. Напротив того, узнав об этом, она тотчас же Поехала в Головлево и, не успев еще вылезти из экипажа, с каким-то ребяческим нетерпением кричала Иудушке: «А ну-ка, ну, старый греховодник! кажи мне, кажи свою кралю!» Целый этот день она провела в полном удовольствии, потому что Евпраксеюшка сама служила ей за обедом, сама постелила для нее постель после обеда, а вечером она играла с Иудушкой и его кралей в дураки. Иудушка тоже был доволен такой развязкой и, в знак сыновней благодарности, велел при отъезде Арины Петровны в Погорелку положить ей в тарантас между прочим фунт икры, что было уже высшим знаком уважения, ибо икра — предмет не свой, а купленный. Этот поступок так тронул старуху, что она не вытерпела и сказала:

— Ну, вот за это спасибо! И бог тебя, милый дружок, будет любить за то, что мать на старости лет покоишь да холишь. По крайности, приеду ужо в Погорелку — не скучно будет. Всегда я икорку любила, — вот и теперь, по милости твоей, полакомлюсь!

Прошло лет пять со времени переселения Арины Петровны в Погорелку. Иудушка как засел в своем родовом Головлеве, так и не двигается оттуда. Он значительно постарел, вылинял и потускнел, но шильничает, лжет и пустословит еще пуще прежнего, потому что теперь у него почти постоянно под руками добрый друг маменька, которая ради сладкого старушечьего куска сделалась обязательной слушательницей его пустословия.

Не надо думать, что Иудушка был лицемер в смысле, например, Тартюфа или любого современного французского буржуа, соловьем рассыпающегося по части общественных основ. Нет, ежели он и был лицемер, то лицемер чисто русского пошиба, то есть просто человек, лишенный всякого нравственного мерила и не знающий иной истины, кроме той, которая значится в азбучных прописях. Он был невежествен без границ, сутяга, лгун, пустослов и, в довершение всего, боялся черта. Все это такие отрицательные качества, которые отнюдь не могут дать прочного материала для действительного лицемерия.

Во Франции лицемерие вырабатывается воспитанием, составляет, так сказать, принадлежность «хороших манер» и почти всегда имеет яркую политическую или социальную окраску. Есть лицемеры религии, лицемеры общественных основ, собственности, семейства, государственности, а в последнее время народились даже лицемеры «порядка». Ежели этого рода лицемерие и нельзя назвать убеждением, то, во всяком случае, это — знамя, кругом которого собираются люди, которые находят расчет полицемерить именно тем, а не иным способом. Они лицемерят сознательно, в смысле своего знамени, то есть и сами знают, что они лицемеры, да, сверх того, знают, что это и другим небезызвестно. В понятиях француза-буржуа вселенная есть не что иное, как обширная сцена, где дается бесконечное театральное представление, в котором один лицемер подает реплику другому. Лицемерие, это — приглашение к приличию, к декоруму, к красивой внешней обстановке, и что всего важнее, лицемерие — это узда. Не для тех, конечно, которые лицемерят, плавая в высотах общественных эмпиреев, а для тех, которые нелицемерно кишат на дне общественного котла. Лицемерие удерживает общество от разнузданности страстей и делает последнюю привилегией лишь самого ограниченного меньшинства. Пока разнузданность страстей не выходит из пределов небольшой и плотно организованной корпорации, она не только безопасна, но даже поддерживает и питает традиции изящества. Изящное погибло бы, если б не существовало известного числа cabinets particuliers[3] , в которых оно кюльтивируется в минуты, свободные от культа официального лицемерия. Но разнузданность становится положительно опасною, как только она делается общедоступною и соединяется с предоставлением каждому свободы предъявлять свои требования и доказывать их законность и естественность. Тогда возникают новые общественные наслоения, которые стремятся ежели не совсем вытеснить старые, то, по крайней мере, в значительной степени ограничить их. Спрос на cabinets particuliers до того увеличивается, что наконец возникает вопрос: не проще ли, на будущее время, совсем обходиться без них? Вот от этих-то нежелательных возникновений и вопросов и оберегает дирижирующие классы французского общества то систематическое лицемерие, которое, не довольствуясь почвою обычая, переходит на почву легальности и из простой черты нравов становится законом, имеющим характер принудительный.

На этом законе уважения к лицемерию основан, за редкими исключениями, весь современный французский театр. Герои лучших французских драматических произведений, то есть тех, которые пользуются наибольшим успехом именно за необыкновенную реальность изображаемых в них житейских пакостей, всегда улучат под конец несколько свободных минут, чтоб подправить эти пакости громкими фразами, в которых объявляется святость и сладости добродетели. Адель может, в продолжение четырех актов, всячески осквернять супружеское ложе, но в пятом она непременно во всеуслышание заявит, что семейный очаг есть единственное убежище, в котором французскую женщину ожидает счастие. Спросите себя: что́ было бы с Аделью, если б авторам вздумалось продолжить свою пьесу еще на пять таких же актов, и вы можете безошибочно ответить на этот вопрос, что в продолжение следующих четырех актов Адель опять будет осквернять супружеское

[3] cabinets particuliers- отдельных кабинетов.

ложе, а в пятом опять обратится к публике с тем же заявлением. Да и нет надобности делать предположения, а следует только из Thйвtre Fransais отправиться в Gymnase, оттуда в Vaudeville или в Variйtйs, чтоб убедиться, что Адель везде одинаково оскверняет супружеское ложе и везде же под конец объявляет, что это-то ложе и есть единственный алтарь, в котором может священнодействовать честная француженка. Это до такой степени въелось в нравы, что никто даже не замечает, что тут кроется самое дурацкое противоречие, что правда жизни является рядом с правдою лицемерия и обе идут рука об руку, до того перепутываясь между собой, что становится затруднительным сказать, которая из этих двух правд имеет более прав на признание.

Мы, русские, не имеем сильно окрашенных систем воспитания. Нас не муштруют, из нас не вырабатывают будущих поборников и пропагандистов тех или других общественных основ, а просто оставляют расти, как крапива растет у забора. Поэтому между нами очень мало лицемеров и очень много лгунов, пустосвятов и пустословов. Мы не имеем надобности лицемерить ради каких-нибудь общественных основ, ибо никаких таких основ не знаем, и ни одна из них не прикрывает нас. Мы существуем совсем свободно, то есть прозябаем, лжем и пустословим сами по себе, без всяких основ.

Следует ли по этому случаю радоваться или соболезновать — судить об этом не мое дело. Думаю, однако ж, что если лицемерие может внушить негодование и страх, то беспредметное лганье способно возбудить докуку и омерзение. А потому самое лучшее — это, оставив в стороне вопрос о преимуществах лицемерия сознательного перед бессознательным или наоборот, запереться и от лицемеров, и от лгунов.

Итак, Иудушка не столько лицемер, сколько пакостник, лгун и пустослов. Запершись в деревне, он сразу почувствовал себя на свободе, ибо нигде, ни в какой иной сфере, его наклонности не могли бы найти себе такого простора, как здесь. В Головлеве он ниоткуда не встречал не только прямого отпора, но даже малейшего косвенного ограничения, которое заставило бы его подумать: вот, дескать, и напакостил бы, да людей совестно. Ничье суждение не беспокоило, ничей нескромный взгляд не тревожил, — следовательно, не было повода и самому себя контролировать. Безграничная неряшливость сделалась господствующею чертою его отношений к самому себе. Давным-давно влекла его к себе эта полная свобода от каких-либо нравственных ограничений, и ежели он еще раньше не переехал на житье в деревню, то единственно потому, что боялся праздности. Проведя более тридцати лет в тусклой атмосфере департамента, он приобрел все привычки и вожделения закоренелого чиновника, не допускающего, чтобы хотя одна минута его жизни оставалась свободною от переливания из пустого в порожнее. Но, вглядевшись в дело пристальнее, он легко пришел к убеждению, что мир делового бездельничества настолько подвижен, что нет ни малейшего труда перенести его куда угодно, в какую угодно сферу. И действительно, как только он поселился в Головлеве, так тотчас же создал себе такую массу пустяков и мелочей, которую можно было не переставая переворачивать, без всякого опасения когда-нибудь исчерпать ее. С утра он садился за письменный стол и принимался за занятия; во-первых, усчитывал скотницу, ключницу, приказчика, сперва на один манер, потом на другой; во-вторых, завел очень сложную отчетность, денежную и материальную: каждую копейку, каждую вещь заносил в двадцати книгах, подводил итоги, то терял полкопейки, то целую копейку лишнюю находил. Наконец брался за перо и писал жалобы к мировому судье и к посреднику. Все это не только не оставляло ни одной минуты праздной, но даже имело все внешние формы усидчивого, непосильного труда. Не на праздность жаловался Иудушка, а на то, что не успевал всего переделать, хотя целый день корпел в кабинете, не выходя из халата. Груды тщательно подшитых, но не обревизованных рапортичек постоянно валялись на его письменном столе, и в том числе целая годовая отчетность скотницы Феклы, деятельность которой с первого раза показалась ему подозрительной и которую он тем не менее никак не мог найти свободную минуту учесть.

Всякая связь с внешним миром была окончательно порвана. Он не получал ни книг, ни газет, ни даже писем. Один сын его, Володенька, кончил самоубийством, с другим, Петенькой, он переписывался коротко и лишь тогда, когда посылал деньги. Густая атмосфера невежественности, предрассудков и кропотливого переливания из пустого в порожнее царила крутом него, и он не ощущал ни малейшего поползновения освободиться от нее. Даже о том, что Наполеон III уже не царствует, он узнал лишь через год после его смерти, от станового пристава, но и тут не выразил никакого особенного ощущения, а только перекрестился, пошептал: «царство небесное!» — и сказал:

— А как был горд! Фу-ты! Ну-ты! И то нехорошо, и другое неладно! Цари на поклон к нему ездили, принцы в передней дежурили! Ан бог-то взял, да в одну минуту все его мечтания ниспроверг!

Собственно говоря, он не знал даже, что делается у него в хозяйстве, хотя с утра до вечера только и делал, что считал да учитывал. В этом отношении он имел все качества закоренелого департаментского чиновника. Представьте себе столоначальника, которому директор, под веселую руку, сказал бы: «Любезный друг! для моих соображений необходимо знать, сколько Россия может ежегодно производить картофеля — так потрудитесь сделать подробное вычисление!» Встал ли бы в тупик столоначальник перед подобным вопросом? Задумался ли бы он, по крайней мере, над приемами, которые предстоит употребить для выполнения заказанной ему работы? Нет, он поступил бы гораздо проще: начертил бы карту России, разлиновал бы ее на совершенно равные квадратики, доискался бы, какое количество десятин представляет собой каждый квадратик, потом зашел бы в мелочную лавочку, узнал, сколько сеется на каждую десятину картофеля и сколько средним числом получается, и в заключение, при помощи божией и первых четырех правил арифметики, пришел бы к результату, что Россия при благоприятных условиях может производить картофелю столько-то, а при неблагоприятных условиях — столько-то. И работа эта не только удовлетворила бы его начальника, но, наверное, была бы помещена в сто втором томе каких-нибудь «Трудов».

Даже экономку он выбрал себе как раз подходящую к той обстановке, которую создал. Девица Евпраксия была дочь дьячка при церкви Николы в Капельках и представляла во всех отношениях чистейший клад. Она не обладала ни быстротой соображения, ни находчивостью, ни даже расторопностью, но взамен того была работяща, безответна и не предъявляла почти никаких требований. Даже тогда, когда он «приблизил» ее к себе, — и тут она спросила только: «можно ли ей, когда захочется, кваску холодненького без спросу испить?» — так что сам Иудушка умилился ее бескорыстию и немедленно отдал в ее распоряжение, сверх кваса, две кадушки моченых яблоков, уволив ее от всякой по этим статьям отчетности. Наружность ее тоже не представляла особенной привлекательности для любителя, но в глазах человека неприхотливого и знающего, что ему нужно, была вполне удовлетворительна. Лицо широкое, белое, лоб узкий, обрамленный желтоватыми негустыми волосами; глаза крупные, тусклые, пос совершенно прямой, рот стертый, подернутый тою загадочною, словно куда-то убегающею улыбкой, какую можно встретить на портретах, писанных доморощенными живописцами. Вообще ничего выдающегося, кроме разве спины, которая была до того широка и могуча, что у человека самого равнодушного невольно поднималась рука, чтобы, как говорится, «дать девке раза» между лопаток. И она знала это и не обижалась, так что когда Иудушка в первый раз слегка потрепал ее по жирному загривку, то она только лопатками передернула.

Среди этой тусклой обстановки дни проходили за днями, один как другой, без всяких перемен, без всякой надежды на вторжение свежей струи. Только приезд Арины Петровны несколько оживлял эту жизнь, и надо сказать правду, что ежели Порфирий Владимирыч поначалу морщился, завидев вдали маменькину повозку, то с течением времени он не только привык к ее посещениям, но и полюбил их. Они удовлетворяли его страсти к пустословию, ибо ежели он находил возможным пустословить один на один с самим собою, по поводу разнообразных счетов и отчетов, то пустословить с добрым другом маменькой было для него еще поваднее. Собравшись вместе, они с утра до вечера говорили и не могли наговориться. Говорили обо всем: о том, какие прежде бывали урожаи и какие нынче бывают; о том, как прежде живали помещики и как нынче живут; о том, что соль, что ли, прежде лучше была, а только нет нынче прежнего огурца.

Эти разговоры имели то преимущество, что текли, как вода, и без труда забывались; следовательно, их можно было возобновлять без конца с таким же интересом, как будто они только сейчас в первый раз пущены в ход. При этих разговорах присутствовала и Евпраксеюшка, которую Арина Петровна так полюбила, что ни на шаг не отпускала от себя. Иногда, наскучив беседою, все трое садились за карты и засиживались до поздней ночи, играя в дураки. Пробовали учить Евпраксеюшку в вист с болваном, но она не поняла. Громадный головлевский дом словно оживал в такие вечера. Во всех окнах светились огни, мелькали тени, так что проезжий мог думать, что тут и невесть какое веселье затеялось. Самовары, кофейники, закуски целый день не сходили со стола. И сердце Арины Петровны веселилось и играло, и загащивалась она, вместо одного дня, дня на три и на четыре. И даже, уезжая в Погорелку, уже заранее придумывала повод, чтоб как-нибудь поскорее вернуться к соблазнам головлевского «хорошего житья».

***

Ноябрь в исходе, земля на неоглядное пространство покрыта белым саваном. На дворе ночь и метелица; резкий, холодный ветер буровит снег, в одно мгновение наметает сугробы, захлестывает все, что попадется на пути, и всю окрестность наполняет воплем. Село, церковь, ближний лес — все исчезло в снежной мгле, крутящейся в воздухе; старинный головлевский сад могуче гудит. Но в барском доме светло, тепло и уютно. В столовой стоит самовар, вокруг которого собрались: Арина Петровна, Порфирий Владимирыч и Евпраксеюшка. В сторонке поставлен ломберный стол, на котором брошены истрепанные карты. Из столовой открытые двери ведут, с одной стороны, в образную, всю залитую огнем зажженных лампад; с другой — в кабинет барина, в котором тоже теплится лампадка перед образом. В жарко натопленных комнатах душно, пахнет деревянным маслом и чадом самоварного угля. Евпраксея, усевшись против самовара, перемывает чашки и вытирает их полотенцем. Самовар так и заливается; то загудит во всю мочь, то словно засыпать начнет и пронзительно засопит. Клубы пара вырываются из-под крышки и окутывают туманом чайник, уж с четверть часа стоящий на конфорке. Сидящие беседуют.

— А ну-ко, сколько ты раз сегодня дурой осталась? — спрашивает Арина Петровна Евпраксеюшку.

— Не осталась бы, кабы сама не поддалась. Вам же удовольствие сделать хочу, — отвечает Евпраксеюшка.

— Сказывай. Видела я, какое ты удовольствие чувствовала, как я давеча под тебя тройками да пятерками подваливала. Я ведь не Порфирий Владимирыч: тот тебя балует, все с одной да с одной ходит, а мне, матушка, не из чего.

— Да еще бы вы плутовали!

— Вот уж этого греха за мной не водится!

— А кого я давеча поймала? кто семерку треф с восьмеркой червей за пару спустить хотел? Уж это я сама видала, сама уличила!

Говоря это, Евпраксеюшка встает, чтоб снять с самовара чайник, и поворачивается к Арине Петровне спиной.

— Эк у тебя спина какая... Бог с ней! — невольно вырывается у Арины Петровны.

— Да, у нее спина... — машинально отзывается Иудушка.

— Спина да спина... бесстыдники! И что моя спина вам сделала!

Евпраксеюшка смотрит направо и налево и улыбается. Спина — это ее конек. Давеча даже старик Савельич, повар, и тот загляделся и сказал: ишь ты спина! ровно плита! И она не пожаловалась на него Порфирию Владимирычу.

Чашки поочередно наливаются чаем, и самовар начинает утихать. А метель разыгрывается пуще и пуще; то целым снежным ливнем ударит в стекла окон, то каким-то невыразимым плачем прокатится вдоль печного борова.

— Метель-то, видно, взаправду взялась, — замечает Арина Петровна, — визжит да повизгивает!

— Ну и пущай повизгивает. Она повизгивает, а мы здесь чаек попиваем — так-то, друг мой маменька! — отзывается Порфирий Владимирыч.

— Ах, нехорошо теперь в поле, коли кого этакая милость божья застанет!

— Кому нехорошо, а нам горюшка мало. Кому темненько да холодненько, а нам и светлехонько, и теплехонько. Сидим да чаек попиваем. И с сахарцем, и со сливочками, и с лимонцем. А захотим с ромцом, и с ромцом будем пить.

— Да, коли ежели теперича...

— Позвольте, маменька. Я говорю: теперича в поле очень нехорошо. Ни дороги, ни тропочки — все замело. Опять же волки. А у нас здесь и светленько, и уютненько, и ничего мы не боимся. Сидим мы здесь да посиживаем, ладком да мирком. В карточки захотелось поиграть — в карточки поиграем; чайку захотелось попить — чайку попьем. Сверх нужды пить не станем, а сколько нужно, столько и выпьем. А отчего это так? Оттого, милый друг маменька, что милость божья не оставляет нас. Кабы не он, царь небесный, может, и мы бы теперь в поле плутали, и было бы нам и темненько, и холодненько... В зипунишечке каком-нибудь, кушачок плохонькой, лаптишечки...

— Чтой-то уж и лаптишечки! Чай, тоже в дворянском званье родились? какие ни есть, а все-таки сапожнишки носим!

— А знаете ли вы, маменька, отчего мы в дворянском званье родились? А все оттого, что милость божья к нам была. Кабы не она, и мы сидели бы теперь в избушечке, да горела бы у нас не свечечка, а лучинушка, а уж насчет чайку да кофейку — об этом и думать бы не смели! Сидели бы; я бы лаптишечки ковырял, вы бы щец там каких-нибудь пустеньких поужинать сбирали, Евпраксеюшка бы красно ткала... А может быть, на беду, десятский еще с подводой бы выгнал...

— Ну, и десятский в этакую пору с подводой не нарядит!

— Как знать, милый друг маменька! А вдруг полки идут! Может быть, война или возмущение — чтоб были полки́ в срок на местах! Вон, намеднись, становой сказывал мне, Наполеон III помер, — наверное, теперь французы куролесить начнут! Натурально, наши сейчас вперед — ну, и давай, мужичок, подводку! Да в стыть, да в метель, да в бездорожицу — ни на что не посмотрят: поезжай, мужичок, коли начальство велит! А нас с вами покамест еще поберегут, с подводой не выгонят!

— Это что и говорить! велика для нас милость божия!

— А я что же говорю? Бог, маменька, — все. Он нам и дровец для тепла, и провизийцы для пропитания — все он. Мы-то думаем, что всё сами, на свои деньги приобретаем, а как посмотрим, да поглядим, да сообразим — ан все бог. И коли он не захочет, ничего у нас не будет. Я вот теперь хотел бы апельсинчиков, и сам бы поел, и милого дружка маменьку угостил бы, и всем бы по апельсинчику дал, и деньги у меня есть, чтоб апельсинчиков купить, взял бы вынул — давай! Ан бог говорит: тпру! вот я и сижу: филозо́в без огурцов.

Все смеются.

— Рассказывайте! — отзывается Евпраксеюшка, — вот у меня дяденька пономарем у Успенья в Песочном был; уж как, кажется, был к богу усерден — мог бы бог что-нибудь для него сделать! — а как застигла его в поле метелица — все равно замерз.

— И я про то же говорю. Коли захочет бог — замерзнет человек, не захочет — жив останется. Опять и про молитву надо сказать: есть молитва угодная и есть молитва неугодная. Угодная достигает, а неугодная — все равно, что она есть, что ее нет. Может, дяденькина-то молитва неугодная была — вот она и не достигла.

— Помнится, я в двадцать четвертом году в Москву ездила — еще в ту пору я Павлом была тяжела, — так ехала я в декабре месяце в Москву...

— Позвольте, маменька. Вот я об молитве кончу. Человек обо всем молится, потому что ему всего нужно. И маслица нужно, и капустки нужно, и огурчиков — ну, словом, всего. Иногда даже чего и не нужно, а он все, по слабости человеческой, просит. Ан богу-то сверху виднее. Ты у него маслица просишь, а он тебе капустки либо лучку даст; ты об вёдрышке да об тепленькой погодке хлопочешь, а он тебе дождичка да с градцем пошлет. И должен ты это понимать и не роптать. Вот мы в прошлом сентябре всё морозцев у бога просили, чтоб озими у нас не подопрели, ан бог морозцу не дал — ну, и сопрели наши озими.

— Еще как сопрели-то! — соболезнует Арина Петровна, — в Новинках у мужичков все озимое поле хоть брось. Придется весной перепахивать да яровым засевать.

— То-то вот и есть. Мы здесь мудрствуем да лукавим, и так прикинем, и этак примерим, а бог разом, в один момент, все наши планы-соображения в прах обратит. Вы, маменька, что-то хотели рассказать, что с вами в двадцать четвертом году было?

— Что такое! ни́што уж я позабыла! Должно быть, все об ней же, об милости божьей. Не помню, мой друг, не помню.

— Ну, бог даст, в другое время вспомните. А покуда там на дворе кутит да мутит, вы бы, милый друг, вареньица покушали. Это вишенки, головлевские! Евпраксеюшка сама варила.

— И то ем. Вишенки-то мне, признаться, теперь в редкость. Прежде, бывало, частенько-таки лакомливалась ими, ну, а теперь... Хороши у тебя в Головлеве вишни, сочные, крупные; вот в Дубровине как ни старались разводить — всё несладки выходят. Да ты, Евпраксеюшка, французской-то водки клала в варенье?

— Как не класть! как вы учили, так и делала. Да вот я об чем хотела спросить: вы, как огурцы солите, кладете кардамону?

Арина Петровна на некоторое время задумывается и даже руками разводит.

— Не помню, мой друг; кажется, прежде я кардамону клала. Теперь — не кладу: теперь какое мое соленье! а прежде клала... даже очень хорошо помню, что клала! Да вот домой приеду, в рецептах пороюсь, не найду ли. Я ведь, как в силах была, все примечала да записывала. Где что понравится, я сейчас все выспрошу, запишу на бумажку да дома и пробую. Я один раз такой секрет, такой секрет достала, что тысячу рублей давали — не открывает тот человек, да и дело с концом! А я ключнице четвертачок сунула — она мне все до капли пересказала!

— Да, маменька, в свое время вы таки были... министр!

— Министр не министр, а могу бога благодарить: не растранжирила, а присовокупила. Вот и теперь поедаю от трудов своих праведных: вишни-то в Головлеве ведь я развела!

— И спасибо вам за это, маменька, большое спасибо! Вечное спасибо и за себя, и за потомков — вот как!

Иудушка встает, подходит к маменьке и целует у ней ручку.

— И тебе спасибо, что мать покоишь! Да, хороши у тебя запасы, очень хороши!

— Что у нас за запасы! вот у вас бывали запасы, так это так. Сколько одних погребов было, и нигде ни одного местечка пустого!

— Бывали и у меня запасы — не хочу солгать, никогда не была бездомовницей. А что касается до того, что погребов было много, так ведь тогда и колесо большое было, ртов-то вдесятеро против нынешнего было. Одной дворни сколько — всякому припаси да всякого накорми. Тому огурчика, тому кваску — понемножку да помаленьку, — ан, смотришь, и многонько всего изойдет.

— Да, хорошее было время. Всего тогда много было. И хлеба и фруктов — всего в изобилии!

— Навозу копили больше — оттого и родилось.

— Нет, маменька, и не от этого. А было божье благословение — вот отчего. Я помню, однажды папенька из саду яблоко апорт принес, так все даже удивились: на тарелке нельзя было уместить.

— Этого не помню. Вообще знаю, что были яблоки хорошие, а чтобы такие были, в тарелку величиной, — этого не помню. Вот карася в двадцать фунтов в дубровинском пруде в ту коронацию изловили — это точно, что было.

— И караси и фрукты — все тогда крупное было. Я помню, арбузы Иван-садовник выводил — вот какие!

Иудушка сначала оттопыривает руки, потом скругляет их, причем делает вид, что никак не может обхватить.

— Бывали и арбузы. Арбузы, скажу тебе, друг мой, к году бывают. Иной год их и много, и они хороши, другой год и немного и невкусные, а в третий год и совсем ничего нет. Ну, и то еще надо сказать: что где поведется. Вон у Григорья Александрыча, в Хлебникове, ничего не родилось — ни ягод, ни фруктов, ничего. Одни дыни. Только уж и дыни бывали!

— Стало быть, ему на дыни милость божья была!

— Да, уж конечно. Без божьей милости нигде не обойдешься, никуда от нее не убежишь!

Арина Петровна уж выпила две чашки и начинает поглядывать на ломберный стол. Евпраксеюшка тоже так и горит нетерпением сразиться в дураки. Но планы эти расстроиваются по милости самой Арины Петровны, потому что она внезапно что-то припоминает.

— А ведь у меня новость есть, — объявляет она, — письмо вчера от сироток получила.

— Молчали-молчали, да и откликнулись. Видно, туго пришлось, денег просят?

— Нет, не просят. Вот полюбуйся.

Арина Петровна достает из кармана письмо и отдает Иудушке, который читает:

«Вы, бабушка, больше нам ни индюшек, ни кур не посылайте. Денег тоже не посылайте, а копите на проценты. Мы не в Москве, а в Харькове, поступили на сцену в театр, а летом по ярмаркам будем ездить. Я, Аннинька, в „Периколе" дебютировала, а Любинька в „Анютиных глазках". Меня несколько раз вызывали, особенно после сцены, где Перикола выходит навеселе и поет: я гото-о-ва, готова, готоoова! Любинька тоже очень понравилась. Жалованья мне директор положил по сту рублей в месяц и бенефис в Харькове, а Любиньке по семидесяти пяти в месяц и бенефис летом, на ярмарке. Кроме того, подарки бывают от офицеров и от адвокатов. Только адвокаты иногда фальшивые деньги дают, так нужно быть осторожной. И вы, милая бабушка, всем в Погорелке пользуйтесь, а мы туда никогда не приедем и даже не понимаем, как там можно жить. Вчера первый снег выпал, и мы с здешними адвокатами на тройках ездили; один на Плеваку похож — чудо, как хорош! Поставил на голову стакан с шампанским и плясал трепака — прелесть как весело! Другой — не очень собой хорош, вроде петербургского Языкова. Представьте, расстроил себе воображение чтением „Собрания лучших русских песен и романсов" и до того ослаб, что даже в суде падает в обморок. И так почти каждый день проводим то с офицерами, то с адвокатами. Катаемся, в лучших ресторанах обедаем, ужинаем и ничего не платим. А вы, бабушка, ничего в Погорелке не жалейте, и что там растет: хлеб, цыплят, грибы — всё кушайте. Мы бы и капитал с удово...

Прощайте, приехали наши кавалеры, опять на тройках кататься зовут. Милка! божественная! прощайте!

Аннинька.

И я тоже — Любинька».

— Тьфу! — отплевывается Иудушка, возвращая письмо.

Арина Петровна сидит задумавшись и некоторое время не отвечает.

— Вы им, маменька, ничего еще не отвечали?

— Нет еще, и письмо-то вчера только получила; с тем и поехала к вам, чтоб показать, да вот за тем да за сем чуть было не позабыла.

— Не отвечайте. Лучше.

— Как же я не отвечу? Ведь я им отчетом обязана. Погорелка-то ихняя.

Иудушка тоже задумывается; какой-то зловещий план мелькает в его голове.

— А я все об том думаю, как они себя соблюдут в вертепе-то этом? — продолжает между тем Арина Петровна, — ведь это такое дело, что тут только раз оступись — потом уж чести-то девичьей и не воротишь! Ищи ее потом да свищи!

— Очень им она нужна! — огрызается Иудушка.

— Как бы то ни было... Для девушки это даже, можно сказать, первое в жизни сокровище... Кто потом эдакую-то за себя возьмет?

— Нынче, маменька, и без мужа все равно что с мужем живут. Нынче над предписаниями-то религии смеются. Дошли до куста, под кустом обвенчались — и дело в шляпе. Это у них гражданским браком называется.

Иудушка вдруг спохватывается, что ведь и он находится в блудном сожительстве с девицей духовного звания.

— Конечно, иногда по нужде... — поправляется он, — коли ежели человек в силах и притом вдовый... по нужде и закону перемена бывает!

— Что говорить! В нужде и кулик соловьем свищет. И святые в нужде согрешали, не то что мы, грешные!

— Так вот оно и есть. На вашем месте, знаете ли, что бы я сделал?

— Посоветуй, мой друг, скажи.

— Я бы от них полную доверенность на Погорелку вытребовал.

Арина Петровна пугливо взглядывает на него.

— Да у меня и то полная доверенность на управление есть, — произносит она.

— Не на одно управление. А так, чтобы и продать, и заложить, и, словом, чтоб всем можно было по своему усмотрению распорядиться...

Арина Петровна опускает глаза в землю и молчит.

— Конечно, это такой предмет, что надо его обдумать. Подумайте-ка, маменька! — настаивает Иудушка.

Но Арина Петровна продолжает молчать. Хотя, вследствие старости, сообразительность у нее значительно притупела, но ей все-таки как-то не по себе от инсинуаций Иудушки. И боится-то она Иудушки: жаль ей тепла, и простора, и изобилия, которые царствуют в Головлеве, и в то же время сдается, что недаром он об доверенности заговорил, что это он опять новую петлю накидывает. Положение делается настолько натянутым, что она начинает уже внутренно бранить себя, зачем ее дернуло показывать письмо. К счастью, Евпраксеюшка является на выручку.

— Что ж! будем, что ли, в карты-то играть? — спрашивает она.

— Давай! давай! — спешит ответить Арина Петровна и живо выскакивает из-за чая. Но по дороге к ломберному столу ее посещает новая мысль.

— А ты знаешь ли, какой сегодня день? — обращается она к Порфирию Владимирычу.

— Двадцать третье ноября, маменька, — с недоумением отвечает Иудушка.

— Двадцать третье-то, двадцать третье, да помнишь ли ты, что двадцать третьего-то ноября случилось? Про панихидку-то небось позабыл?

Порфирий Владимирыч бледнеет и крестится.

— Ах, господи! вот так беда! — восклицает он, — да так ли? точно ли? позвольте-ка, я в календаре посмотрю.

Через несколько минут он приносит календарь и отыскивает в нем вкладной лист, на котором написано:

«23 ноября. Память кончины милого сына Владимира.

Покойся, милый прах, до радостного утра!

и моли бога за твоего Папу, который в сей день будет неуклонно творить по тебе поминовение и с литургиею».

— Вот тебе и на! — произносит Порфирий Владимирыч, — ах, Володя, Володя! не добрый ты сын! дурной! Видно, не молишься богу за папу, что он даже память у него отнял! как же быть-то с этим, маменька?

— Не бог знает что случилось — и завтра панихидку отслужишь. И панихидку и обеденку — всё справим. Все я, старая да беспамятная, виновата. С тем и ехала, чтобы напомнить, да все дорогой и растеряла.

— Ах, грех какой! Хорошо еще, что лампадки в образной зажжены. Точно ведь свыше что меня озарило. Ни праздник у нас сегодня, ни что — просто с Введеньева дня лампадки зажжены, — только подходит ко мне давеча Евпраксеюшка, спрашивает: «Лампадки-то боковые тушить, что ли?» А я, точно вот толкнуло меня, подумал эдак с минуту и говорю: не тронь! Христос с ними, пускай погорят! Ан вот оно что!

— И то хорошо, хоть лампадочки погорели! И то для души

облегчение! Ты где садишься-то? опять, что ли, под меня ходить будешь или крале своей станешь мирволить?

— Да уж я и не знаю, маменька, мне можно ли...

— Чего не можно! Садись! Бог простит! не нарочно ведь, не с намерением, а от забвения. Это и с праведниками случалось! Завтра вот чем свет встанем, обеденку отстоим, панихидочку отслужим — все как следует сделаем. И его душа будет радоваться, что родители да добрые люди об нем вспомнили, и мы будем покойны, что свой долг выполнили. Так-то, мой друг. А горевать не след — это я всегда скажу: первое, гореваньем сына не воротишь, а второе — грех перед богом!

Иудушка урезонивается этими словами и целует у маменьки руку, говоря:

— Ах, маменька, маменька! золотая у вас душа — право! Кабы не вы — ну что бы я в эту минуту делал! Ну, просто пропал бы! как есть, растерялся бы, пропал!

Порфирий Владимирыч делает распоряжение насчет завтрашней церемонии, и все садятся за карты. Сдают раз, сдают другой, Арина Петровна горячится и негодует на Иудушку за то, что он ходит под Евпраксеюшку все с одной. В промежутках сдач Иудушка предается воспоминаниям о погибшем сыне.

— А какой ласковый был! — говорит он, — ничего, бывало, без позволения не возьмет. Бумажки нужно — можно, папа, бумажки взять? — Возьми, мой друг! Или: не будете ли, папа, такой добренький, сегодня карасиков в сметане к завтраку заказать? — Изволь, мой друг! Ах, Володя! Володя! Всем ты был пайка, только тем не пайка, что папку оставил!

Проходит еще несколько туров; опять воспоминания.

— И что такое с ним вдруг случилось — и сам не понимаю! Жил хорошохонько да смирнехонько, жил да поживал, меня радовал — чего бы, кажется, лучше! вдруг — бац! Ведь грех-то, представьте, какой! подумайте только об этом, маменька, на что человек посягнул! на жизнь свою, на дар отца небесного! Из-за чего? зачем? чего ему недоставало? Денег, что ли? Жалованья я, кажется, никогда не задерживаю; даже враги мои, и те про меня этого не скажут. Ну а ежели маловато показалось — так не прогневайся, друг! У папы денежки тоже вот где сидят! Коли мало денег — умей себя сдерживать. Не все сладенького, не все с сахарцом, ча̀ском и с кваском покушай! Так-то, брат! Вот папа твой, и надеялся он давеча денежек получить, ан приказчик пришел: терпенковские крестьяне оброка не платят. — Ну, нечего делать, написал к мировому прошение! Ах, Володя, Володя! Нет, не пайка ты, бросил папку! Сиротой оставил!

И чем живее идет игра, тем обильнее и чувствительнее делаются воспоминания.

— И какой умный был! Помню я такой случай. Лежит он в кори — лет не больше семи ему было, — только подходит к нему покойница Саша, а он ей и говорит: мама! мама! ведь правда, что крылышки только у ангелов бывают? Ну, та и говорит: да, только у ангелов. Отчего же, говорит, у папы, как он сюда сейчас входил, крылышки были?

Наконец разыгрывается какая-то гомерическая игра. Иудушка остается дураком с целыми восемью картами на руках, в числе которых козырные туз, король и дама. Поднимается хохот, подтрунивание, и всему этому благосклонно вторит сам Иудушка. Но среди общего разгара веселости Арина Петровна вдруг стихает и прислушивается.

— Стойте! не шумите! кто-то едет! — говорит она.

Иудушка с Евпраксеюшкой тоже прислушиваются, но без результата.

— Говорю вам: едут! Вона... чу! ветром сюда вдруг подуло... Чу! едет! и даже близко!

Вновь начинают вслушиваться и, действительно, слышат какое-то далекое позвякивание, то доносимое, то относимое ветром. Проходит минут пять, и колокольчик слышится уже явственно, а вслед за ним и голоса на дворе.

— Молодой барин Петр Порфирьич приехали! — доносится из передней.

Иудушка встал и застыл на месте, бледный как полотно.

***

Петенька вошел как-то вяло, поцеловал у отца руку, потом соблюл тот же церемониал относительно бабушки, поклонился Евпраксеюшке и сел. Это был малый лет двадцати пяти, довольно красивой наружности, в дорожной офицерской форме. Вот все, что можно сказать про него, да и сам Иудушка едва ли знал что-нибудь больше. Взаимные отношения отца и сына были таковы, что их нельзя было даже назвать натянутыми: совсем как бы ничего не существовало. Иудушка знал, что есть человек, значащийся по документам его сыном, которому он обязан в известные сроки посылать условленное, то есть им же самим определенное жалованье, и от которого, взамен того, он имеет право требовать почтения и повиновения. Петенька, с своей стороны, знал, что есть у него отец, который может его во всякое время притеснить. Он довольно охотно ездил в Головлево, особливо с тех пор, как вышел в офицеры, но не потому, чтобы находил удовольствие беседовать с отцом, а просто потому, что всякого человека, не отдавшего себе никакого отчета в жизненных целях, как-то инстинктивно тянет в свое место. Но теперь он, очевидно, приехал по нужде, по принуждению, вследствие чего он не выразил даже ни одного из тех знаков радостного недоумения, которыми обыкновенно ознаменовывает всякий блудный дворянский сын свой приезд в родное место.

Петенька был неразговорчив. На все восклицания отца: вот так сюрприз! ну, брат, одолжил! а я-то сижу да думаю: кого это, прости господи, по ночам носит? — ан вот он кто! и т. д. — он отвечал или молчанием, или принужденною улыбкою. А на вопрос: и как это тебе вдруг вздумалось? — отвечал даже сердечно: так вот, вздумалось и приехал.

— Ну, спасибо тебе! спасибо! вспомнил про отца! обрадовал! Чай, и про бабушку-старушку вспомнил?

— И про бабушку вспомнил.

— Стой! да тебе, может быть, вспомнилось, что сегодня годовщина по брате Володеньке?

— Да, и про это вспомнилось.

В таком тоне разговор длился с полчаса, так что нельзя было понять, взаправду ли отвечает Петенька или только отделывается. Поэтому как ни выносил был Иудушка относительно равнодушия своих детей, однако и он не выдержал и заметил:

— Да, брат, неласков ты! нельзя сказать, чтоб ты ласковый сын был!

Смолчи на этот раз Петенька, прими папенькино замечание с кротостью, а еще лучше, поцелуй у папеньки ручку и скажи ему: извините меня, добренький, папенька! я ведь с дороги, устал! — и все бы обошлось благополучно. Но Петенька поступил совсем как неблагодарный.

— Каков есть! — ответил он так грубо, словно хотел сказать: да отвяжись ты от меня, сделай милость!

Тогда Порфирию Владимирычу сделалось так больно, так больно, что и он уж не нашел возможным молчать.

— Кажется, как я об вас заботился! — сказал он с горечью, — даже и здесь сидишь, а все думаешь: как бы получше да поскладнее, да чтобы всем было хорошохонько да уютненько, без нужды да без горюшка... А вы всё от меня прочь да прочь!

— Кто же... вы?

— Ну, ты... да, впрочем, и покойник, царство ему небесное, был такой же...

— Что ж! я вам очень благодарен!

— Никакой я от вас благодарности не вижу! Ни благодарности, ни ласки — ничего!

— Характер неласковый — вот и все. Да вы что всё во множественном говорите? один уж умер...

— Да, умер, бог наказал. Бог непокорных детей наказывает. И все-таки я его помню. Он непокорен был, а я его помню. Вот завтра обеденку отстоим и панихидку отслужим. Он меня обидел, а я все-таки свой долг помню. Господи ты боже мой! да что ж это нынче делается! Сын к отцу приехал и с первого же слова уже фыркает! Так ли мы в наше время поступали! Бывало, едешь в Головлево-то, да за тридцать верст все твердишь: помяни, господи, царя Давида и всю кротость его! Да вот маменька живой человек — она скажет! А нынче... не понимаю! не понимаю!

— И я не понимаю. Приехал я смирно, поздоровался с вами, ручку поцеловал, теперь сижу, вас не трогаю, пью чай, а коли дадите ужинать — и поужинаю. С чего вы всю эту историю подняли?

Арина Петровна сидит в своем кресле и вслушивается. И сдается ей, что она все ту же знакомую повесть слышит, которая давно, и не запомнит она когда, началась. Закрылась было совсем эта повесть, да вот и опять, нет-нет, возьмет да и раскроется на той же странице. Тем не менее она понимает, что подобная встреча между отцом и сыном не обещает ничего хорошего, и потому считает долгом вмешаться в распрю и сказать примирительное слово.

— Ну-ну, петухи индейские! — говорит она, стараясь придать своему поучению шутливый тон, — только что свиделись, а уж и разодрались! Так и наскакивают друг на дружку, так и наскакивают! Смотри, сейчас перья полетят! Ах-ах-ах! горе какое! А вы, молодцы, смирненько посидите да ладком между собою поговорите, а я, старуха, послушаю да полюбуюсь на вас! Ты, Петенька, — уступи! Отцу, мой друг, всегда нужно уступить, потому что он — отец! Ежели иной раз и горьконько что от отца покажется, а ты прими с готовностью, да с покорностью, да с почтением, потому что ты — сын! Может, из горького-то да вдруг сладкое сделается — вот ты и в выигрыше! А ты, Порфирий Владимирыч — снизойди! Он — сын, человек молодой, неженный. Он семьдесят пять верст по ухабам да по сугробам проехал: и устал, и иззяб, и уснуть ему хочется! Вот чай-то уж кончили, вели-ка подавать ужинать, да и на покой! Так-то, други мои! Разбредемся все по своим местам, помолимся, ан сердце-то у нас и пройдет. И все какие у нас дурные мысли были — все сном бог прогонит! А завтра ранехонько встанем да об покойнике помолимся. Обеденку отстоим, панихидку отслушаем, а потом, как воротимся домой, и побеседуем. И всякий, отдохнувши, свое дело по порядку, как следует, расскажет. Ты, Петенька, про Петербург, а ты, Порфирий, про деревенское свое житье. А теперь поужинаем — и с богом, на боковую!

Это увещание оказывает свое действие не потому, чтобы оно заключало что-нибудь действительно убедительное, а потому, что Иудушка и сам видит, что он зарапортовался, что лучше как-нибудь миром покончить день. Поэтому он встает с своего места, целует у маменьки ручку, благодарит «за науку» и приказывает подавать ужинать. Ужин проходит сурово и молчаливо.

Столовая опустела, все разошлись по своим комнатам. Дом мало-помалу стихает, и мертвая тишина ползет из комнаты в комнату и наконец доползает до последнего убежища, в котором дольше прочих закоулков упорствовала обрядовая жизнь, то есть до кабинета головлевского барина. Иудушка наконец покончил с поклонами, которые он долго-долго отсчитывал перед образами, и тоже улегся в постель.

Лежит Порфирий Владимирыч в постели, но не может сомкнуть глаз. Чует он, что приезд сына предвещает что-то не совсем обыкновенное, и уже заранее в голове его зарождаются всевозможные пустословные поучения. Поучения эти имеют то достоинство, что они ко всякому случаю пригодны и даже не представляют собой последовательного сцепления мыслей. Ни грамматической, ни синтаксической формы для них тоже не требуется: они накапливаются в голове в виде отрывочных афоризмов и появляются на свет божий по мере того, как наползают на язык. Тем не менее, как только случится в жизни какой-нибудь казус, выходящий из ряда обыкновенных, так в голове поднимается такая суматоха от наплыва афоризмов, что даже сон не может умиротворить ее.

Не спится Иудушке: целые массы пустяков обступили его изголовье и давят его. Собственно говоря, загадочный приезд Петеньки не особенно волнует его, ибо, что бы ни случилось, Иудушка уже ко всему готов заранее. Он знает, что ничто не застанет его врасплох и ничто не заставит сделать какое-нибудь отступление от той сети пустых и насквозь прогнивших афоризмов, в которую он закутался с головы до ног. Для него не существует ни горя, ни радости, ни ненависти, ни любви. Весь мир, в его глазах, есть гроб, могущий служить лишь поводом для бесконечного пустословия. Уж на что было больше горя, когда Володя покончил с собой, а он и тут устоял. Это была очень грустная история, продолжавшаяся целых два года. Целых два года Володя перемогался; сначала выказывал гордость и решимость не нуждаться в помощи отца; потом ослаб, стал молить, доказывать, грозить... И всегда встречал в ответ готовый афоризм, который представлял собой камень, поданный голодному человеку. Сознавал ли Иудушка, что это камень, а не хлеб, или не сознавал — это вопрос спорный; но, во всяком случае, у него ничего другого не было, и он подавал свой камень, как единственное, что он мог дать. Когда Володя застрелился, он отслужил по нем панихиду, записал в календаре день его смерти и обещал и на будущее время каждогодно 23-го ноября служить панихиду «и с литургиею». Но когда, по временам, даже и в нем поднимался какой-то тусклый голос, который бормотал, что все-таки разрешение семейного спора самоубийством — вещь по малой мере подозрительная, тогда он выводил на сцену целую свиту готовых афоризмов, вроде «бог непокорных детей наказывает», «гордым бог противится» и проч. — и успокоивался.

Вот и теперь. Нет сомнения, что с Петенькой случилось что-то недоброе, но, что́ бы ни случилось, он, Порфирий Головлев, должен быть выше этих случайностей. Сам запутался — сам и распутывайся; умел кашу заварить — умей ее и расхлебывать; любишь кататься — люби и саночки возить. Именно так; именно это самое он и скажет завтра, об чем бы ни сообщил ему сын. А что, ежели и Петенька, подобно Володе, откажется принять камень вместо хлеба? Что, ежели и он... Иудушка отплевывается от этой мысли и приписывает ее наваждению лукавого. Он переворачивается с боку на бок, усиливается уснуть и не может. Только что начнет заводить его сон — вдруг: и рад бы до неба достать, да руки коротки! или: по одежке протягивай ножки... вот я... вот ты... прытки вы очень, а знаешь пословицу: поспешность потребна только блох ловить? Обступили кругом пустяки, ползут, лезут, давят. И не спит Иудушка под бременем пустословия, которым он надеется завтра утолить себе душу.

Не спится и Петеньке, хотя дорога порядком-таки изломала его. Есть у него дело, которое может разрешиться только здесь, в Головлеве, но такое это дело, что и невесть как за него взяться. По правде говоря, Петенька отлично понимает, что дело его безнадежное, что поездка в Головлево принесет только лишние неприятности, но в том-то и штука, что есть в человеке какой-то темный инстинкт самосохранения, который пересиливает всякую сознательность и который так и подталкивает: испробуй все до последнего! Вот он и приехал, да, вместо того чтоб закалить себя и быть готовым перенести все, чуть было с первого шагу не разругался с отцом. Что-то будет из этой поездки? совершится ли чудо, которое должно превратить камень в хлеб, или не совершится?

Не прямее ли было бы взять револьвер и приставить его к виску: господа! я недостоин носить ваш мундир! я растратил казенные деньги! и потому сам себе произношу справедливый и строгий суд! Бац — и все кончено! Исключается из списков умерший поручик Головлев! Да, это было бы решительно и... красиво. Товарищи сказали бы: ты был несчастен, ты увлекался, но... ты был благородный человек! Но он, вместо того чтобы сразу поступить таким образом, довел дело до того, что поступок его стал всем известен, — и вот его отпустили на определенный срок с тем, чтобы в течение его растрата была непременно пополнена. А потом — вон из полка. И для достижения этой-то цели, в конце которой стоял позорный исход только что начатой карьеры, он поехал в Головлево, поехал с полной уверенностью получить камень вместо хлеба!

А может быть, что-нибудь и будет?! Ведь случается же... Вдруг нынешнее Головлево исчезнет, и на месте его очутится новое Головлево, с новою обстановкой, в которой он... Не то чтобы отец... умрет — зачем? — а так... вообще, будет новая «обстановка»... А может быть, и бабушка — ведь у ней деньги есть! Узнает, что беда впереди, — и вдруг даст! На, скажет, поезжай скорее, покуда срок не прошел! И вот он едет, торопит ямщиков, насилу поспевает на станцию — и является в полк как раз за два часа до срока! Аолодец Головлев! — говорят товарищи — руку, благородный молодой человек! и пусть отныне все будет забыто! И он не только остается в полку по-прежнему, но производится сначала в штабс-капитаны, потом в капитаны, делается полковым адъютантом (казначеем он уж был), и, наконец, в день полкового юбилея...

Ах! поскорее бы эта ночь прошла! Завтра... ну, завтра пусть будет, что будет! Но что он должен будет завтра выслушать... ах, чего только он не выслушает! Завтра... но для чего же завтра? ведь есть и еще целый день впереди... Ведь он выговорил себе два дня собственно для того, чтобы иметь время убедить, растрогать... Черта с два! убедишь тут, растрогаешь! Нет уж...

Тут мысли его окончательно путаются и постепенно, одна за другой, утопают в сонной мгле. Через четверть часа головлевская усадьба всецело погружается в тяжкий сон.

На другой день, рано утром, весь дом уже на ногах. Все поехали в церковь, кроме, впрочем, Петеньки, который остался дома под предлогом, что устал с дороги. Наконец отслушали обедню и панихиду и воротились домой. Петенька, по обыкновению, подошел к руке отца, но Иудушка подал руку боком, и все заметили, что он даже не перекрестил сына. Напились чаю, поели поминальной кутьи; Иудушка ходил мрачный, шаркал ногами, избегал разговоров, вздыхал, беспрестанно складывал руки, в знак умной молитвы, и совсем не глядел на сына. С своей стороны, и Петенька ежился и молча курил папироску за папироской. Вчерашнее натянутое положение не только не улучшилось за ночь, но приняло такие резкие тоны, что Арина Петровна серьезно обеспокоилась и решилась разведать у Евпраксеюшки, не случилось ли чего-нибудь.

— Что такое сделалось? — спросила она, — что они с утра словно вороги друг на друга смотрят?

— А я почем знаю? разве я в ихние дела вхожу! — отгрызнулась Евпраксея.

— Уж не ты ли? Может, и внучек к тебе пристает?

— Чего ко мне приставать! Просто давеча подкараулил меня в коридоре, а Порфирий Владимирыч и увидели!

— Н-да, так вот оно что!

И действительно, несмотря на крайность своего положения, Петенька отнюдь не оставил присущего ему легкомыслия. И он тоже загляделся на могучую спину Евпраксеюшки и решился ей высказать это. С этою собственно целью он и в церковь не поехал, надеясь, что и Евпраксея, в качестве экономки, останется дома. И вот, когда в доме все стихло, он накинул на плечи шинель и притаился в коридоре. Прошла минута, другая, хлопнула дверь, ведущая из сеней в девичью, и в конце коридора показалась Евпраксея, держа в руках поднос, на котором лежал теплый сдобный крендель к чаю. Но не успел еще Петенька вытянуть ее хорошенько между лопатками, не успел произнести: вот это так спина! — как дверь из столовой отворилась, и в ней показался отец.

— Ежели ты сюда пакостничать, мерзавец, приехал, так я тебя с лестницы велю сбросить! — произнес Иудушка каким-то бесконечно злым голосом.

Разумеется, Петенька в один момент стушевался.

Он не мог, однако ж, не понять, что утреннее происшествие было не из таких, чтобы благоприятно подействовать на его фонды. Поэтому он решился молчать и отложить объяснение до завтра. Но в то ж время он не только ничего не делал, чтоб унять раздражение отца, но, напротив того, вел себя самым неосмотрительным и дурацким образом. Не переставая курил папироски, не обращая никакого внимания на то, что отец усиленно отмахивался от облаков дыма, которыми он наполнил комнату. Затем поминутно кидал умильно-дурацкие взоры на Евпраксеюшку, которая под влиянием их как-то вкось улыбалась, что тоже замечал Иудушка.

День потянулся вяло. Попробовала было Арина Петровна в дураки с Евпраксеюшкой сыграть, но ничего из этого не вышло. Не игралось, не говорилось, даже пустяки как-то не шли на ум, хотя у всех были в запасе целые непочатые углы этого добра. Насилу пришел обед, но и за обедом все молчали. После обеда Арина Петровна собралась было в Погорелку, но Иудушку даже испугало это намерение доброго друга маменьки.

— Христос с вами, голубушка! — воскликнул он, — что ж, одного, что ли, вы меня оставить хотите, с глазу на глаз с этим... дурным сыном? Нет, нет! и не думайте! не пущу!

— Да что такое? случилось, что ли, что-нибудь промежду вас! сказывай! — спросила она его.

— Нет, покамест еще ничего не случилось, но вы увидите... Нет, вы уж не оставьте меня! пусть уж при вас... Это недаром! недаром он прикатил... Так если что случится — уж вы будьте свидетельницей!

Арина Петровна покачала головой и решилась остаться.

После обеда Порфирий Владимирыч удалился спать, услав предварительно Евпраксеюшку на село к попу; Арина Петровна, отложив отъезд в Погорелку, тоже ушла в свою комнату и, усевшись в кресло, дремала. Петенька счел это время самым благоприятным, чтоб попытать счастья у бабушки, и отправился к ней.

— Что ты? в дурачки, что ли, с старухой поиграть пришел? — встретила его Арина Петровна.

— Нет, бабушка, я к вам за делом.

— Ну, рассказывай, говори.

Петенька с минуту помялся на месте и вдруг брякнул:

— Я, бабушка, казенные деньги проиграл.

У Арины Петровны даже в глазах потемнело от неожиданности.

— И много? — спросила она перепуганным голосом, глядя на него остановившимися глазами.

— Три тысячи.

Последовала минута молчания; Арина Петровна беспокойно смотрела из стороны в сторону, точно ждала, не явится ли откуда к ней помощь.

— А ты знаешь ли, что за это и в Сибирь недолго попасть? — наконец произнесла она.

— Знаю.

— Ах, бедный ты, бедный!

— Я, бабушка, у вас хотел взаймы попросить... я хороший процент заплачу.

Арина Петровна совсем испугалась.

— Что ты, что ты! — заметалась она, — да у меня и денег только на гроб да на поминовенье осталось! И сыта я только по милости внучек, да вот чем у сына полакомлюсь! Нет, нет, нет! Ты уж меня оставь! Сделай милость, оставь! Знаешь что, ты бы у папеньки попросил!

— Нет, уж что! от железного попа да каменной просвиры ждать! Я, бабушка, на вас надеялся!

— Что ты! что ты! да я бы с радостью, только какие же у меня деньги! и денег у меня таких нет! А ты бы к папеньке обратился, да с лаской, да с почтением! вот, мол, папенька, так и так: виноват, мол, по молодости, проштрафился... Со смешком да с улыбочкой, да ручку поцелуй, да на коленки встань, да поплачь — он это любит, — ну и развяжет папенька мошну для милого сынка.

— А что вы думаете! сделать разве? Стойте-ка! стойте! а что, бабушка, если б вы ему сказали: коли не дашь денег — прокляну! Ведь он этого давно боится, проклятья-то вашего.

— Ну, ну, зачем проклинать! Попроси и так. Попроси, мой друг! Ведь ежели отцу и лишний разок поклонишься, так ведь голова не отвалится: отец он! Ну, и он с своей стороны увидит... сделай-ка это! право!

Петенька ходит подбоченившись взад и вперед, словно обдумывает; наконец останавливается и говорит:

— Нет уж. Все равно — не даст. Что бы я ни делал, хоть бы лоб себе разбил кланявшись — все одно не даст. Вот кабы вы проклятием пригрозили... Так как же мне быть-то, бабушка?

— Не знаю, право. Попробуй — может, и смягчишь. Как же ты это, однако ж, такую себе волю дал: легко ли дело, казенные деньги проиграл? научил тебя, что ли, кто-нибудь?

— Так вот, взял да и проиграл. Ну, коли у вас своих денег нет, так из сиротских дайте!

— Что ты? опомнись! как я могу сиротские деньги давать? Нет, уж сделай милость, уволь ты меня! не говори ты со мной об этом, ради Христа!

— Так не хотите? Жаль. А я бы хороший процент дал. Пять процентов в месяц хотите? нет? ну, через год капитал на капитал?

— И не соблазняй ты меня! — замахала на него руками Арина Петровна, — уйди ты от меня, ради Христа! еще папенька неравно услышит, скажет, что я же тебя возмутила! Ах ты, господи! Я, старуха, отдохнуть хотела, даже задремала совсем, а он вон с каким делом пришел!

— Ну, хорошо. Я уйду. Стало быть, нельзя? Прекрасно-с. По-родственному. Из-за трех тысяч рублей внук в Сибирь должен пойти! Напутственный-то молебен отслужить не забудьте!

Петенька хлопнул дверью и ушел. Одна из его легкомысленных надежд лопнула — что теперь предпринять? Остается одно: во всем открыться отцу. А может быть... Может быть, что-нибудь...

«Пойду сейчас и покончу разом! — говорил он себе, — или нет! Нет, зачем же сегодня... Может быть, что-нибудь... да, впрочем, что же такое может быть? Нет, лучше завтра... Все-таки, хоть нынче день... Да, лучше завтра. Скажу — и уеду».

На том и покончил, что завтра — всему конец...

После объяснения с бабушкой вечер потянулся еще вялее. Даже Арина Петровна притихла, узнавши действительную причину приезда Петеньки. Иудушка пробовал было заигрывать с маменькой, но, видя, что она об чем-то задумывается, замолчал. Петенька тоже ничего не делал, только курил. За ужином Порфирий Владимирыч обратился к нему с вопросом:

— Да скажешь ли ты наконец, зачем ты сюда пожаловал?

— Завтра скажу, — угрюмо ответил Петенька.

***

Петенька встал рано после почти совсем бессонной ночи. Все та же раздвоенная мысль преследовала его — мысль, начинавшаяся надеждой: может быть, и даст! и неизменно кончавшаяся вопросом: и зачем я сюда приехал? Может быть, он не понимал своего отца, но, во всяком случае, он не знал за ним ни одного чувства, ни одной слабой струны, за которую предстояла бы возможность ухватиться и эксплуатируя которую можно было бы чего-нибудь достигнуть. Он чувствовал только одно: что в присутствии отца он находится лицом к лицу с чем-то неизъяснимым, неуловимым. Незнание, с какого конца подойти, с чего начать речь, порождало ежели не страх, то, во всяком случае, беспокойство. И так шло с самого детства. Всегда, с тех пор как он начал себя помнить, дело было поставлено так, что лучше казалось совсем отказаться от какого-нибудь предположения, нежели поставить его в зависимость от решения отца. Так было и теперь. С чего он начнет? как начнет? что скажет?.. Ах, зачем только он приехал?

Им овладела тоска. Тем не менее он понял, что впереди оставалось только несколько часов и что, следовательно, надо же что-нибудь делать. Набравшись напускной решимости, застегнувши сюртук и пошептавши что-то на ходу, он довольно твердым шагом направился к отцовскому кабинету.

Иудушка стоял на молитве. Он был набожен и каждый день охотно посвящал молитве несколько часов. Но он молился не потому, что любил бога и надеялся посредством молитвы войти в общение с ним, а потому, что боялся черта и надеялся, что бог избавит его от лукавого. Он знал множество молитв, и в особенности отлично изучил технику молитвенного стояния. То есть знал, когда нужно шевелить губами и закатывать глаза, когда следует складывать руки ладонями внутрь и когда держать их воздетыми, когда надлежит умиляться и когда стоять чинно, творя умеренные крестные знамения. И глаза и нос его краснели и увлажнялись в определенные минуты, на которые указывала ему молитвенная практика. Но молитва не обновляла его, не просветляла его чувства, не вносила никакого луча в его тусклое существование. Он мог молиться и проделывать все нужные телодвижения — и в то же время смотреть в окно и замечать, не идет ли кто без спросу в погреб и т. д. Это была совершенно особенная, частная формула жизни, которая могла существовать и удовлетворять себя совсем независимо от общей жизненной формулы.

Когда Петенька вошел в кабинет, Порфирий Владимирыч стоял на коленях с воздетыми руками. Он не переменил своего положения, а только подрыгал одной рукой в воздухе, в знак того, что еще не время. Петенька расположился в столовой, где уже был накрыт чайный прибор, и стал ждать. Эти полчаса показались ему вечностью, тем более что он был уверен, что отец заставляет его ждать нарочно. Напускная твердость, которою он вооружился, мало-помалу стала уступать место чувству досады. Сначала он сидел смирно, потом принялся ходить взад и вперед по комнате, и, наконец, стал что-то насвистывать, вследствие чего дверь кабинета приотворилась, и оттуда послышался раздраженный голос Иудушки:

— Кто хочет свистать, тот может для этого на конюшню идти!

Немного погодя Порфирий Владимирыч вышел, одетый весь в черном, в чистом белье, словно приготовленный к чему-то торжественному. Лицо у него было светлое, умиленное, дышащее смирением и радостью, как будто он сейчас только «сподобился». Он подошел к сыну, перекрестил и поцеловал его.

— Здравствуй, друг! — сказал он.

— Здравствуйте!

— Каково почивал? постельку хорошо ли постлали? клопиков, блошек не чувствовал ли?

— Благодарю вас. Спал.

— Ну, спал — так и слава богу. У родителей только и можно слатенько поспать. Это уж я по себе знаю: как ни хорошо, бывало, устроишься в Петербурге, а никогда так сладко не уснешь, как в Головлеве. Точно вот в колыбельке тебя покачивает. Так как же мы с тобой: попьем чайку, что ли, сначала, или ты сейчас что-нибудь сказать хочешь?

— Нет, лучше теперь поговорим. Мне через шесть часов уехать надо, так, может быть, и обдумать кой-что время понадобится.

— Ну, ладно. Только я, брат, говорю прямо: никогда я не обдумываю. У меня всегда ответ готов. Коли ты правильного чего просишь — изволь! никогда я ни в чем правильном не откажу. Хоть и трудненько иногда, и не по силам, а ежели правильно — не могу отказать! Натура такая. Ну, а ежели просишь неправильно — не прогневайся! Хоть и жалко тебя — а откажу! У меня, брат, вывертов нет! Я весь тут, на ладони. Ну, пойдем, пойдем в кабинет! Ты поговоришь, а я послушаю! Послушаем, послушаем, что такое!

Когда оба вошли в кабинет, Порфирий Владимирыч оставил дверь слегка притворенною и затем ни сам не сел, ни сына не посадил, а начал ходить взад и вперед по комнате. Словно он инстинктивно чувствовал, что дело будет щекотливое и что объясняться об таких предметах на ходу гораздо свободнее. И выражение лица скрыть удобнее, и прекратить объяснение, ежели оно примет слишком неприятный оборот, легче. А с помощью приотворенной двери и на свидетелей можно сослаться, потому что маменька с Евпраксеюшкой, наверное, не замедлят явиться к чаю в столовую.

— Я, папенька, казенные деньги проиграл, — разом и как-то тупо высказался Петенька.

Иудушка ничего не сказал. Только можно было заметить, как дрогнули у него губы. И вслед за тем он, по обыкновению, начал шептать.

— Я проиграл три тысячи, — пояснил Петенька, — и ежели послезавтра их не внесу, то могут произойти очень неприятные для меня последствия.

— Что ж, внеси! — любезно молвил Порфирий Владимирыч.

Несколько туров отец и сын сделали молча. Петенька хотел объясняться дальше, но чувствовал, что у него захватило горло.

— Откуда же я возьму деньги? — наконец выговорил он.

— Я, любезный друг, твоих источников не знаю. На какие ты источники рассчитывал, когда проигрывал в карты казенные деньги, — из тех и плати.

— Вы сами очень хорошо знаете, что в подобных случаях люди об источниках забывают!

— Ничего я, мой друг, не знаю. Я в карты никогда не игрывал — только вот разве с маменькой в дурачки сыграешь, чтоб потешить старушку. И, пожалуйста, ты меня в эти грязные дела не впутывай, а пойдем-ка лучше чайку попьем. Попьем да посидим, может, и поговорим об чем-нибудь, только уж, ради Христа, не об этом.

И Иудушка направился было к двери, чтобы юркнуть в столовую, но Петенька остановил его.

— Позвольте, однако ж, — сказал он, — надобно же мне как-нибудь выйти из этого положения!

Иудушка усмехнулся и посмотрел Петеньке в лицо.

— Надо, голубчик! — согласился он.

— Так помогите же!

— А это... это уж другой вопрос. Что надобно как-нибудь выйти из этого положения — это так, это ты правду сказал. А как выйти — это уж не мое дело!

— Но почему же вы не хотите помочь?

— А потому, во-первых, что у меня нет денег для покрытия твоих дрянных дел, а во-вторых — и потому, что вообще это до меня не касается. Сам напутал — сам и выпутывайся. Любишь кататься — люби и саночки возить. Так-то, друг. Я ведь и давеча с того начал, что ежели ты просишь правильно...

— Знаю, знаю. Много у вас на языке слов...

— Постой, попридержи свои дерзости, дай мне досказать. Что это не одни слова — это я тебе сейчас докажу... Итак, я тебе давеча сказал: если ты будешь просить должного, дельного — изволь, друг! всегда готов тебя удовлетворить! Но ежели ты приходишь с просьбой не дельною — извини, брат! На дрянные дела у меня денег нет, нет и нет! И не будет — ты это знай! И не смей говорить, что это одни «слова», а понимай, что эти слова очень близко граничат с делом.

— Подумайте, однако ж, что со мной будет!

— А что богу угодно, то и будет, — отвечал Иудушка, слегка воздевая руки и искоса поглядывая на образ.

Отец и сын опять сделали несколько туров по комнате. Иудушка шел нехотя, словно жаловался, что сын держит его в плену. Петенька, подбоченившись, следовал за ним, кусая усы и нервно усмехаясь.

— Я — последний сын у вас, — сказал он, — не забудьте об этом!

— У Иова, мой друг, бог и все взял, да он не роптал, а только сказал: бог дал, бог и взял — твори, господи, волю свою! Так-то, брат!

— То бог взял, а вы сами у себя отнимаете. Володя...

— Ну, ты, кажется, пошлости начинаешь говорить!

— Нет, это не пошлости, а правда. Всем известно, что Володя...

— Нет, нет, нет! Не хочу я твои пошлости слушать! Да и вообще — довольно. Что надо было высказать, то ты высказал. Я тоже ответ тебе дал. А теперь пойдем и будем чай пить. Посидим да поговорим, потом поедим, выпьем на прощанье — и с богом. Видишь, как бог для тебя милостив! И погодка унялась, и дорожка поглаже стала. Полегоньку да помаленьку, трюх да трюх — и не увидишь, как доплетешься до станции!

— Послушайте! наконец, я прошу вас! ежели у вас есть хоть капля чувства...

— Нет, нет, нет! не будем об этом говорить! Пойдем в столовую: маменька, поди, давно без чаю соскучилась. Не годится старушку заставлять ждать.

Иудушка сделал крутой поворот и почти бегом направился к двери.

— Хоть уходите, хоть не уходите, я этого разговора не оставлю! — крикнул ему вслед Петенька, — хуже будет, как при свидетелях начнем разговаривать!

Иудушка воротился назад и встал прямо против сына.

— Что тебе от меня, негодяй, нужно... сказывай! — спросил он возволнованным голосом.

— Мне нужно, чтоб вы заплатили те деньги, которые я проиграл.

— Никогда!!

— Так это ваше последнее слово?

— Видишь? — торжественно воскликнул Иудушка, указывая пальцем на образ, висевший в углу, — это видишь? Это папенькино благословение... Так вот я при нем тебе говорю: никогда!!

И он решительным шагом вышел из кабинета.

— Убийца! — пронеслось вдогонку ему.

***

Арина Петровна сидит уже за столом, и Евпраксеюшка делает все приготовления к чаю. Старуха задумчива, молчалива и даже как будто стыдится Петеньки. Иудушка, по обычаю, подходит к ее ручке, и, по обычаю же, она машинально крестит его. Потом, по обычаю, идут вопросы, все ли здоровы, хорошо ли почивали, на что следуют обычные односложные ответы.

Уже накануне вечером она была скучна. С тех пор как Петенька попросил у нее денег и разбудил в ней воспоминание о «проклятии», она вдруг впала в какое-то загадочное беспокойство, и ее неотступно начала преследовать мысль: а что, ежели прокляну? Узнавши утром, что в кабинете началось объяснение, она обратилась к Евпраксеюшке с просьбой:

— Поди-ка, сударка, подслушай потихоньку у дверей, что они там говорят!

Но Евпраксеюшка хотя и подслушала, но была настолько глупа, что ничего не поняла.

— Так, промежду себя разговаривают! Не очень кричат! — объяснила она, возвратившись.

Тогда Арина Петровна не вытерпела и сама отправилась в столовую, куда тем временем и самовар был уже подан. Но объяснение уж приходило к концу; слышала она только, что Петенька возвышает голос, а Порфирий Владимирыч словно зудит в ответ.

— Зудит! именно зудит! — вертелось у нее в голове, — вот и тогда он так же зудел! и как это я в то время не поняла!

Наконец оба, и отец и сын, появились в столовую. Петенька был красен и тяжело дышал; глаза у него смотрели широко, волосы на голове растрепались, лоб был усеян мелкими каплями пота. Напротив, Иудушка вошел бледный и злой; хотел казаться равнодушным, но, несмотря на все усилия, нижняя губа его дрожала. Насилу мог он выговорить обычное утреннее приветствие милому другу маменьке.

Все заняли свои места вокруг стола; Петенька сел несколько поодаль, отвалился на спинку стула, положил ногу на ногу и, закуривая папироску, иронически посматривал на отца.

— Вот, маменька, и погодка у нас унялась, — начал Иудушка, — какое вчера смятение было, ан богу стоило только захотеть — вот у нас тишь да гладь да божья благодать! так ли, друг мой?

— Не знаю; не выходила я из дому сегодня.

— А мы кстати дорогого гостя провожаем, — продолжал Иудушка, — я давеча еще где-где встал, посмотрел в окно — ан на дворе тихо да спокойно, точно вот ангел божий пролетел и в одну минуту своим крылом все это возмущение усмирил!

Но никто даже не ответил на ласковые Иудушкины слова; Евпраксеюшка шумно пила с блюдечка чай, дуя и отфыркиваясь; Арина Петровна смотрела в чашку и молчала; Петенька, раскачиваясь на стуле, продолжал посматривать на отца с таким иронически вызывающим видом, точно вот ему больших усилий стоит, чтоб не прыснуть со смеха.

— Теперича, ежели Петенька и не шибко поедет, — опять начал Порфирий Владимирыч, — и тут к вечеру легко до станции железной дороги поспеет. Лошади у нас свои, не мученные, часика два в Муравьеве покормят — мигом домчат. А там — фиюю! пошла машина погромыхивать! Ах, Петька! Петька! недобрый ты! остался бы ты здесь с нами, погостил бы — право! И нам было бы веселее, да и ты бы — смотри, как бы ты здесь в одну неделю поправился!

Но Петенька все продолжает раскачиваться на стуле и посматривать на отца.

— Ты что на меня все смотришь? — закипает наконец Иудушка, — узоры, что ли, видишь?

— Смотрю, жду, что еще от вас будет!

— Ничего, брат, не высмотришь! как сказано, так и будет. Я своего слова не изменю!

Наступает минута молчания, в продолжение которой явственно раздается шепот:

— Иудушка!

Порфирий Владимирыч несомненно слышал эту апострофу (он даже побледнел), но делает вид, что восклицание до него не относится.

— Ах, детки, детки! — говорит он, — и жаль вас, и хотелось бы приласкать да приголубить вас, да, видно, нечего делать — не судьба! Сами вы от родителей бежите, свои у вас завелись друзья-приятели, которые дороже для вас и отца с матерью. Ну, и нечего делать! Подумаешь-подумаешь — и покоришься. Люди вы молодые, а молодому, известно, приятнее с молодым побыть, чем со стариком-ворчуном! Вот и смиряешь себя, и не ропщешь; только и просишь отца небесного: твори, господи, волю свою!

— Убийца! — вновь шепчет Петенька, но уже так явственно, что

Арина Петровна со страхом смотрит на него. Перед глазами ее что-то вдруг пронеслось, словно тень Степки-балбеса.

— Ты про кого это говоришь? — спрашивает Иудушка, весь дрожа от волнения.

— Так, про одного знакомого.

— То-то! так ты так и говори! Ведь бог знает, что у тебя на уме: может быть, ты из присутствующих кого-нибудь так честишь!

Все смолкают; стаканы с чаем стоят нетронутыми. Иудушка тоже откидывается на спинку стула и нервно покачивается. Петенька, видя, что всякая надежда потеряна, ощущает что-то вроде предсмертной тоски и под влиянием ее готов идти до крайних пределов. И отец и сын с какою-то неизъяснимою улыбкой смотрят друг другу в глаза. Как ни вышколил себя Порфирий Владимирыч, но близится минута, когда и он не в состоянии будет сдерживаться.

— Ты бы лучше за добра ума уехал! — наконец высказывается он, — да!

— И то уеду.

— Чего ждать-то! Я вижу, что ты на ссору лезешь, а я ни с кем ссориться не хочу. Живем мы здесь тихо да смирно, без ссор да без свар — вот бабушка-старушка здесь сидит, хоть бы ее ты посовестился! Ну, зачем ты к нам приехал?

— Я вам говорил зачем.

— А коли затем только, так напрасно трудился. Уезжай, брат! Эй, кто там? велите-ка для молодого барина кибитку закладывать. Да цыпленочка жареного, да икорки, да еще там чего-нибудь... яичек, что ли... в бумажку заверните. На станции, брат, и закусишь, покуда лошадей подкормят. С богом!

— Нет! я еще не поеду. Я еще в церковь пойду, попрошу панихиду по убиенном рабе божием, Владимире, отслужить.

— По самоубийце, то есть...

— Нет, по убиенном.

Отец и сын смотрят друг на друга во все глаза. Так и кажется, что оба сейчас вскочат. Но Иудушка делает над собой нечеловеческое усилие и оборачивается со стулом лицом к столу.

— Удивительно! — говорит он надорванным голосом, — у-ди-ви-тель-но!

— Да, по убиенном! — грубо настаивает Петенька.

— Кто же его убил? — любопытствует Иудушка, по-видимому, все-таки надеясь, что сын опомнится.

Но Петенька, нимало не смущаясь, выпаливает как из пушки:

— Вы!!

— Я?!

Порфирий Владимирыч не может прийти в себя от изумления. Он торопливо поднимается со стула, обращается лицом к образу и начинает молиться.

— Вы! вы! вы! — повторяет Петенька.

— Ну вот! ну, слава богу! вот теперь полегче стало, как помолился! — говорит Иудушка, вновь присаживаясь к столу, — ну, постой! погоди! хоть мне, как отцу, можно было бы и не входить с тобой в объяснения, — ну, да уж пусть будет так! Стало быть, по-твоему, я убил Володеньку?

— Да, вы!

— А по-моему, это не так. По-моему, он сам себя застрелил. Я в то время был здесь, в Головлеве, а он — в Петербурге. При чем же я тут мог быть? как мог я его за семьсот верст убить?

— Уж будто вы и не понимаете?

— Не понимаю... видит бог, не понимаю!

— А кто Володю без копейки оставил? кто ему жалованье прекратил? кто?

— Те-те-те! так зачем он женился против желанья отца?

— Да ведь вы же позволили?

— Кто? я? Христос с тобой! Никогда я не позволял! Нникогда!

— Ну да, то есть вы и тут по своему обыкновению поступили. У вас ведь каждое слово десять значений имеет; пойди угадывай!

— Никогда я не позволял! Он мне в то время написал: хочу, папа, жениться на Лидочке. Понимаешь: «хочу», а не «прошу позволения». Ну, и я ему ответил: коли хочешь жениться, так женись, я препятствовать не могу! Только всего и было.

— Только всего и было, — поддразнивает Петенька, — а разве это не позволение?

— То-то, что нет. Я что сказал? я сказал: не могу препятствовать — только и всего. А позволяю или не позволяю — это другой вопрос. Он у меня позволения и не просил, он прямо написал: хочу, папа, жениться на Лидочке — ну, и я насчет позволения умолчал. Хочешь жениться — ну, и Христос с тобой! женись, мой друг, хоть на Лидочке, хоть на разлидочке — я препятствовать не могу!

— А только без куска хлеба оставить можете. Так вы бы так и писали: не нравится, дескать, мне твое намерение, а потому, хоть я тебе не препятствую, но все-таки предупреждаю, чтоб ты больше не рассчитывал на денежную помощь от меня. По крайней мере, тогда было бы ясно.

— Нет, этого я никогда не позволю себе сделать! Чтоб я стал употреблять в дело угрозы совершеннолетнему сыну — никогда!! У меня такое правило, что я никому не препятствую! Захотел жениться — женись!

Ну, а насчет последствий — не погневайся! Сам должен был предусматривать — на то и ум тебе от бога дан. А я, брат, в чужие дела не вмешиваюсь. И не только сам не вмешиваюсь, да не прошу, чтоб и другие в мои дела вмешивались. Да, не прошу, не прошу, не прошу, и даже... запрещаю! Слышишь ли, дурной, непочтительный сын, — за-пре-щаю!

— Запрещайте, пожалуй! всем ртов не замажете!

— И хоть бы он раскаялся! хоть бы он понял, что отца обидел! Ну, сделал пошлость — ну, и раскайся! Попроси прощения! простите, мол, душенька папенька, что вас огорчил! А то на-тко!

— Да ведь он писал вам; он объяснял, что ему жить нечем, что дольше ему терпеть нет сил...

— С отцом не объясняются-с. У отца прощения просят — вот и все.

— И это было. Он так был измучен, что и прощенья просил. Все было, все!

— А хоть бы и так — опять-таки он не прав. Попросил раз прощенья, видит, что папа не прощает, — и в другой раз попроси!

— Ах, вы!

Сказавши это, Петенька вдруг перестает качаться на стуле, оборачивается к столу и облокачивается на него обеими руками.

— Вот и я... — чуть слышно произносит он.

Лицо его постепенно искажается.

— Вот и я... — повторяет он, разражаясь истерическими рыданиями.

— А кто ж вино...

Но Иудушке не удалось покончить свое поучение, ибо в эту самую минуту случилось нечто совершенно неожиданное. Во время описанной сейчас перестрелки об Арине Петровне словно позабыли. Но она отнюдь не оставалась равнодушной зрительницей этой семейной сцены. Напротив того, с первого же взгляда можно было заподозрить, что в ней происходит что-то не совсем обыкновенное и что, может быть, настала минута, когда перед умственным ее оком предстали во всей полноте и наготе итоги ее собственной жизни. Лицо ее оживилось, глаза расширились и блестели, губы шевелились, как будто хотели сказать какое-то слово — и не могли. И вдруг, в ту самую минуту, когда Петенька огласил столовую рыданиями, она грузно поднялась с своего кресла, протянула вперед руку, и из груди ее вырвался вопль:

— Прро-кли-инааю!

Племяннушка

Иудушка так-таки и не дал Петеньке денег, хотя, как добрый отец, приказал в минуту отъезда положить ему в повозку и курочки, и телятинки, и пирожок. Затем он, несмотря на стужу и ветер, самолично вышел на крыльцо проводить сына, справился, ловко ли ему сидеть, хорошо ли он закутал себе ноги, и, возвратившись в дом, долго крестил окно в столовой, посылая заочное напутствие повозке, увозившей Петеньку. Словом, весь обряд выполнил как следует, по-родственному.

— Ах, Петька, Петька! — говорил он — дурной ты сын! нехороший! Ведь вот что набедокурил... ах-ах-ах! И что бы, кажется, жить потихоньку да полегоньку, смирненько да ладненько, с папкой да с бабушкой-старушкой — так нет! Фу-ты! ну-ты! У нас свой царь в голове есть! своим умом проживем! Вот и ум твой! Ах, горе какое вышло!

Но ни один мускул при этом не дрогнул на его деревянном липе, ни одна нота в его голосе не прозвучала чем-нибудь похожим на призыв блудному сыну. Да, впрочем, никто и не слыхал его слов, потому что в комнате находилась одна Арина Петровна, которая, под влиянием только что испытанного потрясения, как-то разом потеряла всякую жизненную энергию и сидела за самоваром, раскрыв рот, ничего не слыша и без всякой мысли глядя вперед.

Затем жизнь потекла по-прежнему, исполненная праздной суеты и бесконечного пустословия...

Вопреки ожиданиям Петеньки, Порфирий Владимирыч вынес материнское проклятие довольно спокойно и ни на волос не отступил от тех решений, которые, так сказать, всегда готовые сидели в его голове. Правда, он слегка побледнел и бросился к матери с криком:

— Маменька! душенька! Христос с вами! успокойтесь, голубушка! Бог милостив! все устроится!

Но слова эти были скорее выражением тревоги за мать, нежели за себя. Выходка Арины Петровны была так внезапна, что Иудушка не догадался даже притвориться испуганным. Еще накануне маменька была к нему милостива, шутила, играла с Евпраксеюшкой в дурачки — очевидно, стало быть, что ей только что-нибудь на минуту помстилось, а преднамеренного, «настоящего» не было ничего. Действительно, он очень боялся маменькинова проклятия, но представлял его себе совершенно иначе. В праздном его уме на этот случай целая обстановка сложилась: образа, зажженные свечи, маменька стоит среди комнаты, страшная, с почерневшим лицом... и проклинает! Потом: гром, свечи потухли, завеса разодралась, тьма покрыла землю, а вверху, среди туч, виднеется разгневанный лик Иеговы, освещенный молниями. Но так как ничего подобного не случилось, то значит, что маменька просто сблажила, показалось ей что-нибудь — и больше ничего. Да и не с чего было ей «настоящим образом» проклинать, потому что в последнее время у них не было даже предлогов для столкновения. С тех пор как он заявил сомнение насчет принадлежности маменьке тарантаса (Иудушка соглашался внутренно, что тогда он был виноват и заслуживал проклятия), воды утекло много; Арина Петровна смирилась, а Порфирий Владимирыч только и думал об том, как бы успокоить доброго друга маменьку.

«Плоха старушка, ах, как плоха! временем даже забываться уж начала! — утешал он себя. — Сядет, голубушка, в дураки играть — смотришь, ан она дремлет!»

Справедливость требует сказать, что ветхость Арины Петровны даже тревожила его. Он еще не приготовился к утрате, ничего не обдумал, не успел сделать надлежащие выкладки: сколько было у маменьки капитала при отъезде из Дубровина, сколько капитал этот мог приносить в год доходу, сколько она могла из этого дохода тратить и сколько присовокупить. Словом сказать, не проделал еще целой массы пустяков, без которых он всегда чувствовал себя застигнутым врасплох.

«Старушка крепонька! — мечталось ему иногда, — не проживет она всего — где прожить! В то время, как она нас отделяла, хороший у нее капитал был! Разве сироткам чего не передала ли — да нет, и сироткам не много даст! Есть у старушки деньги, есть!»

Но мечтания эти покуда еще не представляли ничего серьезного и улетучивались, не задерживаясь в его мозгу. Масса обыденных пустяков и без того была слишком громадна, чтоб увеличивать ее еще новыми, в которых покамест не настояло насущной потребности. Порфирий Владимирыч все откладывал да откладывал, и только после внезапной сцены проклятия спохватился, что пора начинать.

Катастрофа наступила, впрочем, скорее, нежели он предполагал. На другой день после отъезда Петеньки Арина Петровна уехала в Погорелку и уже не возвращалась в Головлево. С месяц она провела в совершенном уединении, не выходя из комнаты и редко-редко позволяя себе промолвить слово даже с прислугою. Вставши утром, она по привычке садилась к письменному столу, по привычке же начинала раскладывать карты, но никогда почти не доканчивала и словно застывала на месте с вперенными в окно глазами. Что она думала и даже думала ли об чем-нибудь — этого не разгадал бы самый проницательный знаток сокровеннейших тайн человеческого сердца. Казалось, она хотела что-то вспомнить, хоть, например, то, каким образом она очутилась здесь, в этих стенах, и — не могла. Встревоженная ее молчанием, Афимьюшка заглядывала в комнату, поправляла в кресле подушки, которыми она была обложена, пробовала заговорить об чем-нибудь, но получала только односложные и нетерпеливые ответы. Раза с два в течение этого времени приезжал в Погорелку Порфирий Владимирыч, звал маменьку в Головлево, пытался распалить ее воображение представлением об рыжичках, карасиках и прочих головлевских соблазнах, но она только загадочно улыбалась на его предложения.

Одним утром она, по обыкновению, собралась встать с постели и не могла. Она не ощущала никакой особенной боли, ни на что не жаловалась, а просто не могла встать. Ее даже не встревожило это обстоятельство, как будто оно было в порядке вещей. Вчера сидела еще у стола, была в силах бродить — нынче лежит в постели, «неможется». Ей даже покойнее чувствовалось. Но Афимьюшка всполошилась, и, потихоньку от барыни, послала гонца к Порфирию Владимирычу.

Иудушка приехал рано утром на другой день; Арине Петровне было уж значительно хуже. Обстоятельно расспросил он прислугу, что маменька кушала, не позволила ли себе чего лишненького, но получил ответ, что Арина Петровна уж с месяц почти ничего не ест, а со вчерашнего дня и вовсе отказалась от пищи. Потужил Иудушка, помахал руками и, как добрый сын, прежде чем войти к матери, погрелся в девичьей у печки, чтоб не охватило больную холодным воздухом. И, кстати (у него насчет покойников какой-то дьявольский нюх был), тут же начал распоряжаться. Расспросил насчет попа, дома ли он, чтоб, в случае надобности, можно было сейчас же за ним послать, справился, где стоит маменькин ящик с бумагами, заперт ли он, и, успокоившись насчет существенного, призвал кухарку и велел приготовить обедать для себя.

— Мне немного надо! — говорил он, — курочка есть? — ну, супцу из курочки сварите! Может быть, солонинка есть — солонинки кусочек приготовьте! Жарко́вца какого-нибудь... вот я и сыт!

Арина Петровна лежала, распростершись, навзничь на постеле, с раскрытым ртом и тяжело дыша. Глаза ее смотрели широко; одна рука выбилась из-под заячьего одеяла и застыла в воздухе. Очевидно, она прислушивалась к шороху, который произвел приезд сына, а может быть, до нее долетали и самые приказания, отдаваемые Иудушкой. Благодаря опущенным шторам в комнате царствовали сумерки. Светильни догорали на дне лампадок, и слышно было, как они трещали от прикосновения с водою. Воздух был тяжел и смраден; духота от жарко натопленных печей, от чада, распространяемого лампадками, и от миазмов стояла невыносимая. Порфирий Владимирыч, в валеных сапогах, словно змей, проскользнул к постели матери; длинная и сухощавая его фигура загадочно колебалась, охваченная сумерками. Арина Петровна следила за ним не то испуганными, не то удивленными глазами и жалась под одеялом.

— Это я, маменька, — сказал он, — что это как вы развинтились сегодня! ах-ах-ах! То-то мне нынче не спалось; всю ночь вот так и поталкивало: дай, думаю, проведаю, как-то погорелковские друзья поживают! Утром сегодня встал, сейчас это кибиточку, парочку лошадушек — и вот он-он!

Порфирий Владимирыч любезно хихикнул, но Арина Петровна не отвечала и все больше и больше жалась под одеялом.

— Ну, бог милостив, маменька! — продолжал Иудушка, — главное, в обиду себя не давайте! Плюньте на хворость, встаньте с постельки да пройдитесь молодцом по комнате! вот так!

Порфирий Владимирыч встал со стула и показал, как молодцы прохаживаются по комнате.

— Да постойте, дайте-ка я шторку подниму да посмотрю на вас! Э! да вы молодец молодцом, голубушка! Стоит только подбодриться, да богу помолиться, да прифрантиться — хоть сейчас на бал! Дайте-ка, вот я вам святой водицы богоявленской привез, откушайте-ка!

Порфирий Владимирыч вынул из кармана пузырек, отыскал на столе рюмку, налил и поднес больной. Арина Петровна сделала было движение, чтоб поднять голову, но не могла.

— Сирот бы... — простонала она.

— Ну вот, уж и сиротки понадобились! Ах, маменька, маменька! Как это вы вдруг... на-тко! Капельку прихворнули — и уж духом упали! Все будет! и к сироткам эстафету пошлем, и Петьку из Питера выпишем — все чередом сделаем! Не к спеху ведь; мы с вами еще поживем! да еще как поживем-то! Вот лето настанет — в лес по грибы вместе пойдем: по малину, по ягоду, по черну смородину! А не то — так в Дубровино карасей ловить поедем! Запряжем старика савраску в длинные дроги, потихоньку да полегоньку, трюх-трюх, сядем и поедем!

— Сирот бы... — повторила Арина Петровна тоскливо.

— Приедут и сиротки. Дайте срок — всех скличем, все приедем. Приедем да кругом вас и обсядем. Вы будете наседка, а мы цыплятки... цып-цып-цып! Все будет, коли вы будете паинька. А вот за это вы уж не паинька, что хворать вздумали. Ведь вот вы что, проказница, затеяли... ах-ах-ах! чем бы другим пример подавать, а вы вот как! Нехорошо, голубушка! ах, нехорошо!

Но как ни старался Порфирий Владимирыч и шуточками и прибауточками подбодрить милого друга маменьку, силы ее падали с каждым часом. Послали в город нарочного за лекарем, и так как больная продолжала тосковать и звать сироток, то Иудушка собственноручно написал Анниньке и Любиньке письмо, в котором сравнивал их поведение с своим, себя называл христианином, а их — неблагодарными. Ночью лекарь приехал, но было уже поздно. Арину Петровну, как говорится, в один день «сварило». Часу в четвертом ночи началась агония, а в шесть часов утра Порфирий Владимирыч стоял на коленах у постели матери и вопил:

— Маменька! друг мой! благословите!

Но Арина Петровна не слыхала. Открытые глаза ее тускло смотрели в пространство, словно она старалась что-то понять и не понимала.

Иудушка тоже не понимал. Он не понимал, что открывавшаяся перед его глазами могила уносила последнюю связь его с живым миром, последнее живое существо, с которым он мог делить прах, наполнявший его. И что отныне этот прах, не находя истока, будет накопляться в нем до тех пор, пока окончательно не задушит его.

С обычною суетливостью окунулся он в бездну мелочей, сопровождающих похоронный обряд. Служил панихиды, заказывал сорокоусты, толковал с попом, шаркал ногами, переходя из комнаты в комнату, заглядывал в столовую, где лежала покойница, крестился, воздевал глаза к небу, вставал по ночам, неслышно подходил к двери, вслушивался в монотонное чтение псаломщика и проч. Причем был приятно удивлен, что даже особенных издержек для него по этому случаю не предстояло, потому что Арина Петровна еще при жизни отложила сумму на похороны, расписав очень подробно, сколько и куда следует употребить.

Схоронивши мать, Порфирий Владимирыч немедленно занялся приведением в известность ее дел. Разбирая бумаги, он нашел до десяти разных завещаний (в одном из них она называла его «непочтительным»); но все они были писаны еще в то время, когда Арина Петровна была властною барыней, и лежали неоформленными, в виде проектов. Поэтому Иудушка остался очень доволен, что ему не привелось даже покривить душой, объявляя себя единственным законным наследником оставшегося после матери имущества. Имущество это состояло из капитала в пятнадцать тысяч рублей и из скудной движимости, в числе которой был и знаменитый тарантас, едва не послуживший яблоком раздора между матерью и сыном. Арина Петровна тщательно отделяла свои счеты от опекунских, так что сразу можно было видеть, что принадлежит ей и что — сироткам. Иудушка немедленно заявил себя где следует наследником, опечатал бумаги, относящиеся до опеки, роздал прислуге скудный гардероб матери; тарантас и двух коров, которые, по описи Арины Петровны, значились под рубрикой «мои», отправил в Головлево и затем, отслуживши последнюю панихиду, отправился восвояси.

— Ждите владелиц, — говорил он людям, собравшимся в сенях, чтоб проводить его, — приедут — милости просим! не приедут — как хотят! Я, с своей стороны, все сделал; счеты по опеке привел в порядок, ничего не скрыл, не утаил — все у всех на глазах делал. Капитал, который после маменьки остался, принадлежит мне — по закону; тарантас и две коровы, которые я в Головлево отправил, — тоже мои, по закону. Может быть, даже кой-что из моего здесь осталось — ну, да бог с ним! сироткам и бог велел подавать! Жаль маменьку! добрая была старушка! пѐчная! Вот и об вас, об прислуге, позаботилась, гардероб свой вам оставила! Ах, маменька, маменька! нехорошо вы это, голубушка, сделали, что нас сиротами покинули! Ну, да уж если так богу угодно, то и мы святой его воле покоряться должны! Только бы вашей душе было хорошо, а об нас... что уж об нас думать!

За первой могилой скоро последовала и другая.

К истории сына Порфирий Владимирыч отнесся довольно загадочно. Газет он не получал, ни с кем в переписке не состоял и потому сведений о процессе, в котором фигурировал Петенька, ниоткуда иметь не мог. Да вряд ли он и желал что-нибудь знать об этом предмете. Вообще это был человек, который пуще всего сторонился от всяких тревог, который по уши погряз в тину мелочей самого паскудного самосохранения и которого существование, вследствие этого, нигде и ни на чем не оставило после себя следов. Таких людей довольно на свете, и все они живут особняком, не умея и не желая к чему-нибудь приютиться, не зная, что ожидает их в следующую минуту, и лопаясь под конец, как лопаются дождевые пузыри. Нет у них дружеских связей, потому что для дружества необходимо существование общих интересов; нет и деловых связей, потому что даже в мертвом деле бюрократизма они выказывают какую-то уж совершенно нестерпимую мертвенность. Тридцать лет сряду Порфирий Владимирыч толкался и мелькал в департаменте; потом в одно прекрасное утро исчез — и никто не заметил этого. Поэтому он узнал об участи, постигшей сына, последний, когда весть об этом распространилась уже между дворовыми. Но и тут притворился, что ничего не знает, так что когда Евпраксеюшка заикнулась однажды упомянуть об Петеньке, то Иудушка замахал на нее руками и сказал:

— Нет, нет, нет! и не знаю, и не слыхал, и слышать не хочу! Не хочу я его грязных дел знать!

Но наконец узнать все-таки привелось. Пришло от Петеньки письмо, в котором он уведомлял о своем предстоящем отъезде в одну из дальних губерний и спрашивал, будет ли папенька высылать ему содержание в новом его положении. Весь день после этого Порфирий Владимирыч находился в видимом недоумении, сновал из комнаты в комнату, заглядывал в образную, крестился и охал. К вечеру, однако ж, собрался с духом и написал:

«Преступный сын Петр!

Как верный подданный, обязанный чтить законы, я не должен был бы даже отвечать на твое письмо. Но как отец, причастный человеческим слабостям, не могу, из чувства сострадания, отказать в благом совете детищу, ввергнувшему себя, по собственной вине, в пучину зол. Итак, вот вкратце мое мнение по сему предмету. Наказание, коему ты подвергся, тяжко, но вполне тобою заслужено — такова первая и самая главная мысль, которая отныне всегда должна тебе в твоей новой жизни сопутствовать. А все остальные прихоти и даже воспоминания об оных ты должен оставить, ибо в твоем положении все сие может только раздражать и побуждать к ропоту. Ты уже вкусил от горьких плодов высокоумия, попробуй же вкусить и от плодов смирения, тем более что ничего другого для тебя в будущем не предстоит. Не ропщи на наказание, ибо начальство даже не наказывает тебя, но преподает лишь средства к исправлению. Благодарить за сие и стараться загладить содеянное — вот об чем тебе непрестанно думать надлежит, а не о роскошном препровождении времени, коего, впрочем, я и сам, никогда не быв под судом, не имею. Последуй же сему совету благоразумия и возродись для новой жизни, возродись совершенно, довольствуясь тем, что начальство, по милости своей, сочтет нужным тебе назначить. А я, с своей стороны, буду неустанно молить подателя всех благ о ниспослании тебе твердости и смирения, и даже в сей самый день, как пишу сии строки, был в церкви и воссылал о сем горячие мольбы. Затем благословляю тебя на новый путь и остаюсь

негодующий, но все еще любящий отец твой

Порфирий Головлев».

Неизвестно, дошло ли до Петеньки это письмо; но не дальше как через месяц после его отсылки Порфирий Владимирыч получил официальное уведомление, что сын его, не доехавши до места ссылки, слег в одном из попутных городков в больницу и умер.

Иудушка очутился один, но сгоряча все-таки еще не понял, что с этой новой утратой он уже окончательно пущен в пространство, липом к лицу с одним своим пустословием. Это случилось вскоре после смерти Арины Петровны, когда он был весь поглощен в счеты и выкладки. Он перечитывал бумаги покойной, усчитывал всякий грош, отыскивал связь этого гроша с опекунскими грошами, не желая, как он говорил, ни себе присвоить чужого, ни своего упустить. Среди этой сутолоки ему даже не представлялся вопрос, для чего он все это делает и кто воспользуется плодами его суеты? С утра до вечера корпел он за письменным столом, критикуя распоряжения покойной и даже фантазируя, так что за хлопотами, мало-помалу, запустил и счеты по собственному хозяйству.

И все в доме стихло. Прислуга, и прежде предпочитавшая ютиться в людских, почти совсем обросила дом, а являясь в господские комнаты, ходила на цыпочках и говорила шепотом. Чувствовалось что-то выморочное и в этом доме, и в этом человеке, что-то такое, что наводит невольный и суеверный страх. Сумеркам, которые и без того окутывали Иудушку, предстояло сгущаться с каждым днем все больше и больше.

***

Постом, когда спектакли прекратились, приехала в Головлево Аннинька и объявила, что Любинька не могла ехать вместе с нею, потому что еще раньше законтрактовалась на весь великий пост и вследствие этого отправилась в Ромны, Изюм, Кременчуг и проч., где ей предстояло давать концерты и пропеть весь каскадный репертуар.

В течение короткой артистической карьеры Аннинька значительно выровнялась. Это была уже не прежняя наивная, малокровная и несколько вялая девушка, которая в Дубровине и в Погорелке, неуклюже покачиваясь и потихоньку попевая, ходила из комнаты в комнату, словно не зная, где найти себе место. Нет, это была девица вполне определившаяся, с резкими и даже развязными манерами, по первому взгляду на которую можно было без ошибки заключить, что она за словом в карман не полезет. Наружность ее тоже изменилась и довольно приятно поразила Порфирия Владимирыча. Перед ним явилась рослая и статная женщина с красивым румяным лицом, с высокою, хорошо развитою грудью, с серыми глазами навыкате и с отличнейшей пепельной косой, которая тяжело опускалась на затылок, — женщина, которая, по-видимому, проникнута была сознанием, что она-то и есть та самая «Прекрасная Елена», по которой суждено вздыхать господам офицерам. Ранним утром приехала она в Головлево и тотчас же уединилась в особенную комнату, откуда явилась в столовую к чаю в великолепном шелковом платье, шумя треном и очень искусно маневрируя им среди стульев. Иудушка хотя и любил своего бога паче всего, но это не мешало ему иметь вкус к красивым, а в особенности к крупным женщинам. Поэтому, он сначала перекрестил Анниньку, потом как-то особенно отчетливо поцеловал ее в обе щеки и при этом так странно скосил глаза на ее грудь, что Аннинька чуть заметно улыбнулась.

Сели за чай; Аннинька подняла обе руки кверху и потянулась.

— Ах, дядя, как у вас скучно здесь! — начала она, слегка позевывая.

— Вот-на! не успела повернуться — уж и скучно показалось! А ты поживи с нами — тогда и увидим: может, и весело покажется! — ответил Порфирий Владимирыч, которого глаза вдруг подернулись масленым отблеском.

— Нет, неинтересно! Что у вас тут? Снег кругом, соседей нет... Полк, кажется, у вас здесь стоит?

— И полк стоит, и соседи есть, да, признаться, меня это не интересует. А впрочем, ежели...

Порфирий Владимирыч взглянул на нее, но не докончил, а только крякнул. Может быть, он и с намерением остановился, хотел раззадорить ее женское любопытство; во всяком случае, прежняя, едва заметная улыбка вновь скользнула на ее лице. Она облокотилась на стол и довольно пристально взглянула на Евпраксеюшку, которая, вся раскрасневшись, перетирала стаканы и тоже исподлобья взглядывала на нее своими большими, мутными глазами.

— Это моя новая экономка... усердная! — молвил Порфирий Владимирыч.

Анninька чуть заметно кивнула головой и потихоньку замурлыкала: ah! ah! que j'aime... que jaime... les mili-mili-militaires![4] — причем поясница ее как-то сама собой вздрагивала. Воцарилось молчание, в продолжение которого Иудушка, смиренно опустив глаза, помаленьку прихлебывал чай из стакана.

— Скука! — опять зевнула Аннинька.

— Скука да скука! заладила одно! Вот погоди, поживи... Ужо́ велим саночки заложить — катайся, сколько душе угодно.

— Дядя! отчего вы в гусары не пошли?

— А оттого, мой друг, что всякому человеку свой предел от бога положен. Одному — в гусарах служить, другому — в чиновниках быть, третьему — торговать, четвертому...

— Ах да! четвертому, пятому, шестому... я и забыла! И все это бог распределяет... так ведь?

— Что ж, и бог! над этим, мой друг, смеяться нечего! Ты знаешь ли, что́ в Писании-то сказано: без воли божьей...

— Это насчет волоса? — знаю и это! Но вот беда: нынче все шиньоны носят, а это, кажется, не предусмотрено! Кстати: посмотрите-ка, дядя, какая у меня чудесная коса... Не правда ли, хороша?

Порфирий Владимирыч приблизился (почему-то на цыпочках) и

---

[4] ah! ah! que j'aime... que jaime... les mili-mili-militaires - ах! ах! как я люблю... как я люблю вое... вое... военных!

подержал косу в руке. Евпраксеюшка тоже потянулась вперед, не выпуская из рук блюдечка с чаем, и сквозь стиснутый в зубах сахар процедила:

— Шильон, чай?

— Нет, не шиньон, а собственные мои волосы. Я когда-нибудь их перед вами распущу, дядя!

— Да, хороша коса, — похвалил Иудушка и как-то погано распустил при этом губы; но потом спохватился, что, по-настоящему, от подобных соблазнов надобно отплевываться, и присовокупил, — ах, егоза! егоза! все у тебя косы да шлейфы на уме, а об настоящем-то, об главном-то и не догадаешься спросить?

— Да, об бабушке... Ведь она умерла?

— Скончалась, мой друг! и как еще скончалась-то! Мирно, тихо, никто и не слыхал! Вот уж именно непостыдныя кончины живота своего удостоилась! Обо всех вспомнила, всех благословила, призвала священника, причастилась... И так это вдруг спокойно, так спокойно ей сделалось! Даже сама, голубушка, это высказала: что это, говорит, как мне вдруг хорошо! И представь себе: только что она это высказала, — вдруг начала вздыхать! Вздохнула раз, другой, третий — смотрим, ее уж и нет!

Иудушка встал, поворотился лицом к образу, сложил руки ладонями внутрь и помолился. Даже слезы у него на глазах выступили: так хорошо он солгал! Но Аннинька, по-видимому, была не из чувствительных. Правда, она задумалась на минуту, но совсем по другому поводу.

— А помните, дядя, — сказала она, — как она меня с сестрой, маленьких, кислым молоком кормила? Не в последнее время... в последнее время она отличная была... а тогда, когда она еще богата была?

— Ну-ну, чтó старое поминать! Кислым молоком кормили, а вишь какую, бог с тобой, выпоили! На могилку-то поедешь, что ли?

— Поедем, пожалуй!

— Только знаешь ли что! ты бы сначала очистилась!

— Как это... очистилась?

— Ну, все-таки... актриса... ты думаешь, бабушке это легко было? Так прежде, чем на могилку-то ехать, обеденку бы тебе отстоять, очиститься бы! Вот я завтра пораньше велю отслужить, а потом и с богом!

Как ни нелепо было Иудушкино предложение, но Аннинька все-таки на минуту смешалась. Но, вслед за тем она сдвинула сердито брови и резко сказала:

— Нет, я так... я сейчас пойду!

— Не знаю, как хочешь! а мой совет такой: отстояли бы завтра обеденку, напились бы чайку, приказали бы пару лошадушек в кибиточку заложить и покатили бы вместе. И ты бы очистилась, и бабушкиной бы душе...

— Ах, дядя, какой вы, однако, глупенький! Бог знает, какую чепуху несете, да еще настаиваете!

— Что? не понравилось? Ну, да уже не взыщи — я, брат, прямик! Неправды не люблю, а правду и другим выскажу, и сам выслушаю! Хоть и не по шерстке иногда правда, хоть и горьконько — а все ее выслушаешь! И должно выслушать, потому что она — правда. Так-то, мой друг! Ты вот поживи-ка с нами да по-нашему — и сама увидишь, что так-то лучше, чем с гитарой с ярмарки на ярмарку переезжать.

— Бог знает, что вы, дядя, говорите! с гитарой!

— Ну, не с гитарой, а около того. С торбаном, что ли. Впрочем, ведь ты меня первая обидела, глупым назвала, а мне, старику, и пода́вно можно правду тебе высказать.

— Хорошо, пусть будет правда; не будем об этом говорить. Скажите, пожалуйста, после бабушки осталось наследство?

— Как не остаться! Только законный наследник-то был налицо!

— То есть, вы... И тем лучше. Она у вас здесь, в Головлеве, похоронена?

— Нет, в своем приходе, подле Погорелки, у Николы на Вопле. Сама пожелала.

— Так я поеду. Можно у вас, дядя, лошадей нанять?

— Зачем нанимать? свои лошади есть! Ты, чай, не чужая! Племяннушка... племяннушкой мне приходишься! — всхлопотался Порфирий Владимирыч, осклабляясь «по-родственному», — кибиточку... парочку лошадушек — слава-те господи! не пустодомом живу! Да не поехать ли и мне вместе с тобой! И на могилке бы побывали, и в Погорелку бы заехали! И туда бы заглянули, и там бы посмотрели, и поговорили бы, и подумали бы, что́ и как... Хорошенькая ведь у вас усадьбица, полезные в ней местечки есть!

— Нет, я уж одна... зачем вам? Кстати: ведь и Петенька тоже умер?

— Умер, дружок, умер и Петенька. И жалко мне его, с одной стороны, даже до слез жалко, а с другой стороны — сам виноват! Всегда он был к отцу непочтителен — вот бог за это и наказал! А уж ежели что бог в премудрости своей устроил, так нам с тобой переделывать не приходится!

— Понятное дело, не переделаем. Только я вот об чем думаю: как это вам, дядя, жить не страшно?

— А чего мне страшиться? видишь, сколько у меня благодати кругом? — Иудушка обвел рукою, указывая на образа, — и тут благодать, и в кабинете благодать, а в образной так настоящий рай! Вон сколько у меня заступников!

— Все-таки... Всегда вы один... страшно!

— А страшно, так встану на колени, помолюсь — и все как рукой снимет! Да и чего бояться? днем — светло, а ночью у меня везде, во всех комнатах, лампадки горят! С улицы, как стемнеет, словно бал кажет! А какой у меня бал! Заступники да угодники божии — вот и весь мой бал!

— А знаете ли: ведь Петенька-то перед смертью писал к нам.

— Что ж! как родственник... И за то спасибо, что хоть родственные чувства не потерял!

— Да, писал. Уж после суда, когда решение вышло. Писал, что он три тысячи проиграл, и вы ему не дали. Ведь вы, дядя, богатый?

— В чужом кармане, мой друг, легко деньги считать. Иногда нам кажется, что у человека золотые горы, а поглядеть да посмотреть, так у него на маслице да на свечечку — и то не его, а богово!

— Ну, мы, стало быть, богаче вас. И от себя сложились, и кавалеров наших заставили подписаться — шестьсот рублей собрали и послали ему.

— Какие же это «кавалеры»?

— Ах, дядя! да ведь мы... актрисы! вы сами же сейчас предлагали мне «очиститься»!

— Не люблю я, когда ты так говоришь!

— Что ж делать! Лю́бите или не лю́бите, а что сделано, того не переделаешь. Ведь, по-вашему, и тут бог!

— Не кощунствуй, по крайней мере. Все можешь говорить, а кощунствовать... не позволяю! Куда же вы деньги послали?

— Не помню. В городок какой-то... Он сам назначил.

— Не знаю. Кабы были деньги, я должен бы после смерти их получить! Не истратил же он всех разом! Не знаю, ничего я не получил. Смотрителишки да конвойные, чай, воспользовались!

— Да ведь мы и не требуем — это так, к слову сказалось. А все-таки, дядя, страшно: как это так — из-за трех тысяч человек пропал!

— То-то, что не из-за трех тысяч. Это нам так кажется, что из-за трех тысяч — вот мы и твердим: три тысячи! три тысячи! А бог...

Иудушка совсем уж было расходился, хотел объяснить во всей подробности, как бог... провидение... невидимыми путями... и все такое... Но Аннинька бесцеремонно зевнула и сказала:

— Ах, дядя! скука какая у вас!

На этот раз Порфирий Владимирыч серьезно обиделся и замолчал. Долго ходили они рядом взад и вперед по столовой; Аннинька зевала, Порфирий Владимирыч в каждом углу крестился. Наконец доложили, что поданы лошади, и началась обычная комедия родственных проводов. Головлев надел шубу, вышел на крыльцо, расцеловался с Аннинькой, кричал на людей: ноги-то! ноги-то теплее закутывайте! или куте́йки-то! куте́йки-то взяли ли? ах, не забыть бы! и крестил при этом воздух.

Съездила Аннинька на могилку к бабушке, попросила воплинского батюшку панихидку отслужить, и когда дьячки уныло затянули вечную память, то поплакала. Картина, среди которой совершалась церемония, была печальная. Церковь, при которой схоронили Арину Петровну, принадлежала к числу бедных; штукатурка местами обвалилась и обнажила большими заплатами кирпичный остов; колокол звонил слабо и глухо; риза на священнике обветшала. Глубокий снег покрывал кладбище, так что нужно было разгребать дорогу лопатами, чтоб дойти до могилы; памятника еще не существовало, а стоял простой белый крест, на котором даже надписи никакой не значилось. Погост стоял уединенно, в стороне от всякого селения; неподалеку от церкви ютились почерневшие избы священника и причетников, а кругом во все стороны стлалась сиротливая снежная равнина, на поверхности которой по местам торчал какой-то хворост. Крепкий мартовский ветер носился над кладбищем, беспрестанно захлестывал ризу на священнике и относя в сторону пение причетников.

— И кто бы, сударыня, подумал, что под сим скромным крестом, при бедной нашей церкви, нашла себе успокоение богатейшая некогда помещица здешнего уезда! — сказал священник по окончании литии.

При этих словах Аннинька и еще поплакала. Ей вспомнилось: где стол был яств — там гроб стоит, и слезы так и лились. Потом она пошла к батюшке в хату, напилась чаю, побеседовала с матушкой, опять вспомнила: и бледна смерть на всех глядит — и опять много и долго плакала.

В Погорелку не было дано знать о приезде барышни, и потому там даже комнат в доме не истопили. Аннинька, не снимая шубы, прошла по всем комнатам и остановилась на минуту только в спальной бабушки и в образной. В бабушкиной комнате стояла ее постель, на которой так и лежала неубранная груда замасленных пуховиков и несколько подушек без наволочек. На письменном столе валялись разбросанные лоскутья бумаги; пол был не метен, и густой слой пыли покрывал все предметы. Аннинька присела в кресло, в котором сиживала бабушка, и задумалась. Сначала явились воспоминания прошлого, потом на смену им пришли представления настоящего. Первые проходили в виде обрывков, мимолетно и не задерживаясь; вторые оседали плотно. Давно ли рвалась она на волю, давно ли Погорелка казалась ей постылою — и вот теперь вдруг ее сердце переполнило какое-то болезненное желание пожить в этом постылом месте. Тихо здесь; неуютно, неприглядно, но тихо, так тихо, что словно все кругом умерло. Воздуху много и простору: вон оно, поле — так бы и побежала. Без цели, без оглядки, только чтоб дышалось сильнее, чтоб грудь саднило. А там, в этой полукочевой среде, из которой она только что вырвалась и куда опять должна возвратиться, — что ее ждет? и что она оттуда вынесла? — Воспоминание о пропитанных вонью гостиницах, об вечном гвалте, несущемся из общей столовой и из биллиардной, о нечесаных и немытых половых, об репетициях среди царствующих на сцене сумерек, среди полотняных, раскрашенных кулис, до которых дотронуться гнусно, на сквозном ветру, на сырости... Вот и только! А потом: офицеры, адвокаты, цинические речи, пустые бутылки, скатерти, залитые вином, облака дыма, и гвалт, гвалт, гвалт! И что они говорили ей! с каким цинизмом к ней прикасались!.. Особливо тот, усатый, с охрипшим от перепоя голосом, с воспаленными глазами, с вечным запахом конюшни... ах, что он говорил! Аннинька при этом воспоминании даже вздрогнула и зажмурила глаза. Потом, однако ж, очнулась, вздохнула и перешла в образную. В киоте стояло уже немного образов, только те, которые несомненно принадлежали ее матери, а остальные, бабушкины, были вынуты и увезены Иудушкой, в качестве наследника, в Головлево. Образовавшиеся вследствие этого пустые места смотрели словно выколотые глаза. И лампад не было — все взял Иудушка; только один желтого воска огарок сиротливо ютился, забытый в крохотном жестяном подсвечнике.

— Они и киотку хотели было взять, все доискивались — точно ли она барышнина приданая была? — донесла Афимьюшка.

— Что ж? и пусть бы брал. А что̀, Афимьюшка, бабушка долго перед смертью мучилась?

— Не то чтобы очень, всего с небольшим сутки лежали. Так, словно сами собой извелись. Ни больны настоящим манером не были, ничто́! Ничего почесть и не говорили, только про вас с сестрицей раза с два помянули.

— Обра́за-то, стало быть, Порфирий Владимирыч увез?

— Он увез. Собственные, говорит, маменькины образа́. И тарантас к себе увез, и двух коров. Все, стало быть, из барыниных бумаг усмотрел, что не ваши были, а бабенькины. Лошадь тоже одну оттягать хотел, да Федулыч не отдал: наша, говорит, эта лошадь, старинная погорелковская, — ну, оставил, побоялся.

Походила Аннинька и по двору, заглянула в службы, на гумно, на скотный двор. Там, среди навозной топи, стоял «оборотный капитал»: штук двадцать тощих коров да три лошади. Велела принести хлеба, сказав при этом: я заплачу! — и каждой корове дала по кусочку. Потом скотница попросила барышню в избу, где был поставлен на столе горшок с молоком, а в углу у печки, за низенькой перегородкой из досок, ютился новорожденный теленок. Аннинька поела молочка, побежала к теленочку, сгоряча поцеловала его в морду, но сейчас же брезгливо вытерла губы, говоря, что морда у теленка противная, вся в каких-то слюнях. Наконец вынула из портмоне три желтеньких бумажки, раздала старым слугам и стала сбираться.

— Что ж вы будете делать? — спросила она, усаживаясь в кибитку, старика Федулыча, который в качестве старосты следовал за барышней с скрещенными на груди руками.

— А что нам делать! жить будем! — просто ответил Федулыч.

Аннильке опять взгрустнулось: ей показалось, что слова Федулыча звучат иронией. Она постояла-постояла на месте, вздохнула и сказала:

— Ну, прощайте!

— А мы было думали, что вы к нам вернетесь! с нами поживете! — молвил Федулыч.

— Нет уж... что! Все равно... живите!

И опять слезы полились у нее из глаз, и все при этом тоже заплакали. Как-то странно это выходило: вот и ничего, казалось, ей не жаль, даже помянуть не́чем — а она плачет. Да и они: ничего не было сказано выходящего из ряда будничных вопросов и ответов, а всем сделалось тяжело, «жалко». Посадили ее в кибитку, укутали и все разом глубоко вздохнули.

— Счастливо! — раздалось за ней, когда повозка тронулась.

Ехавши мимо погоста, она вновь велела остановиться и одна, без причта, пошла по расчищенной дороге к могиле. Уже порядком стемнело, и в домах церковников засветились огни. Она стояла, ухватившись одной рукой за надгробный крест, но не плакала, а только пошатывалась. Ничего особенного она не думала, никакой определенной мысли не могла формулировать, а горько ей было, всем существом горько. И не над бабушкой, а над самой собой горько. Бессознательно пошатываясь и наклоняясь, она простояла тут с четверть часа, и вдруг ей представилась Любинька, которая, быть может, в эту самую минуту соловьем разливается в каком-нибудь Кременчуге, среди развеселой компании...

Ah! ah! que j'aime, que j'aime!
Que j'aime les mili-mili-mili-taires!

Она чуть не упала. Бегом добежала до повозки, села и велела как можно скорее ехать в Головлево.

***

Аннинька воротилась к дяде скучная, тихая. Впрочем, это не мешало ей чувствовать себя несколько голодною (дяденька, впопыхах, даже курочки с ней не отпустил), и она была очень рада, что стол для чая был уж накрыт. Разумеется, Порфирий Владимирыч не замедлил вступить в разговор.

— Ну что, побывала?

— Побывала.

— И на могилке помолилась? панихидку отслужила?

— Да, и панихидку.

— Священник-то, стало быть, дома был?

— Конечно, был; кто же бы панихиду служил!

— Да, да... И дьячки оба были? вечную память пропели?

— Пропели.

— Да. Вечная память! вечная память покойнице! Печная старушка, родственная была!

Иудушка встал со стула, обратился лицом к образам и помолился.

— Ну, а в Погорелке ка́к застала? благополучно?

— Право, не знаю. Кажется, все на своем месте стоит.

— То-то «кажется»! Нам всегда «кажется», а посмотришь да поглядишь — и тут криве́нько, и там гниле́нько... Вот так-то мы и об чужих состояниях понятие себе составляем: «кажется»! все «кажется»! А впрочем, хорошенькая у вас усадьбица; преудобно вас покойница маменька устроила, немало даже из собственных средств на усадьбу употребила... Ну, да ведь сиротам не грех и помочь!

Слушая эти похвалы, Аннинька не выдержала, чтоб не подразнить сердобольного дяденьку.

— А вы зачем, дядя, из Погорелки двух коров увели? — спросила она.

— Коров? каких это коров? Это Чернавку да Приведе́нку, что ли? Так ведь они, мой друг, маменькины были!

— А вы — ее законный наследник? Ну что ж! и владейте! Хотите, я вам еще теленочка велю прислать?

— Вот-вот-вот! ты уж и раскипятилась! А ты дело говори. Как, по-твоему, чьи коровы были?

— А я почем знаю! в Погорелке стояли!

— А я знаю, у меня доказательства есть, что коровы маменькины. Собственный ее руки я реестр отыскал, там именно сказано: «мои».

— Ну, оставим. Не стоит об этом говорить.

— Вот лошадь в Погорелке есть, лысенькая такая — ну, об этой верного сказать не могу. Кажется, будто бы маменькина лошадь, а впрочем — не знаю! А чего не знаю, об том и говорить не могу!

— Оставим это, дядя.

— Нет, зачем оставлять! Я, брат — прямик, я всякое дело начистоту вести люблю! Да отчего и не поговорить! Своего всякому жалко: и мне жалко, и тебе жалко — ну и поговорим! А коли говорить будем, так скажу тебе прямо: мне чужого не надобно, но и своего я не отдам. Потому что хоть вы мне и не чужие, а все-таки.

— И образа даже взяли! — опять не воздержалась Анкинька.

— И образа взял, и все взял, что мне, как законному наследнику, принадлежит.

— Теперь киот-то весь словно в дырах...

— Что ж делать! И перед таким помолись! Богу ведь не киот, а молитва твоя нужна! Коли ты искренно приступаешь, так и перед плохенькими образами молитва твоя дойдет! А коли ты только так: болты-болты! да по сторонам поглядеть, да книксен сделать — так и хорошие образа тебя не спасут!

Тем не менее Иудушка встал и возблагодарил бога за то, что у него «хорошие» образа́.

— А ежели не нравится старый киот — новый вели сделать. Или другие образа на место вынутых поставь. Прежние — маменька-покойница наживала да устроивала, а новые — ты уж сама наживи!

Порфирий Владимирыч даже хихикнул: так это рассуждение казалось ему резонно и просто.

— Скажите, пожалуйста, что же мне теперь делать предстоит? — спросила Анинька.

— А вот, погоди. Сначала отдохни, да понежься, да поспи. Побеседуем да посудим, и так посмотрим, и этак прикинем — может быть, вдвоем что-нибудь и выдумаем!

— Мы совершеннолетние, кажется?

— Да-с, совершеннолетние-с. Можете сами и действиями своими, и имением управлять!

— Слава богу, хоть это!

— Честь имеем поздравить-с!

Порфирий Владимирыч встал и полез целоваться.

— Ах, дядя, какой вы странный! все целуетесь!

— Отчего же и не поцеловаться! Не чужая ты мне — племяннушка! Я, мой друг, по-родственному! Я для родных всегда готов! Будь хоть троюродный, хоть четвероюродный, — я всегда...

— Вы лучше скажите, что мне делать? в город, что ли, надобно ехать? хлопотать?

— И в город поедем, и похлопочем — все в свое время сделаем. А прежде — отдохни, поживи! Слава богу! не в трактире, а у родного дяди живешь! И поесть, и чайку попить, и вареньицем полакомиться — всего вдоволь есть! А ежели кушанье какое не понравится — другого спроси! Спрашивай, требуй! Щец не захочется — супцу подать вели! Котлеточек, уточки, поросеночка... Евпраксеюшку за бока бери!.. А кстати,

Евпраксеюшка! вот я поросеночком-то похвастался, а хорошенько и сам не знаю, есть ли у нас?

Евпраксеюшка, державшая в это время перед ртом блюдечко с горячим чаем, утвердительно повела носом воздух.

— Ну, вот видишь! и поросеночек есть! Всего, значит, чего душенька захочет, того и проси! Так-то!

Иудушка опять потянулся к Анниньке и по-родственному похлопал ее рукой по коленке, причем, конечно, невзначай, слегка позамешкался, так что сиротка инстинктивно отодвинулась.

— Но ведь мне ехать надо, — сказала она.

— Об том-то я и говорю. Потолкуем да поговорим, а потом и поедем. Благословясь да богу помолясь, а не так как-нибудь: прыг да шмыг! Поспешишь — людей насмешишь! Спешат-то на пожар, а у нас, слава богу, не горит! Вот Любиньке — той на ярмарку спешить надо, а тебе что! Да вот я тебя еще что спрошу: ты в Погорелке, что ли, жить будешь?

— Нет, в Погорелке мне не́зачем.

— И я тоже хотел тебе сказать. Поселись-ко у меня. Будем жить да поживать — еще как заживем-то!

Говоря это, Иудушка глядел на Анниньку такими маслеными глазами, что ей сделалось неловко.

— Нет, дядя, я не поселюсь у вас. Скучно.

— Ах, глупенькая, глупенькая! И что тебе эта скука далась! Скучно да скучно, а чем скучно — и сама, чай, не скажешь! У кого, мой друг, дело есть, да кто собой управлять умеет — тот никогда скуки не знает. Вот я, например: не вижу, как и время летит! В будни — по хозяйству: там посмотришь, тут поглядишь, туда сходишь, побеседуешь, посудишь — смотришь, ан день и прошел! А в праздник — в церковь! Так-то и ты! Поживи с нами — и тебе дело найдется, а дела нет — с Евпраксеюшкой в дурачки садись или саночки вели заложить — катай да покатывай! А лето настанет — по грибы в лес поедем! на траве чай станем пить!

— Нет, дядя, напрасно вы и предлагаете!

— Право бы, пожила.

— Нет. А вот что: устала я с дороги, так спать нельзя ли мне лечь?

— И баиньки можно. И кроватка у меня готова для тебя, и все как следует. Хочется тебе баиньки — почивай, Христос с тобой! А все-таки ты об этом подумай: куда бы лучше, кабы ты с нами в Головлеве осталась!

***

Аннинька провела ночь беспокойно. Нервная блажь, которая застигла ее в Погорелке, продолжалась. Бывают минуты, когда человек, который дотоле только существовал, вдруг начинает понимать, что он не только воистину живет, но что в его жизни есть даже какая-то язва. Откуда она взялась, каким образом и когда именно образовалась — в большей части случаев он хорошо себе не объясняет и чаще всего приписывает происхождение язвы совсем не тем причинам, которые в действительности ее обусловили. Но для него оценка факта даже не нужна: достаточно и того, что язва существует. Действие такого внезапного откровения, будучи для всех одинаково мучительным, в дальнейших практических результатах видоизменяется, смотря по индивидуальным темпераментам. Одних сознание обновляет, воодушевляет решимостью начать новую жизнь на новых основаниях; на других оно отражается лишь преходящею болью, которая не произведет в будущем никакого перелома к лучшему, но в настоящем высказывается даже болезненнее, нежели в том случае, когда встревоженной совести, вследствие принятых решений, все-таки представляются хоть некоторые просветы в будущем.

Аннинька не принадлежала к числу таких личностей, которые в сознании своих язв находят повод для жизненного обновления, но тем не менее, как девушка неглупая, она отлично понимала, что между теми смутными мечтами о трудовом хлебе, которые послужили ей исходным пунктом для того, чтобы навсегда покинуть Погорелку, и положением провинциальной актрисы, в котором она очутилась, существует целая бездна. Вместо тихой жизни труда она нашла бурное существование, наполненное бесконечными кутежами, наглым цинизмом и беспорядочною, ни к чему не приводящею суетою. Вместо лишений и суровой внешней обстановки, с которыми она когда-то примирялась, ее встретило относительное довольство и роскошь, об которых она, однако ж, не могла теперь вспоминать без краски на лице. И вся эта перестановка как-то незаметно для нее самой случилась: шла она куда-то в хорошее место, но, вместо одной двери, попала в другую. Желания ее были, действительно, очень скромные. Сколько раз, бывало, сидя в Погорелке на мезонине, она видела себя в мечтах серьезною девушкой, трудящейся, алчущей образовать себя, с твердостью переносящей нужду и лишения, ради идеи блага (правда, что слово «благо» едва ли имело какое-нибудь определенное значение); но едва она вышла на широкую дорогу самодеятельности, как сама собою сложилась такая практика, которая сразу разбила в прах всю мечту. Серьезный труд не приходит сам собой, а дается только упорному исканию и подготовке, ежели и не полной, то хотя до известной степени помогающей исканию. Но требованиям этим не отвечали ни темперамент, ни воспитание Анниньки. Темперамент ее вовсе не отличался страстностью, а только легко раздражался; материал же, который дало ей воспитание и с которым она собралась войти в трудовую жизнь, был до такой степени несостоятелен, что не мог послужить основанием ни для какой серьезной профессии. Воспитание это было, так сказать, институтско-опереточное, в котором перевес брала едва ли не оперетка. Тут в хаотическом беспорядке перемешивались и задача о летящем стаде гусей, и па́ с шалью, и проповедь Петра Пикардского, и проделки Елены Прекрасной, и ода к Фелице, и чувство признательности к начальникам и покровителям благородных девиц. В этом беспорядочном винегрете (вне которого она с полным основанием могла назвать себя tabula rasa) трудно было даже разобраться, а не то что исходную точку найти. Не любовь к труду пробуждала такая подготовка, а любовь к светскому обществу, желание быть окруженной, выслушивать любезности кавалеров и вообще погрузиться в шум, блеск и вихрь так называемой светской жизни.

Если бы она следила за собой пристальнее, то даже в Погорелке, в те минуты, когда в ней еще только зарождались проекты трудовой жизни, когда она видела в них нечто вроде освобождения из плена египетского, — даже и тогда она могла бы изловить себя в мечтах не столько работающею, сколько окруженною обществом единомыслящих людей и коротающею время в умных разговорах. Конечно, и люди этих мечтаний были умные, и разговоры их — честные и серьезные, но все-таки на сцене первенствовала праздничная сторона жизни. Бедность была опрятная, лишения свидетельствовали только об отсутствии излишеств. Поэтому, когда на деле мечты о трудовом хлебе разрешились тем, что ей предложили занять опереточное амплуа́ на подмостках одного из провинциальных театров, то, несмотря на контраст, она колебалась недолго. Наскоро освежила она институтские сведения об отношениях Елены к Менелаю, дополнила их некоторыми биографическими подробностями из жизни великолепного князя Тавриды и решила, что этого было совершенно достаточно, чтобы воспроизводить «Прекрасную Елену» и «Отрывки из Герцогини Герольштейнской» в губернских городах и на ярмарках. При этом, для очистки совести, она припоминала, что один студент, с которым она познакомилась в Москве, на каждом шагу восклицал: святое искусство! — и тем охотнее сделала эти слова девизом своей жизни, что они приличным образом развязывали ей руки и придавали хоть какой-нибудь наружный декорум ее вступлению на стезю, к которой она инстинктивно рвалась всем своим существом.

Жизнь актрисы взбудоражила ее. Одинокая, без руководящей подготовки, без сознанной цели, с одним только темпераментом, жаждущим шума, блеска и похвал, она скоро увидела себя кружащеюся в каком-то хаосе, в котором толпилось бесконечное множество лиц, без всякой связи сменявших одно другое. Это были лица разнообразнейших характеров и убеждений, так что самые мотивы для сближения с тем или другим отнюдь не могли быть одинаковыми. Тем не менее и тот, и другой, и третий равно составляли ее круг, из чего должно было заключить, что тут, собственно говоря, не могло быть и речи об мотивах. Ясно, стало быть, что ее жизнь сделалась чем-то вроде въезжего дома, в ворота которого мог стучаться каждый, кто сознавал себя веселым, молодым и обладающим известными материальными средствами. Ясно, что тут дело шло совсем не об том, чтобы подбирать себе общество по душе, а об том, чтобы примоститься к какому бы то ни было обществу, лишь бы не изнывать в одиночестве. В сущности, «святое искусство» привело ее в помойную яму, но голова ее сразу так закружилась, что она не могла различить этого. Ни немытые рожи коридорных, ни захватанные, покрытые слизью декорации, ни шум, вонь и гвалт гостиниц и постоялых дворов, ни цинические выходки поклонников — ничто не отрезвляло ее. Она не замечала даже, что постоянно находится в обществе одних мужчин и что между нею и другими женщинами, имеющими постоянное положение, легла какая-то непреодолимая преграда...

Отрезвил на минуту приезд в Головлево.

С утра, почти с самой минуты приезда, ее уж что-то мутило. Как девушка впечатлительная, она очень быстро проникалась новыми ощущениями и не менее быстро применялась ко всяким положениям. Поэтому, с приездом в Головлево, она вдруг почувствовала себя «барышней». Припомнила, что у нее есть что-то свое: свой дом, свои могилы, и захотелось ей опять увидеть прежнюю обстановку, опять подышать тем воздухом, из которого она так недавно без оглядки бежала. Но впечатление это немедленно же должно было разбиться при столкновении с действительностью, встретившеюся в Головлеве. В этом отношении ее можно было уподобить тому человеку, который с приветливым выражением лица входит в общество давно не виденных им людей и вдруг замечает, что к его приветливости все относятся как-то загадочно. Погано скошенные на ее бюст глаза Иудушки сразу напомнили ей, что позади у нее уже образовался своего рода скарб, с которым не так-то легко рассчитаться. И когда, после наивных вопросов погорелковской прислуги, после назидательных вздохов воплинского батюшки и его попадьи и после новых поучений Иудушки, она осталась одна, когда она проверила на досуге впечатления дня, то ей сделалось уже совсем несомненно, что прежняя «барышня» умерла навсегда, что отныне она только актриса жалкого провинциального театра и что положение русской актрисы очень недалеко отстоит от положения публичной женщины.

До сих пор она жила как во сне. Обнажалась в «Прекрасной Елене», являлась пьяною в «Периколе», пела всевозможные бесстыдства в «Отрывках из Герцогини Герольштейнской» и даже жалела, что на театральных подмостках не принято представлять «la chose» и «l'amour», воображая себе, как бы она обольстительно вздрагивала поясницей и шикарно вертела хвостом. Но ей никогда не приходило в голову вдумываться в то, что она делает. Она об том только старалась, чтоб все выходило у ней «мило», «с шиком» и в то же время нравилось офицерам расквартированного в городе полка. Но что это такое и какого сорта ощущения производят в офицерах ее вздрагиванья — она об этом себя не спрашивала. Офицеры представляли в городе решающую публику, и ей было известно, что от них зависел ее успех. Они вторгались за кулисы, бесцеремонно стучались в двери ее уборной, когда она была еще полуодета, называли ее уменьшительными именами — и она смотрела на все это как на простую формальность, род неизбежной обстановки ремесла, и спрашивала себя только об том — «мило» или «не мило» выдерживает она в этой обстановке свою роль? Но ни тела своего, ни души она покуда еще не сознавала публичными. И вот теперь, когда она на минуту опять почувствовала себя «барышней», ей вдруг сделалось как-то невыносимо мерзко. Как будто с нее сняли все покровы до последнего и всенародно вывели ее обнаженною; как будто все эти подлые дыхания, зараженные запахами вина и конюшни, разом охватили ее; как будто она на всем своем теле почувствовала прикосновение потных рук, слюнявых губ и блуждание мутных, исполненных плотоядной животненности глаз, которые бессмысленно скользят по кривой линии ее обнаженного тела, словно требуют от него ответа: что такое «la chose»?

Куда идти? где оставить этот скарб, который надавливал ее плечи? Вопрос этот безнадежно метался в ее голове, но именно только метался, не находя и даже не ища ответа. Ведь и это был своего рода сон: и прежняя жизнь была сон, и теперешнее пробуждение — тоже сон. Огорчилась девочка, расчувствовалась — вот и все. Пройдет. Бывают минуты хорошие, бывают и горькие — это в порядке вещей. Но и те и другие только скользят, а отнюдь не изменяют однажды сложившегося хода жизни. Чтоб дать последней другое направление, необходимо много усилий, потребна не только нравственная, но и физическая храбрость. Это почти то же, что самоубийство. Хотя перед самоубийством человек проклинает свою жизнь, хотя он положительно знает, что для него смерть есть свобода, но орудие смерти все-таки дрожит в его руках, нож скользит по горлу, пистолет, вместо того чтоб бить прямо в лоб, бьет ниже, уродует. Так-то и тут, но еще труднее. И тут предстоит убить свою прежнюю жизнь, но, убив ее, самому остаться живым. То «ничто», которое в заправском самоубийстве достигается мгновенным спуском курка, — тут, в этом особом самоубийстве, которое называется «обновлением», достигается целым рядом суровых, почти аскетических усилий. И достигается все-таки «ничто», потому что нельзя же назвать нормальным существование, которого содержание состоит из одних усилий над собой, из лишений и воздержаний. У кого воля изнежена, кто уже подточен привычкою легкого существования — у того голова закружится от одной перспективы подобного «обновления». И инстинктивно, отворачивая голову и зажмуривая глаза, стыдясь и обвиняя себя в малодушии, он все-таки опять пойдет по утоптанной дороге.

Ах! великая вещь — жизнь труда! Но с нею сживаются только сильные люди да те, которых осудил на нее какой-то проклятый прирожденный грех. Только таких он не пугает. Первых потому, что, сознавая смысл и ресурсы труда, они умеют отыскивать в нем наслаждение; вторых — потому, что для них труд есть прежде всего прирожденное обязательство, а потом и привычка.

Анниньке даже на мысль не приходило основаться в Погорелке или в Головлеве, и в этом отношении ей большую помощь оказала та деловая почва, на которую ее поставили обстоятельства и которой она инстинктивно не покидала. Ей был дан отпуск, и она уже заранее распределила все время его и назначила день отъезда из Головлева. Для людей слабохарактерных те внешние грани, которые обставляют жизнь, значительно облегчают бремя ее. В затруднительных случаях слабые люди инстинктивно жмутся к этим граням и находят в них для себя оправдание. Так именно поступила и Аннинька: она решилась как можно скорее уехать из Головлева, и ежели дядя будет приставать, то оградить себя от этих приставаний необходимостью явиться в назначенный срок.

Проснувшись на другой день утром, она прошлась по всем комнатам громадного головлевского дома. Везде было пустынно, неприютно, пахло отчуждением, выморочностью. Мысль поселиться в этом доме без срока окончательно испугала ее. «Ни за что! — твердила она в каком-то безотчетном волнении, — ни за что!»

***

Порфирий Владимирыч и на другой день встретил ее с обычной благосклонностью, в которой никак нельзя было различить — хочет ли он приласкать человека или намерен высосать из него кровь.

— Ну что, торопыга, выспалась? куда-то теперь торопиться будешь? — пошутил он.

— И то, дядя, тороплюсь; ведь я в отпуску, надобно на срок поспевать.

— Это опять скоморошничать? не пущу!

— Пускайте или не пускайте — сама уеду!

Иудушка грустно покачал головой.

— А бабушка-покойница что скажет? — спросил он тоном ласкового укора.

— Бабушка и при жизни знала. Да что это, дядя, за выражения у вас? вчера с гитарой меня по ярмаркам посылали, сегодня об скоморошничестве разговор завели? Слышите! я не хочу, чтоб вы так говорили!

— Эге! видно, правда-то кусается! А вот я так люблю правду! По мне, ежели правда...

— Нет, нет! не хочу я, не хочу! ни правды, ни неправды мне вашей не надо! Слышите! не хочу я, чтоб вы так выражались!

— Ну-ну! раскипятилась? пойдем-ка, стрекоза, за добра ума, чай пить! Самовар-то уж, чай, давно хр-хр... да зз-зз... на столе делает.

Порфирий Владимирыч шуточкой да смешком хотел изгладить впечатление, произведенное словом «скоморошничать», и в знак примирения даже потянулся к племяннице, чтоб обнять ее за талию, но Аннинька все это показалось до того глупым, почти гнусным, что она брезгливо уклонилась от ожидавшей ее ласки.

— Я вам серьезно повторяю, дядя, что мне надо торопиться! — сказала она.

— А вот пойдем, сначала чайку попьем, а потом и поговорим!

— Да почему же непременно после чаю? почему нельзя до чаю поговорить?

— А потому что потому. Потому что все чередом делать надо. Сперва одно, потом — другое, сперва чайку попьем да поболтаем, а потом и об деле переговорим. Все успеем.

Перед таким непреоборимым пустословием оставалось только покориться. Стали пить чай, причем Иудушка самым злостным образом длил время, помаленьку прихлебывая из стакана, крестясь, похлопывая себя по ляжке, калякая об покойнице маменьке и проч.

— Ну вот, теперь и поговорим, — сказал он наконец, — ты долго ли намерена у меня погостить?

— Да больше недели мне нельзя. В Москве еще побывать надо.

— Неделя, мой друг, большое дело; и много дела можно в неделю сделать, и мало дела — как взяться.

— Мы, дядя, лучше больше сделаем.

— Об том-то я и говорю. И много можно сделать, и мало. Иногда много хочешь сделать, а выходит мало, а иногда будто и мало делается, ан смотришь, с божьею помощью, все дела незаметно прикончил. Вот ты спешишь, в Москве тебе побывать, вишь, надо, а зачем, коли тебя спросить, — ты и сама путем не сумеешь ответить. А по-моему, вместо Москвы-то, лучше бы это время на дело употребить.

— В Москву мне необходимо, потому что я хочу попытать, нельзя ли нам на тамошнюю сцену поступить. А что касается до дела, так ведь вы сами же говорите, что в неделю можно много дела наделать.

— Смотря по тому, как возьмешься, мой друг. Ежели возьмешься как следует — все у тебя пойдет и ладно и плавно; а возьмешься не так, как следует — ну, и застрянет дело, в долгий ящик оттянется.

— Так вы меня поруководите, дядя!

— То-то вот и есть. Как нужно, так «вы меня поруководите, дядя!», а не нужно — так и скучно у дяди, и поскорее бы от него уехать! Что, небось, неправда?

— Да вы только скажите, что мне делать нужно?

— Стой, погоди! Так вот я и говорю: как нужен дядя — он и голубчик, и миленький, и душенька, а не нужен — сейчас ему хвост покажут! А нет того, чтоб спроситься у дяди: ка́к мол, вы, дяденька-голубчик, полагаете, можно мне в Москву съездить?

— Какой вы, дядя, странный! Ведь мне в Москве необходимо быть, а вы вдруг скажете, что нельзя?

— А скажу: нельзя — и посиди! Не посторонний сказал, дядя сказал — можно и послушаться дядю. Ах, мой друг, мой друг! Еще хорошо, что у вас дядя есть — все же и пожалеть об вас, и остановить вас есть кому! А вот как у других — нет никого! Ни их пожалеть, ни остановить — одни растут! Ну, и бывает с ними... всякие случайности в жизни бывают, мой друг!

Аннинька хотела было возразить, однако поняла, что это значило бы только подливать масла в огонь, и смолчала. Она сидела и безнадежно смотрела на расходившегося Порфирия Владимирыча.

— Вот я давно хотел тебе сказать, — продолжал между тем Иудушка, — не нравится мне, куда как не нравится, что вы по этим... по ярмаркам ездите! Хоть тебе и нѐлюбо, что я об гитарах говорил, а все-таки...

— Да ведь мало сказать: не нравится! Надобно на какой-нибудь выход указать!

— Живи у меня — вот тебе и выход!

— Ну нет... это... ни за что!

— Что так?

— А то, что нечего мне здесь делать. Что у вас делать! Утром встать — чай пить идти, за чаем думать: вот завтракать подадут! за завтраком — вот обедать накрывать будут! за обедом — скоро ли опять чай? А потом ужинать и спать... умрешь у вас!

— И все, мой друг, так делают. Сперва чай пьют, потом, кто привык завтракать — завтракают, а вот я не привык завтракать — и не завтракаю; потом обедают, потом вечерний чай пьют, а наконец, и спать ложатся. Что же! кажется, в этом ни смешного, ни предосудительного нет! Вот, если б я...

— Ничего предосудительного, только не по мне.

— Вот если б я кого-нибудь обидел, или осудил, или дурно об ком-нибудь высказался — ну, тогда точно! можно бы и самого себя за это осудить! А то чай пить, завтракать, обедать... Христос с тобой! да и ты, как ни прытка, а без пищи не проживешь!

— Ну да, все это хорошо, да только не по мне!

— А ты не все на свой аршин меряй — и об старших подумай! «По мне» да «не по мне» — разве можно так говорить! А ты говори: «по-божьему» или «не по-божьему» — вот это будет дельно, вот это будет так! Коли ежели у нас в Головлеве не по-божьему, ежели мы против бога поступаем, грешим, или ропщем, или завидуем, или другие дурные дела делаем — ну, тогда мы действительно виноваты и заслуживаем, чтоб нас осуждали. Только и тут еще надобно доказать, что мы точно не по-божьему поступаем. А то на-тко! «не по мне»! Да скажу теперича хоть про себя — мало ли что не по мне! Не по мне вот, что ты так со мной разговариваешь да родственную мою хлеб-соль хаешь — однако я сижу, молчу! Дай, думаю, я ей тихим манером почувствовать дам — может быть, она и сама собой образумится! Может быть, покуда я шуточкой да усмешечкой на твои выходки отвечаю, ан ангел-то твой хранитель и наставит тебя на путь истинный! Ведь мне не за себя, а за тебя обидно! А-а-ах, мой друг, как это нехорошо! И хоть бы я что-нибудь тебе дурное сказал, или дурно против тебя поступил, или обиду бы какую-нибудь ты от меня видела — ну, тогда бог бы с тобой! Хоть и велит бог от старшего даже поучение принять — ну, да уж если я тебя обидел, бог с тобой! сердись на меня! А то сижу я смирнехонько да тихохонько, сижу, ничего не говорю, только думаю, как бы получше да поудобнее, чтобы всем на радость да на утешение — а ты! фу-ты, ну-ты! — вот ты на мои ласки какой ответ даешь! А ты не сразу все выговаривай, друг мой, а сначала подумай, да богу помолись, да попроси его вразумить себя! И вот коли ежели...

Порфирий Владимирыч разглагольствовал долго, не переставая. Слова бесконечно тянулись одно за другим, как густая слюна. Аннинька с безотчетным страхом глядела на него и думала: как это он не захлебнется? Однако так-таки и не сказал дяденька, что ей предстоит делать по случаю смерти Арины Петровны. И за обедом пробовала она ставить этот вопрос, и за вечерним чаем, но всякий раз Иудушка начинал тянуть какую-то постороннюю канитель, так что Аннинька не рада была, что и возбудила разговор, и об одном только думала: когда же все это кончится?

После обеда, когда Порфирий Владимирыч отправился спать, Аннинька осталась один на один с Евпраксеюшкой, и ей вдруг припала охота вступить в разговор с дяденькиной экономкой. Ей захотелось узнать, почему Евпраксеюшке не страшно в Головлеве и что дает ей силу выдерживать потоки пустопорожних слов, которые с утра до вечера извергали дяденькины уста.

— Скучно вам, Евпраксеюшка, в Головлеве?

— Чего нам скучать? мы не господа́!

— Все же... всегда вы одни... ни развлечений, ни удовольствий у вас — ничего!

— Каких нам удовольствий надо! Скучно — так в окошко погляжу. Я и у папеньки, у Николы в Капельках жила, немного веселости-то видела!

— Все-таки дома, я полагаю, вам было лучше. — Товарки были, друг к другу в гости ходили, играли...

— Что уж!

— А с дядей... Говорит он все что-то скучное и долго как-то. Всегда он так?

— Всегда, цельный день так говорят.

— И вам не скучно?

— Мне что! Я ведь не слушаю!

— Нельзя же совсем не слушать. Он может заметить это, обидеться.

— А почем он знает! Я ведь смотрю на него. Он говорит, а я смотрю да этим временем про свое думаю.

— Об чем же вы думаете?

— Обо всем думаю. Огурцы солить надо — об огурцах думаю, в город за чем посылать надо — об этом думаю. Что по домашности требуется — обо всем думаю.

— Стало быть, вы хоть и вместе живете, а на самом-то деле все-таки одни?

— Да почесть что одна. Иногда разве вечером вздумает в дураки играть — ну, играем. Да и тут: середь самой игры остановятся, сложат карты и начнут говорить. А я смотрю. При покойнице, при Арине Петровне, веселее было. При ней он лишнее-то говорить побаивался; нет-нет да и остановит старуха. А нынче ни на что не похоже, какую волю над собой взял!

— Вот видите ли! ведь это, Евпраксеюшка, страшно! Страшно, когда человек говорит и не знаешь, зачем он говорит, что говорит и кончит ли когда-нибудь. Ведь страшно? неловко, ведь?

Евпраксеюшка взглянула на нее, словно ее впервые озарила какая-то удивительная мысль.

— Не вы одни, — сказала она, — многие у нас их за это не любят.

— Вот как!

— Да. Хоть бы лакеи — ни один долго ужиться у нас не может; почесть каждый месяц меняем. Приказчики тоже. И всё из-за этого.

— Надоедает?

— Тиранит. Пьяницы — те живут, потому что пьяница не слышит. Ему хоть в трубу труби — у него все равно голова как горшком прикрыта. Так опять беда: они пьяниц не любят.

— Ах, Евпраксеюшка, Евпраксеюшка! а он еще меня в Головлеве жить уговаривает!

— А что ж, барышня! вы бы и заправду с нами пожили! может быть, они бы и посовестились при вас!

— Ну нет! слуга покорная! ведь у меня терпенья недостанет в глаза ему смотреть!

— Что и говорить! вы — господа! у вас своя воля! Однако, чай, воля-воля, а тоже и по чужой дудочке подплясывать приходится!

— Еще как часто-то!

— То-то и я думала! А я вот еще что хотела вас спросить: хорошо в актрисах служить?

— Свой хлеб — и то хорошо.

— А правда ли, Порфирий Владимирыч мне сказывали: будто бы актрис чужие мужчины за́все за талию держат?

Аннинька на минуту вспыхнула.

— Порфирий Владимирыч не понимает, — ответила она раздражительно, — оттого и несет чепуху. Он даже того различить не может, что на сцене происходит игра, а не действительность.

— Ну, однако! То-то и он, Порфирий-то Владимирыч... Как увидел вас, даже губы распустил! «Племяннушка» да «племяннушка»! — как и путный! А у самого бесстыжие глаза так и бегают!

— Евпраксеюшка! зачем вы глупости говорите!

— Я-то? мне — что! Поживете — сами увидите! А мне что! Откажут от места — я опять к батюшке уйду. И то ведь скучно здесь; правду вы это сказали.

— Чтоб я могла здесь остаться, это вы напрасно даже предполагаете. А вот, что скучно в Головлеве — это так. И чем дольше вы будете здесь жить, тем будет скучнее.

Евпраксеюшка слегка задумалась, потом зевнула и сказала:

— Я когда у батюшки жила, тощая-претощая была. А теперь — ишь какая! печь печью сделалась! Скука-то, стало быть, впрок идет!

— Все равно долго не выдержите. Вот помяните мое слово, не выдержите.

На этом разговор кончился. К счастию, Порфирий Владимирыч не слышал его — иначе он получил бы новую и благодарную тему, которая, несомненно, освежила бы бесконечную канитель его нравоучительных разговоров.

Целых два дня еще мучил Порфирий Владимирыч Анниньку. Все говорил: вот потерпи да погоди! потихоньку да полегоньку! благословясь да богу помолясь! и проч. Совсем ее истомил. Наконец, на пятый день собрался-таки в город, хотя и тут нашел средство истерзать племянницу. Она уж стояла в передней в шубе, а он, словно назло, целый час проклажался. Одевался, умывался, хлопал себя по ляжкам, крестился, ходил, сидел, отдавал приказания вроде: «так так-то, брат!» или: «так ты уж тово... смотри, брат, как бы чего не было!» Вообще поступал так, как бы оставлял Головлево не на несколько часов, а навсегда. Замаявши всех: и людей и лошадей, полтора часа стоявших у подъезда, он наконец убедился, что у него самого пересохло в горле от пустяков, и решился ехать.

В городе все дело покончилось, покуда лошади ели овес на постоялом дворе. Порфирий Владимирыч представил отчет, по которому оказалось, что сиротского капитала, по день смерти Арины Петровны, состояло без малого двадцать тысяч рублей в пятипроцентных бумагах. Затем просьба о снятии опеки вместе с бумагами, свидетельствовавшими о совершеннолетии сирот, была принята, и тут же последовало распоряжение об упразднении опекунского управления и о сдаче имения и капиталов владелицам. В тот же день вечером Аннинька подписала все бумаги и описи, изготовленные Порфирием Владимирычем, и наконец свободно вздохнула.

Остальные дни Аннинька провела в величайшей ажитации. Ей хотелось уехать из Головлева немедленно, сейчас же, но дядя на все ее порывания отвечал шуточками, которые, несмотря на добродушный тон, скрывали за собой такое дурацкое упорство, какого никакая человеческая сила сломить не в состоянии.

— Сама сказала, что неделю поживешь, — ну, и поживи! — говорил он. — Что тебе! не за квартиру платить — и без платы милости просим! И чайку попить, и покушать — все, чего тебе вздумается, все будет!

— Да ведь мне, дядя, необходимо! — отпрашивалась Аннинька.

— Тебе не сидится, а я лошадок не дам! — шутил Иудушка, — не дам лошадок, и сиди у меня в плену! Вот неделя пройдет — ни слова не скажу! Отстоим обеденку, поедим на дорожку, чайку попьем, побеседуем... Наглядимся друг на друга — и с богом! Да вот что! не съездить ли тебе опять на могилку в Воплино? Все бы с бабушкой простилась — может, покойница и благой бы совет тебе подала!

— Пожалуй! — согласилась Аннинька.

— Так мы вот как сделаем: в среду раненько здесь обеденку отслушаем да на дорожку пообедаем, а потом мои лошадки довезут тебя до Погорелки, а оттуда до Двориков уж на своих, на погорелковских лошадках поедешь. Сама помещица! свои лошадки есть!

Приходилось смириться. Пошлость имеет громадную силу; она всегда застает свежего человека врасплох, и, в то время как он удивляется и осматривается, она быстро опутывает его и забирает в свои тиски. Всякому, вероятно, случалось, проходя мимо клоаки, не только зажимать нос, но и стараться не дышать; точно такое же насилие должен делать над собой человек, когда вступает в область, насыщенную празднословием и пошлостью. Он должен притупить в себе зрение, слух, обоняние, вкус; должен победить всякую восприимчивость, одеревенеть. Только тогда миазмы пошлости не задушат его. Аннинька поняла это, хотя и поздно; во всяком случае, она решилась предоставить дело своего освобождения из Головлева естественному ходу вещей. Иудушка до того победил ее непреоборимостью своего празднословия, что она не смела даже уклониться, когда он обнимал ее и по-родственному гладил по спине, приговаривая: вот теперь ты паинька! Она невольно каждый раз вздрагивала, когда чувствовала, что костлявая и слегка трепещущая рука его ползет по ее спине, но от дальнейших выражений гадливости ее удерживала мысль: господи! хоть бы через неделю-то отпустил! К счастию для нее, Иудушка был малый небрезгливый, и хотя, быть может, замечал ее нетерпеливые движения, но помалчивал. Очевидно, он придерживался той теории взаимных отношений полов, которая выражается пословицей: люби не люби, да почаще взглядывай!

Наконец наступил нетерпеливо ожиданный день отъезда. Аннинька поднялась чуть не в шесть часов утра, но Иудушка все-таки упредил ее. Он уже совершил обычное молитвенное стояние и, в ожидании первого удара церковного колокола, в туфлях и халатном сюртуке слонялся по комнатам, заглядывал, подслушивал и проч. Очевидно, он был ажитирован и при встрече с Аннинькой как-то искоса взглянул на нее. На дворе уже было совсем светло, но время стояло скверное. Все небо было покрыто сплошными темными облаками, из которых сыпалась весенняя изморозь — не то дождь, не то снег; на почерневшей дороге поселка виднелись лужи, предвещавшие зажоры в поле; сильный ветер дул с юга, обещая гнилую оттепель; деревья обнажились от снега и беспорядочно покачивали из стороны в сторону своими намокшими голыми вершинами; господские службы почернели и словно ослизли. Порфирий Владимирыч подвел Анниньку к окну и указал рукой на картину весеннего возрождения.

— Уж ехать ли, по́лно? — спросил он, — не остаться ли?

— Ах, нет, нет! — испуганно вскрикнула она, — это... это... пройдет!

— Вряд ли. Ежели ты в час выедешь, то вряд ли раньше семи до Погорелки доедешь. А ночью разве можно в теперешнюю ростепель ехать — все равно придется в Погорелке ночевать.

— Ах, нет! я и ночью, я сейчас же поеду... я ведь, дядя, храбрая! да и зачем же дожидаться до часу? Дядя! голубчик! позвольте мне теперь уехать!

— А бабенька что скажет? Скажет: вот так внучка! приехала, попрыгала и даже благословиться у меня не захотела!

Порфирий Владимирыч остановился и замолчал. Некоторое время он семенил ногами на одном месте и то взглядывал на Анниньку, то опускал глаза. Очевидно, он решался и не решался что-то высказать.

— Постой-ка, я тебе что-то покажу! — наконец решился он и, вынув из кармана свернутый листок почтовой бумаги, подал его Анниньке, — на-тко, прочти!

Аннинька прочла:

«Сегодня я молился и просил боженьку, чтоб он оставил мне мою Анниньку. И боженька мне сказал: возьми Анниньку за полненькую тальицу и прижми ее к своему сердцу».

— Так, что ли? — спросил он, слегка побледнев.

— Фу, дядя! какие гадости! — ответила она, растерянно смотря на него.

Порфирий Владимирыч побледнел еще больше и, произнеся сквозь зубы: «Видно, нам гусаров нужно!», перекрестился и, шаркая туфлями, вышел из комнаты.

Через четверть часа он, однако ж, возвратился как ни в чем не бывало и уж шутил с Аннинькой.

— Так как же? — говорил он, — в Воплино отсюда заедешь? с старушкой, бабенькой, проститься хочешь? простись! простись, мой друг! Это ты хорошее дело затеяла, что про бабеньку вспомнила! Никогда не нужно родных забывать, а особливо таких родных, которые, можно сказать, душу за нас полагали!

Отслушали обедню с панихидой, поели в церкви кутьи, потом домой приехали, опять кутьи поели и сели за чай. Порфирий Владимирыч, словно назло, медленнее обыкновенного прихлебывал чай из стакана и мучительно растягивал слова, разглагольствуя в промежутке двух глотков. К десяти часам, однако ж, чай кончился, и Аннинька взмолилась:

— Дядя! теперь мне можно ехать?

— А покушать? отобедать-то на дорожку? Неужто ж ты думала, что дядя так тебя и отпустит! И ни-ни! и не думай! Этого и в заводе в

Головлеве не бывало! Да маменька-покойница на глаза бы меня к себе не пустила, если б знала, что я родную плсмяннушку без хлеба-соли в дорогу отпустил! И не думай этого! и не воображай!

Опять пришлось смириться. Прошло, однако ж, полтора часа, а на стол и не думали накрывать. Все разбрелись; Евпраксеюшка, гремя ключами, мелькала на дворе, между кладовой и погребом; Порфирий Владимирыч толковал с приказчиком, изнуряя его беспутными приказаниями, хлопая себя по ляжкам и вообще ухищряясь как-нибудь затянуть время. Аннинька ходила одна взад и вперед по столовой, поглядывая на часы, считая свои шаги, а потом секунды: раз, два, три... По временам она смотрела на улицу и убеждалась, что лужи делаются все больше и больше.

Наконец застучали ложки, ножи, тарелки; лакей Степан пришел в столовую и кинул скатерть на стол. Но, казалось, частица праха, наполнявшего Иудушку, перешла и в него. Еле-еле он передвигал тарелками, дул в стаканы, смотрел через них на свет. Ровно в час сели за стол.

— Вот ты и едешь! — начал Порфирий Владимирыч разговор, приличествующий проводам.

Перед ним стояла тарелка с супом, но он не прикасался к ней и до того умильно смотрел на Анниньку, что даже кончик носа у него покраснел. Аннинька торопливо глотала ложку за ложкой. Он тоже взялся за ложку и уж совсем было погрузил ее в суп, но сейчас же опять положил на стол.

— Уж ты меня, старика, прости! — зудил он, — ты вот на почтовых суп скушала, а я — на долгих ем. Не люблю я с божьим даром небрежно обращаться. Нам хлеб для поддержания существования нашего дан, а мы его зря разбрасываем — видишь, ты сколько накрошила? Да и вообще я все люблю основательно да осмотревшись делать — крепче выходит. Может быть, тебя это сердит, что я за столом через обруч — или как это там у вас называется — не прыгаю; ну, да что ж делать! и посердись, ежели тебе так хочется! Посердишься, посердишься, да и простишь! И ты не все молода будешь, не все через обручи будешь скакать, и в тебе когда-нибудь опытцу прибавится — вот тогда ты и скажешь: а дядя-то, пожалуй, прав был! Так-то, мой друг. Теперь, может быть, ты слушаешь меня да думаешь: фяка-дядя! старый ворчун дядя! А как поживешь с мое — другое запоешь, скажешь: пай-дядя! добру меня учил!

Порфирий Владимирыч перекрестился и проглотил две ложки супу. Сделавши это, он опять положил ложку в тарелку и опрокинулся на спинку стула в знак предстоящего разговора.

«Кровопийца!» — так и вертелось на языке у Анниньки. Но она

сдержалась, быстро налила себе стакан воды и залпом его выпила. Иудушка словно нюхом отгадывал, что в ней происходит.

— Что! не нравится! — что ж, хоть и не нравится, а ты все-таки дядю послушай! Вот я уж давно с тобой насчет этой твоей поспешности поговорить хотел, да все недосужно было. Не люблю я в тебе эту поспешность: легкомыслие в ней видно, нерассудительность. Вот и в ту пору вы зря от бабушки уехали — и огорчить старушку не посовестились! — а зачем?

— Ах, дядя! зачем вы об этом вспоминаете! ведь это уж сделано! С вашей стороны это даже нехорошо!

— Постой! я не об том, хорошо или нехорошо, а об том, что хотя дело и сделано, но ведь его и переделать можно. Не только мы грешные, а и бог свои действия переменяет: сегодня пошлет дождичка, а завтра вёдрышка даст! А! ну-тко! ведь не бог же знает какое сокровище — театр! Ну-тко! решись-ка!

— Нет, дядя! оставьте это! прошу вас!

— А еще тебе вот что скажу: нехорошо в тебе твое легкомыслие, но еще больше мне не нравится то, что ты так легко к замечаниям старших относишься. Дядя добра тебе желает, а ты говоришь: оставьте! Дядя к тебе с лаской да с приветом, а ты на него фыркаешь! А между тем знаешь ли ты, кто тебе дядю дал? Ну-ко, скажи, кто тебе дядю дал?

Аннинька взглянула на него с недоумением.

— Бог тебе дядю дал — вот кто! бог! Кабы не бог, была бы ты теперь одна, не знала бы, как с собою поступить, и какую просьбу подать, и куда подать, и чего на эту просьбу ожидать. Была бы ты словно в лесу; один бы тебя обидел, другой бы обманул, а третий и просто-напросто посмеялся бы над тобой! А как дядя-то у тебя есть, так мы, с божьей помощью, в один день все твое дело вокруг пальца повернули. И в город съездили, и в опеке побывали, и просьбу подали, и резолюцию получили! Так вот оно, мой друг, что дядя-то значит!

— Да я и благодарна вам, дядя!

— А коли благодарна дяде, так не фыркай на него, а слушайся. Добра тебе дядя желает, хоть иногда тебе и кажется...

Аннинька едва могла владеть собой. Оставалось еще одно средство отделаться от дядиных поучений: притвориться, что она, хоть в принципе, принимает его предложение остаться в Головлеве.

— Хорошо, дядя, — сказала она, — я подумаю. Я сама понимаю, что жить одной, вдали от родных, не совсем удобно... Но, во всяком случае, теперь я решиться ни на что не могу. Надо подумать.

— Ну видишь ли, вот ты и поняла. Да чего же тут думать! Велим лошадей распрячь, чемоданы твои из кибитки вынуть — вот и думанье все!

— Нет, дядя, вы забываете, что у меня есть сестра!

Неизвестно, убедил ли этот аргумент Порфирия Владимирыча, или вся сцена эта была ведена им только для прилику, и он сам хорошенько не знал, точно ли ему нужно, чтоб Аннинька осталась в Головлеве, или совсем это не нужно, а просто блажь в голову на минуту забрела. Но, во всяком случае, обед после этого пошел поживее. Аннинька со всем соглашалась, на все давала такие ответы, которые не допускали никакой придирки для пустословия. Тем не менее часы показывали уж половину третьего, когда обед кончился. Аннинька выскочила из-за стола, словно все время в паровой ванне высидела, и подбежала к дяде, чтоб попрощаться с ним.

Через десять минут, Иудушка, в шубе и в медвежьих сапогах, провожал уж ее на крыльцо и самолично наблюдал, как усаживали барышню в кибитку.

— С горы-то полегче — слышишь! Да и в Сенькине на косогоре — смотри не вывали! — приказывал он кучеру.

Наконец Анниньку укутали, усадили и застегнули фартук у кибитки.

— А то бы осталась! — еще раз крикнул ей Иудушка, желая, чтоб и при собравшихся челядинцах все обошлось как следует, по-родственному. — По крайней мере, приедешь, что ли? говори!

Но Аннинька чувствовала себя уже свободною, и ей вдруг захотелось пошкольничать. Она высунулась из кибитки и, отчеканивая каждое слово, отвечала:

— Нет, дядя, не приеду! Страшно с вами!

Иудушка сделал вид, что не слышит, но губы у него побелели.

***

Освобождение из головлевского плена до такой степени обрадовало Анниньку, что она ни разу даже не остановилась на мысли, что позади ее, в бессрочном плену, остается человек, для которого с ее отъездом порвалась всякая связь с миром живых. Она думала только об себе: что она вырвалась и что теперь ей хорошо. Влияние этого ощущения свободы было так сильно, что когда она вновь посетила воплинское кладбище, то в ней уже не замечалось и следа той нервной чувствительности, которую она обнаружила при первом посещении бабушкиной могилы. Спокойно отслушала она панихиду, без слез поклонилась могиле и довольно охотно приняла предложение священника откушать у него в хате чашку чая.

Обстановка, в которой жил воплинский батюшка, была очень убогая. В единственной чистой комнате дома, которая служила приемною, царствовала какая-то унылая нагота; по стенам было расставлено с дюжину крашеных стульев, обитых волосяной материей, местами значительно продранной, и стоял такой же диван с выпяченной спинкой, словно грудь у генерала дореформенной школы; в одном из простенков виднелся простой стол, покрытый загаженным сукном, на котором лежали исповедные книги прихода, и из-за них выглядывала чернильница с воткнутым в нее пером; в восточном углу висел киот с родительским благословением и с зажженною лампадкой; под ним стояли два сундука с матушкиным приданым, покрытые серым, выцветшим сукном. Обоев на стенах не было; посередине одной стены висело несколько полинявших дагерротипных портретов преосвященных. В комнате пахло как-то странно, словно она издавна служила кладбищем для тараканов и мух. Сам священник, хотя человек еще молодой, значительно потускнел в этой обстановке. Жидкие беловатые волосы повисли на его голове прямыми прядями, как ветви на плакучей иве; глаза, когда-то голубые, смотрели убито; голос вздрагивал, бородка обострилась; шалоновая ряска худо запахивалась спереди и висела как на вешалке. Попадья, женщина тоже молодая, от ежегодных родов казалась еще более изнуренною, нежели муж.

Тем не меньше Аннинька не могла не заметить, что даже эти забитые, изнуренные и бедные люди относятся к ней не так, как к настоящей прихожанке, а скорее с сожалением, как к заблудшей овце.

— У дяденьки побывали? — начал батюшка, осторожно принимая чашку чая с подноса у попадьи.

— Да, почти с неделю прожила.

— Теперь Порфирий Владимирыч главный помещик по всей нашей округе сделались — нет их сильнее. Только удачи им в жизни как будто не видится. Сперва один сынок помер, потом и другой, а наконец, и родительница. Удивительно, как это они вас не упросили в Головлеве поселиться.

— Дядя предлагал, да я сама пс осталась.

— Что ж так?

— Да лучше, как на свободе живешь.

— Свобода, сударыня, конечно, дело не худое, но и она не без опасностей бывает. А ежели при этом иметь в предмете, что вы Порфирию Владимирычу ближайшей родственницей, а следственно, и прямой всех его имений наследницей доводитесь, то можно бы, мнится, насчет свободы несколько и постеснить себя.

— Нет, батюшка, свой хлеб лучше. Как-то легче живется, как чувствуешь, что никому не обязан.

Батюшка тускло взглянул на нее, как будто хотел спросить: да ты, полно, знаешь ли, что такое «свой хлеб»? — но посовестился и только робко запахнул полы своей ряски.

— А много ли вы жалованья в актрисах-то получаете? — вступила в разговор попадья.

Батюшка окончательно обробел и даже заморгал в сторону попадьи. Он так и ждал, что Аннинька обидится. Но Аннинька не обиделась и без всякой ужимки ответила:

— Теперь я получаю полтораста рублей в месяц, а сестра — сто. Да бенефисы нам даются. В год-то тысяч шесть обе получим.

— Что ж так сестрице меньше дают? достоинством, что ли, они хуже? — продолжала любопытствовать матушка.

— Нет, а жанр у сестры другой. У меня голос есть, я пою — это публике больше нравится, а у сестры голос послабее — она в водевилях играет.

— Стало быть, и там тоже: кто попом, кто дьяконом, а кто и в дьячках служит?

— Впрочем, мы поровну делимся; у нас уж сначала так было условлено, чтоб деньги пополам делить.

— По-родственному? Чего же лучше, коли по-родственному? А сколько это, поп, будет? шесть тысяч рублей, ежели на месяца́ разделить, сколько это будет?

— По пятисот целковых в месяц, а на двух разделить — по двести по пятидесяти.

— Вона что денег-то! Нам бы и в год не прожить. А что я еще хотела вас спросить: правда ли, что с актрисами обращаются, словно бы они не настоящие женщины?

Поп совсем было всполошился и даже полы рясы распустил; но, увидев, что Аннинька относится к вопросу довольно равнодушно, подумал: «Эге! да ее, видно, и в самом деле не прошибешь!» — и успокоился.

— То есть как же это, не настоящие женщины? — спросила Аннинька.

— Ну, да вот будто целуют их, обнимают, что ли... Даже, будто, когда и не хочется, и тогда они должны...

— Не целуют, а делают вид, что целуют. А об том, хочется или не хочется — об этом и речи в этих случаях не может быть, потому что все делается по пьесе: как в пьесе написано, так и поступают.

— Хоть и по пьесе, а все-таки... Иной с слюнявым рылом лезет, на него и глядеть-то претит, а ты губы ему подставлять должна!

Аннинька невольно заалелась; в воображении ее вдруг промелькнуло слюнявое лицо храброго ротмистра Папкова, которое именно «лезло», и увы! даже не «по пьесе» лезло!

— Вы совсем не так представляете себе, как оно на сцене происходит! — сказала она довольно сухо.

— Конечно, мы в театрах не бывали, а все-таки, чай, со всячинкой там бывает. Частенько-таки мы с попом об вас, барышня, разговариваем; жалеем мы вас, даже очень жалеем.

Аннинька молчала; священник сидел и пощипывал бородку, словно решался и сам сказать свое слово.

— Впрочем, сударыня, и во всяком звании и приятности и неприятности бывают, — наконец высказался он, — но человек, по слабости своей, первыми восхищается, а последние старается позабыть. Для чего позабыть? а именно для того, сударыня, дабы и сего последнего напоминовения о долге и добродетельной жизни, по возможности, не иметь перед глазами.

И потом, вздохнув, присовокупил:

— А главное, сударыня, сокровище свое надлежит соблюсти!

Батюшка учительно взглянул на Анниньку; матушка уныло покачала головой, как бы говоря: где уж!

— И вот это-то сокровище, мнится, в актерском звании соблюсти — дело довольно сумнительное, — продолжал батюшка.

Аннинька не знала, что и сказать на эти слова. Мало-помалу ей начинало казаться, что разговор этих простодушных людей о «сокровище» совершенно одинакового достоинства с разговорами господ офицеров «расквартированного в здешнем городе полка» об «la chose». Вообще же, она убедилась, что и здесь, как у дяденьки, видят в ней явление совсем особенное, к которому хотя и можно отнестись снисходительно, но в некотором отдалении, дабы «не замараться».

— Отчего у вас, батюшка, церковь такая бедная? — спросила она, чтоб переменить разговор.

— Не с чего ей богатой быть — оттого и бедна. Помещики все по службам разъехались, а мужичкам подняться не из чего. Да их и всех-то с небольшим двести душ в приходе!

— Вот колокол у нас чересчур уж плох! — вздохнула матушка.

— И колокол, и прочее все. Колокол-то у нас, сударыня, всего пятнадцать пудов весит, да и тот, на грех, раскололся. Не звонит, а шумит как-то — даже предосудительно. Покойница Арина Петровна пообещались было новый соорудить, и ежели были бы они живы, то и мы, всеконечно, были бы теперь при колоколе.

— Вы бы дяде сказали, что бабушка обещала!

— Говорил, сударыня, и он, надо правду сказать, довольно-таки благосклонно докуку мою выслушал. Только ответа удовлетворительного не мог мне дать: не слыхал, вишь, от маменьки ничего! никогда, вишь, покойница об этом ему не говаривала! А ежели бы, дескать, слышал, то беспременно бы волю ее исполнил!

— Когда, чай, не слыхать! — молвила попадья, — вся округа знает, а он не слыхал!

— Вот мы и живем таким родом. Прежде хоть в надежде были, а нынче и совсем без надежды остаемся. Иногда служить не на чем: ни просфор, ни красного вина. А об себе уж и не говорим.

Аннинька хотела встать и проститься, но на столе появился новый поднос, на котором стояли две тарелки, одна с рыжиками, другая с кусочками икры, и бутылка мадеры.

— Посидите! не обессудьте! откушайте!

Аннинька повиновалась, на̀скоро проглотила два рыжичка, но отказалась от мадеры.

— Вот об чем я еще хотела вас спросить, — говорила между тем попадья, — в приходе у нас девушка одна есть, лыщевского дворового дочка; так она в Петербурге у одной актрисы в услуженье была. Хорошо, говорит, в актрисах житье, только билет каждый месяц выправлять надо... правда ли это?

Аннинька смотрела во все глаза и не понимала.

— Это для свободности, — пояснил батюшка, — а, впрочем, думается, что она неправду говорит. Напротив, я слышал, что многие актрисы даже пенсии от казны за службу удостаиваются.

Аннинька убедилась, что чем дальше в лес, тем больше дров, и стала окончательно прощаться.

— А мы было думали, что вы теперь из актрис-то выйдете? — продолжала приставать попадья.

— Зачем же?

— Все-таки. Вы — барышня. Теперь совершенные лета получили, имение свое есть — чего лучше!

— Ну, и после дяденьки вы же прямая наследница, — присовокупил батюшка.

— Нет, я здесь жить не буду.

— А мы-то как надеялись! Всё промежду себя говорили: непременно наши барышни в Погорелке жить будут! А летом у нас здесь даже очень хорошо: в лес по грибы ходить можно! — соблазняла матушка.

— У нас грибов и не в дождливое лето — очень довольно! — вторил ей батюшка.

Наконец Аннинька уехала. По приезде в Погорелку первым ее словом было: лошадей! пожалуйста, поскорее лошадей! Но Федулыч только плечами передернул в ответ на эту просьбу.

— Чего «лошадей»! Мы еще и не кормили их! — брюзжал он.

— Да отчего ж наконец! Ах, боже мой! точно все сговорились!

— Сговорились и есть. Как не сговориться, коли всякому видимо, что в ростепель ночью ехать нельзя. Все равно в поле, в зажоре просидите — так, по-нашему, лучше уж дома!

Бабенькины апартаменты были вытоплены. В спальной стояла совсем приготовленная постель, а на письменном столе пыхтел самовар; Афимьюшка оскребала на дне старинной бабенькиной шкатулочки остатки чая, сохранившиеся после Арины Петровны. Покуда настаивался чай, Федулыч, скрестивши руки, лицом к барышне, держался у двери, а по обеим сторонам стояли скотница и Марковна в таких позах, как будто сейчас, по первому манию руки, готовы были бежать куда глаза глядят.

— Чай-то еще бабенькин, — первый начал разговор Федулыч, — от покойницы на донышке остался. Порфирий Владимирыч и шкатулочку собрались было увезти, да я не согласился. Может быть, барышни, говорю, приедут, так чайку испить захочется, покуда своим разживутся. Ну, ничего! еще пошутил: ты, говорит, старый плут, сам выпьешь! смотри, говорит, шкатулочку-то после в Головлево доставь! Гляди, завтра же за нею пришлет!

— Напрасно вы ему тогда не отдали.

— Зачем отдавать — у него и своего чаю много. А теперь, по крайности, мы после вас попьем. Да вот что, барышня: вы нас Порфирию Владимирычу, что ли, препоручите?

— И не думала.

— Так-с. А мы было давеча бунтовать собрались. Коли ежели, думаем, нас к головлевскому барину под начало отдадут, так все в отставку проситься будем.

— Что так? неужто дядя так страшен?

— Не очень страшен, а тиранит, слов не жалеет. Словами-то он сгноить человека может.

Аннинька невольно улыбнулась. Именно гной какой-то просачивался сквозь разглагольствия Иудушки! Не простое пустословие это было, а язва смердящая, которая непрестанно точила из себя гной.

— Ну, а с собой-то вы как же, барышня, решили? — продолжал допытываться Федулыч.

— То есть, что же я должна с собой «решить»? — слегка смешалась Аннинька, предчувствуя, что ей и здесь придется выдержать разглагольствия о «сокровище».

— Так неужто же вы из актерок не выйдете?

— Нет... то есть я еще об этом не думала... Но что же дурного в том, что я, как могу, свой хлеб достаю?

— Что хорошего! по ярмаркам с торбаном ездить! пьяниц утешать! Чай, вы — барышня!

Аннинька ничего не ответила, только брови насупила. В голове ее мучительно стучал вопрос: господи! да когда же я отсюда уеду!

— Разумеется, вам лучше знать, как над собой поступить, а только мы было думали, что вы к нам возворотитесь. Дом у нас теплый, просторный — хоть в горелки играй! очень хорошо покойница бабенька его устроила! Скучно сделалось — санки запряжем, а летом — в лес по грибы ходить можно!

— У нас здесь всякие грибы есть: и рыжички, и волнушечки, и груздочки, и подосиннички — страсть сколько! — соблазнительно прошамкала Афимьюшка.

Аннинька облокотилась обеими руками на стол и старалась не слушать.

— Сказывала тут девка одна, — бесчеловечно настаивал Федулыч, — в Петербурге она в услуженье жила, так говорила, будто все ахтерки — белетные. Каждый месяц должны в части белет представлять!

Анниньку словно обожгло: целый день она всё эти слова слышит!

— Федулыч! — с криком вырвалось у нее, — что я вам сделала? неужели вам доставляет удовольствие оскорблять меня?

С нее было довольно. Она чувствовала, что ее душит, что еще одно слово — и она не выдержит.

Недозволенные семейные радости

Однажды, незадолго до катастрофы с Петенькой, Арина Петровна, гостя в Головлеве, заметила, что Евпраксеюшка словно бы поприпухла. Воспитанная в практике крепостного права, при котором беременность дворовых девок служила предметом подробных и не лишенных занимательности исследований и считалась чуть не доходною статьею, Арина Петровна имела на этот счет взгляд острый и безошибочный, так что для нее достаточно было остановить глаза на туловище Евпраксеюшки, чтобы последняя, без слов и в полном сознании виновности, отвернула от нее свое загоревшееся полымем лицо.

— Ну-тка, ну-тка, сударка! смотри на меня! тяжела? — допрашивала опытная старушка провинившуюся голубицу; но в голосе ее не слышалось укоризны, а, напротив, он звучал шутливо, почти весело, словно пахнуло на нее старым, хорошим времечком.

Евпраксеюшка, не то стыдливо, не то самодовольно, безмолвствовала, и только пуще и пуще алели ее щеки под испытующим взглядом Арины Петровны.

— То-то! еще вчера я смотрю — поджимаешься ты! Ходит, хвостом вертит — словно и путевая! Да ведь меня, брат, хвостами-то не обманешь! Я на пять верст вперед ваши девичьи штуки вижу! Ветром, что ли, надуло? с которых пор? Признавайся! сказывай!

Последовал подробный допрос и не менее подробное объяснение. Когда замечены первые признаки? имеется ли на примете бабушка-повитушка? знает ли Порфирий Владимирыч об ожидающей его радости? бережет ли себя Евпраксеюшка, не поднимает ли чего тяжелого? и т. д. Оказалось, что Евпраксеюшка беременна уж пятый месяц; что бабушки-повитушки на примете покуда еще нет; что Порфирию Владимирычу хотя и было докладывано, но он ничего не сказал, а только сложил руки ладонями внутрь, пошептал губами и посмотрел на образ, в знак того, что все от бога и он, царь небесный, сам обо всем промыслит; что, наконец, Евпраксеюшка однажды не остереглась, подняла самовар и в ту же минуту почувствовала, что внутри у нее что-то словно оборвалось.

— Однако, оглашенные вы, как я на вас посмотрю! — тужила Арина Петровна, выслушавши эти признания, — придется, видно, мне самой в это дело взойти! На-тко, пятый месяц беременна, а у них даже бабушки-повитушки на примете нет! Да ты хоть бы Улитке, глупая, показалась!

— И то собиралась, да барин Улитушку-то не очень...

— Вздор, сударыня, вздор! Там, провинилась ли, нет ли Улитка перед барином — это само собой! а тут этакой случай — а он на-поди! Что нам, целоваться, что ли, с ней? Нет, неминучее дело, что мне самой придется в это дело вступиться!

Арина Петровна хотела было взгрустнуть, пользуясь этим случаем, что вот и до сих пор, даже на старости лет, ей приходится тяготы носить; но предмет разговора был так привлекателен, что она только губами чмокнула и продолжала:

— Ну, сударка, теперь только распоясывайся! Любо было кататься — попробуй-ка саночки повозить! Попробуй! попробуй! Я вот трех сынов да дочку вырастила, да пятерых детей маленькими схоронила — я знаю! Вот они где у нас, мужчинки-то сидят! — прибавила она, ударяя себя кулаком по затылку.

И вдруг ее словно озарило.

— Батюшки! да, никак, еще под постный день! Постой, погоди! сосчитаю!

Начали по пальцам считать, сочли раз, другой, третий — выходило именно как раз под постный день.

— Ну, так, так! это — святой-то человек! Ужо, погоди, подразню его!

Молитвенник-то наш! в какую рюху попал! подразню! не я буду, если не подразню! — шутила старушка.

Действительно, в тот же день, за вечерним чаем, Арина Петровна, в присутствии Евпраксеюшки, подшучивала над Иудушкой.

— Смиренник-то наш! смотри, какую штуку удрал! Уж, и взаправду, не ветром ли крале-то твоей надуло? Ну, брат, удивил!

Иудушка сначала брезгливо пожимался при маменькиных шуточках, но убедившись, что Арина Петровна говорит «по-родственному», «всей душой», — и сам мало-помалу повеселел.

— Проказница вы, маменька! право, проказница! — шутил и он в свою очередь; но, впрочем, по своему обыкновению, отнесся к предмету семейного разговора уклончиво.

— Чего «проказница»! серьезно об этом переговорить надо! Ведь это — какое дело-то! «Тайна» тут — вот я тебе что скажу! Хоть и не настоящим манером, а все-таки... Нет, надо очень, да и как еще очень об этом деле поразмыслить! Ты как думаешь: здесь, что ли, ей рожать велишь или в город повезешь?

— Не знаю я, маменька, ничего я, душенька, не знаю! — уклонялся Порфирий Владимирыч, — проказница вы! право, проказница!

— Ну, так постой же, сударка! Ужо мы с тобой на прохладе об этом деле потолкуем! И как, и что — все подробно определим! А то ведь эти мужчинки — им бы только прихоть свою исполнить, а потом отдувайся наша сестра за них, как знает!

Сделавши свое открытие, Арина Петровна почувствовала себя как рыба в воде. Целый вечер проговорила она с Евпраксеюшкой и наговориться не могла. Даже щеки у ней разгорелись и глаза как-то по-юношески заблестели.

— Ведь это, сударка, как бы ты думала? — ведь это... божественное! — настаивала она, — потому что хоть и не тем порядком, а все-таки настоящим манером... Только ты у меня смотри! Ежели да под постный день — боже тебя сохрани! и засмею тебя! и со свету сгоню!

Призвали на совет и Улитушку. Сначала об настоящем деле поговорили, что и как, не нужно ли промывательное поставить, или моренковой мазью живот потереть, потом опять обратились к излюбленной теме и начали по пальцам рассчитывать — и все выходило именно как раз на постный день! Евпраксеюшка алела, как маков цвет, но не отнекивалась, а ссылалась на подневольное свое положение.

— Мне что ж! — говорила она, — мое дело — как «они» хотят! Коли ежели барин прикажут — может ли наша сестра против их приказаньев идти!

— Ну, ну тихоня! не лебези хвостом! — шутила Арина Петровна, — сама, чай...

Словом сказать, женщины занялись этим делом всласть. Арина Петровна целый ряд случаев из своего прошлого вспомнила и, разумеется, не преминула повествовать об них. Сначала рассказала про свои личные беременности. Как она Степкой-балбесом мучилась, как, будучи беременной Павлом Владимирычем, ездила на перекладной в Москву, чтоб дубровинского аукциона не упустить, да потом из-за этого на тот свет чуть-чуть не отправилась, и т. д., и т. д. Все роды были чем-нибудь замечательны; одни только достались легко — это были роды Иудушки.

— Просто даже вот ни на эстолько тягости не чувствовала! — говорила она, — сижу, бывало, и думаю: господи! да неужто я тяжела! И как настало время, прилегла я этак на минуточку на кровать, и уж сама не знаю как — вдруг разрешилась! Самый это легкий для меня сын был! Самый, самый легкий!

Потом начались рассказы про дворовых девок: скольких она сама «заставала», скольких выслеживала при помощи доверенных лиц, и преимущественно Улитушки. Старческая память с изумительною отчетливостью хранила эти воспоминания. Во всем ее прошлом, сером, всецело поглощенном мелким и крупным скопидомством, сослеживание вожделеющих дворовых девок было единственным романическим элементом, затрогивавшим какую-то живую струну.

Это была своего рода беллетристика в скучном журнале, в котором читатель ожидает встретиться с исследованиями о сухих туманах и о месте погребения Овидия — и вдруг, вместо того, читает: Вот мчится тройка удалая... Развязки нехитрых романов девичьей обыкновенно бывали очень строгие и даже бесчеловечные (виновную выдавали замуж в дальнюю деревню, непременно за мужика-вдовца, с большим семейством; виновного — разжаловывали в скотники или отдавали в солдаты); но воспоминания об этих развязках как-то стерлись (память культурных людей относительно прошлого их поведения вообще снисходительна), а самый процесс сослеживания «амурной интриги» так и мелькал до сих пор перед глазами, словно живой. Да и не мудрено! этот процесс, во времена оны, велся с таким же захватывающим интересом, с каким нынче читается фёльетонный роман, в котором автор, вместо того чтоб сразу увенчать взаимное вожделение героев, на самом патетическом месте ставит точку и пишет: продолжение впредь.

— Немало я таки с ними мученьев приняла! — повествовала Арина Петровна. — Иная до последней минуты перемогается, лебезит — все надеется обмануть! Ну, да меня, голубушка, не перехитришь! я сама на этих делах зубы съела! — прибавляла она почти сурово, словно грозясь кому-то.

Наконец следовали рассказы из области беременностей, так сказать, политических, относительно которых Арина Петровна являлась уже не карательницей, а укрывательницей и потаковщицей.

Так, например, у папеньки Петра Иваныча, дряхлого семидесятилетнего старика, тоже «сударка» была и тоже оказалась вдруг с прибылью, и нужно было, по высшим соображениям, эту прибыль от старика утаить. А она, Арина Петровна, как на грех, была в ту пору в ссоре с братцем Петром Петровичем, который тоже, ради каких-то политических соображений, беременность эту сослеживал и хотел старику глаза насчет «сударки» открыть.

— И как бы ты думала! почти на глазах у папеньки мы всю эту механику выполнили! Спит, голубчик, у себя в спаленке, а мы рядышком орудуем! Да шепотком, да на цыпочках! Сама я, собственными руками, и рот-то ей зажимала, чтоб не кричала, и белье-то собственными руками убирала, а сынка-то ее — прехорошенький, здоровенький такой родился! — и того, села на извозчика, да в воспитательный спровадила! Так что братец, как через неделю узнал, только ахнул: ну, сестра!

Была и еще политическая беременность: с сестрицей Варварой Михайловной дело случилось. Муж у нее в поход под турка уехал, а она возьми да и не остерегись! Прискакала как угорелая в Головлево — спасай, сестра!

— Ну, мы хоть в то время в контрах промежду себя были, однако я и виду ей не подала: честь честью ее приняла, утешила, успокоила, да, под видом гощенья, так это дело кругленько обделала, что муж и в могилу ушел — ничего не знал!

Так повествовала Арина Петровна, и, надо сказать правду, редкий рассказчик находил себе таких внимательных слушателей. Евпраксеюшка старалась не проронить слова, как будто бы перед ней проходили воочию перипетии какой-то удивительной волшебной сказки; что же касается до Улитушки, то она, как соучастница бо̀льшей части рассказываемого, только углами губ причмокивала.

Улитушка тоже расцвела и отдохнула. Тревожная была ее жизнь. С юных лет сгорала она холопским честолюбием, и во сне и наяву бредила, как бы господам послужить да над своим братом покомандовать — и все неудачно. Только что занесет, бывало, ногу на ступеньку повыше, ан ее оттуда словно невидимая сила какая шарахнет и опять втопчет в самую преисподнюю. Всеми качествами полезной барской слуги обладала она в совершенстве: была ехидна, злоязычна и всегда готова на всякое предательство, но в то же время страдала какою-то неудержимой повадливостью, которая всю ее ехидность обращала в ничто. В былое время Арина Петровна охотно пользовалась ее услугой, когда нужно было секретное расследование по девичьей сделать или вообще сомнительное дело какое-нибудь округлить, но никогда не ценила ее заслуги и не допускала ни до какой солидной должности. Вследствие этого Улитка и жаловалась, и языком язвила; но на жалобы ее не обращалось внимания, потому что всем было ведомо, что Улитка — девка злая, сейчас тебя в преисподнюю проклянет, а через минуту, помани ее только пальцем, — она и опять прибежит, станет на задних лапках служить. Так и промыкалась она, куда-то все выбиваясь и никогда ничего не успевая достигнуть, до тех пор пока исчезновение крепостного права окончательно не положило предела ее холопскому честолюбию.

В молодости ее был даже случай, который подавал ей надежды очень серьезные. В одну из своих побывок в Головлеве Порфирий Владимирыч свел с ней связь и даже, как гласило головлевское предание, имел от нее ребенка, за что и состоял долгое время под гневом у маменьки Арины Петровны. Поддерживалась ли эта связь впоследствии, при дальнейших наездах Иудушки в отчий дом — неизвестно; но, во всяком случае, когда Порфирий Владимирыч собрался в Головлево совсем на жительство, мечтаниям Улитушки пришлось рухнуть самым обидным образом. Немедленно по приезде Иудушки она кинулась к нему с целым ворохом сплетен, в которых Арина Петровна обвинялась чуть не в мошенничестве; но «барин» сплетни выслушал благосклонно, а на Улитку взглянул все-таки холодно и прежней ее «заслуги» не попомнил. Обманутая в расчетах и обиженная, Улитушка перекинулась в Дубровино, где братец Павел Владимирыч, из ненависти к братцу Порфирию Владимирычу, охотно принял ее и даже сделал экономкою. Тут ее фонды как будто поправились. Павел Владимирыч сидел на антресолях и выпивал рюмку за рюмкой, а она с утра до вечера бойко бегала по кладовым и погребам, гремела ключами, громко язычничала и даже завела какие-то контры с Ариной Петровной, которую чуть не сжила со свету.

Но Улитушка слишком любила всякие предательства, чтобы в тишине пользоваться выпавшим на ее долю хорошим житьем. Это было то самое время, когда Павел Владимирыч испивал уже настолько, что можно было с известными надеждами относиться к исходу этого беспробудного пьянства. Порфирий Владимирыч понял, что в таком положении дела Улитушка представляет неоцененный клад — и вновь поманил ее пальцем. Ей было дано из Головлева приказание — не отходить ни на шаг от облюбованной жертвы, ни в чем ей не противоречить, даже в ненависти к братцу Порфирию Владимирычу, а только всеми мерами устранять вмешательство Арины Петровны. Это было одно из тех родственных злодейств, на которые Иудушка не то чтоб решался по зрелом размышлении, а как-то само собой проделывал, как самую обыкновенную затею. Излишне было бы говорить, что Улитушка выполнила поручение в точности. Павел Владимирыч не переставал ненавидеть брата, но чем больше он ненавидел, тем больше пил и тем меньше становился способен выслушивать какие-либо замечания Арины Петровны насчет «распоряжения». Каждое движение умирающего, каждое его слово немедленно делались известными в Головлеве, так что Иудушка мог с полным знанием дела определить минуту, когда ему следует выйти из-за кулис и появиться на сцену настоящим господином созданного им положения. И он воспользовался этим, то есть нагрянул в Дубровино именно тогда, когда оно, так сказать, само отдалось ему в руки.

За эту услугу Порфирий Владимирыч подарил Улитушке шерстяной материи на платье, но до себя все-таки не допустил. Опять шарахнулась Улитушка с высоты величия в преисподнюю, и на этот раз, казалось, так, что уж никто на свете ее никогда не поманит пальцем.

В виде особенной милости за то, что она «за братцем в последние минуты ходила», Иудушка отделил ей угол в избе, где вообще ютились оставшиеся, по упразднении крепостного права, заслуженные дворовые. Там Улитушка окончательно смирилась, так что когда Порфирий Владимирыч облюбовал Евпраксеюшку, то она не только не выказала никакой строптивости, но даже первая пришла к «бариновой сударке» на поклон и поцеловала ее в плечико.

И вдруг, в ту минуту, когда она уже сама сознавала себя забытою и заброшенною, — ей опять посчастливилось: Евпраксеюшка забеременела. Вспомнили, что где-то в людской избе ютится «золотой человек», и поманили его пальцем. Правда, не сам «барин» поманил, но и того уж достаточно, что он не попрепятствовал. Улитушка ознаменовала свое вступление в господский дом тем, что взяла у Евпраксеюшки из рук самовар и с форсом и несколько избочась принесла его в столовую, где в то время сидел и Порфирий Владимирыч. И «барин» — не сказал ни слова. Ей показалось, что он даже улыбнулся, когда в другой раз, с тем же самоваром в руках, она встретила его в коридоре и еще издали закричала:

— Барин! посторонись — ожгу!

Призванная Ариной Петровной на семейный совет, Улитушка некоторое время кобенилась и не хотела сесть. Но когда Арина Петровна ласково на нее прикрикнула:

— Садись-ко! садись! нечего штуки-фигуры выкидывать! Царь всех нас ровными сделал — садись! — то и она села, сначала смирнехонько, а потом и язык распустила.

Эта женщина тоже припоминала. Много всякого гною скопилось в ее памяти из прежней крепостной практики. Независимо от выполнения деликатных поручений по предмету сослеживания девичьих вожделений, Улитушка состояла в головлевском доме в качестве аптекарши и лекарки.

Сколько она поставила в своей жизни горчичников, рожков и в особенности клистиров! Ставила она клистиры и старому барину Владимиру Михайлычу, и старой барыне Арине Петровне, и молодым барчукам всем до единого — и сохранила об этом самые благодарные воспоминания. И вот теперь для этих воспоминаний представилось почти неоглядное поле...

Головлевский дом как-то таинственно оживился. Арина Петровна то и дело наезжала из Погорелки к «доброму сыну», и под ее надзором деятельно шли приготовления, которым покуда не давалось еще названия. После вечернего чая все три женщины забирались в Евпраксеюшкину комнату, лакомились домашним вареньем, играли в дураки и до поздних петухов предавались воспоминаниям, от которых «сударка», по временам, шибко алела. Всякий самый ничтожный случай служил поводом к новым и новым рассказам. Подаст Евпраксеюшка вареньица малинового — Арина Петровна расскажет, как она, будучи беременна дочкой Сонькой, даже запаху малины выносить не могла.

— Только в дом принесут — я уж и слышу, что ее принесли! Так вот благим матом и кричу: вон! вон ее, проклятую, несите! А после, как выпросталась, — и опять ничего! и опять полюбила!

Принесет Евпраксеюшка икорки закусить — Арина Петровна и насчет икорки случай вспомнит.

— А вот с икоркой у меня случай был — так именно диковинный! В ту пору я — с месяц ли, с два ли я только что замуж вышла — и вдруг так ли мне этой икры захотелось, вынь да положь! Заберусь это, бывало, потихоньку в кладовую и все ем, все ем! Только и говорю я своему благоверному: что, мол, это, Владимир Михайлыч, значит, что я все икру ем? А он этак улыбнулся и говорит: «Да ведь ты, мой друг, тяжела!» И точно, ровно через девять месяцев после того я и выпросталась, Степку-балбеса родила!

Порфирий Владимирыч между тем продолжал с прежнею загадочностью относиться к беременности Евпраксеюшки и даже ни разу не высказался определенно относительно своей прикосновенности к этому делу. Весьма естественно, что это стесняло женщин, мешало их излияниям, и потому Иудушку почти совсем обросили и без церемонии гнали вон, когда он заходил вечером на огонек в Евпраксеюшкину комнату.

— Ступай-ка, ступай, молодец! — весело говорила Арина Петровна, — ты свое дело сделал, теперь наше, женское дело наступило! На нашей улице праздник!

Иудушка смиренно удалялся, и хотя при этом не упускал случая попенять доброму другу маменьке, что она сделалась к нему немилостива, но в глубине души был очень доволен, что его не тревожат и что Арина Петровна приняла горячее участие в затруднительном для него обстоятельстве. Если б этого участия не было — бог знает, что бы ему пришлось предпринять, чтобы смять это пакостное дело, при одном воспоминании о котором он ежился и отплевывался. А теперь, благодаря опытности Арины Петровны и ловкости Улитушки, он надеялся, что «беда» пройдет без огласки и что ему самому, быть может, придется узнать о результате ее, когда уже все совсем будет кончено.

***

Расчеты Порфирия Владимирыча, однако ж, не оправдались. Сначала случилась катастрофа с Петенькой, а невдолге за нею последовала и смерть Арины Петровны. Приходилось расплачиваться самолично, и, притом, без всякой надежды на какую-нибудь паскудную комбинацию. Нельзя было отослать Евпраксеюшку, яко непотребную, к родным, потому что, благодаря вмешательству Арины Петровны, дело зашло слишком далеко и было у всех на знати́. На усердие Улитушки тоже надежда была плоха, потому что хоть она и ловкая девка, но ежели ей довериться, то, пожалуй, и от судебного следователя потом не убережешься. В первый раз в жизни Иудушка серьезно и искренно возроптал на свое одиночество, в первый раз смутно понял, что окружающие люди — не просто пешки, годные только на то, чтоб морочить их.

«И что бы ей стоило крошечку погодить, — сетовал он втихомолку на милого друга маменьку, — устроила бы все как следует, умнехонько да смирнехонько — и Христос бы с ней! Пришло время умирать — делать нечего! жалко старушку, да коли так богу угодно, и слезы наши, и доктора, и лекарства наши, и мы все — всё против воли божией бессильно! Пожила старушка, попользовалась! И сама барыней век прожила, и детей господами оставила! Пожила, и будет!»

И, по обыкновению, суетливая его мысль, не любившая задерживаться на предмете, представляющем какие-нибудь практические затруднения, сейчас же перекидывалась в сторону, к предмету более легкому, по поводу которого можно было празднословить бессрочно и беспрепятственно.

«И как ведь скончалась-то, именно только праведники такой кончины удостоиваются! — лгал он самому себе, сам, впрочем, не понимая, лжет он или говорит правду, — без болезни, без смуты... так! Вздохнула — смотрим, а ее уж и нет! Ах, маменька, маменька! И улыбочка на лице, и румянчик... И ручка сложена, как будто благословить хочет, и глазки закрыла... адье!»

И вдруг, в самом разгаре жалостливых слов, опять словно кольнет его. Опять эта пакость... тьфу! тьфу! тьфу! Ну что бы стоило маменьке крошечку повременить! И всего-то с месяц, а может быть, и меньше осталось — так вот на-поди!

Некоторое время пробовал было он и на вопросы Улитушки так же отнекиваться, как отнекивался перед милым другом маменькой: не знаю! ничего я не знаю! Но к Улитушке, как бабе наглой и, притом же, почувствовавшей свою силу, не так-то легко было подойти с подобными приемами.

— Я, что ли, знаю! я, что ли, кузов-то строила! — на первых же порах обрезала она его так, что он понял, что отныне расчеты на счастливое соединение роли прелюбодея с ролью постороннего наблюдателя результатов собственного прелюбодеяния окончательно рухнули для него.

Беда надвигалась все ближе и ближе, беда неминучая, почти осязаемая! Она преследовала его ежеминутно и, что всего хуже, парализовала его пустомыслие. Он употреблял всевозможные усилия, чтоб смять представление об ней, утопить его в потоке праздных слов, но это удавалось ему только отчасти. Пробовал он как-нибудь спрятаться за непререкаемостью законов высшего произволения и, по обыкновению, делал из этой темы целый клубок, который бесконечно разматывал, припутывая сюда и притчу о волосе, с человеческой головы не падающем, и легенду о здании, на песце строимом; но в ту самую минуту, когда праздные мысли беспрепятственно скатывались одна за другой в какую-то загадочную бездну, когда бесконечное разматывание клубка уж казалось вполне обеспеченным, — вдруг, словно из-за угла, врывалось одно слово и сразу обрывало нитку. Увы! это слово было: «прелюбодеяние», и обозначало такое действие, в котором Иудушка и перед самим собой сознаться не хотел.

И вот, когда, после тщетных попыток забыть и убить, делалось, наконец, ясным, что он пойман, — на него нападала тоска. Он принимался ходить по комнате, ни об чем не думая, а только ощущая, что внутри у него сосет и дрожит.

Это была совсем новая узда, которую в первый раз в жизни узнало его праздномыслие. До сих пор, в какую бы сторону ни шла его пустопорожняя фантазия, повсюду она встречала лишенное границ пространство, на протяжении которого складывались всевозможные комбинации. Даже погибель Володьки, Петьки, даже смерть Арины Петровны не затрудняли его праздномыслия. Это были факты обыкновенные, общепризнанные, для оценки которых существовала и обстановка общепризнанная, искони обусловленная. Панихиды, сорокоусты, поминальные обеды и проч. — все это он, по обычаю, отбыл как следует и всем этим, так сказать, оправдал себя и перед людьми, и перед провидением. Но прелюбодеяние... это что же такое? Ведь это — обличение целой жизни, это — обнаружение ее внутренней лжи! Хотя и прежде его разумели кляузником, положим даже — «кровопивцем», но во всей этой людской мо̀лви было так мало юридической подкладки, что он мог с полным основанием возразить: докажи! И вдруг теперь... прелюбодей! Прелюбодей уличенный, несомненный (он даже мер никаких, по милости Арины Петровны (ах, маменька! маменька!) не принял, даже солгать не успел), да еще и «под постный день»... тьфу!.. тьфу! тьфу!

В этих внутренних собеседованиях с самим собою, как ни запутано было их содержание, замечалось даже что-то похожее на пробуждение совести. Но представлялся вопрос: пойдет ли Иудушка дальше по этому пути, или же пустомыслие и тут сослужит ему обычную службу и представит новую лазейку, благодаря которой он, как и всегда, успеет выйти сухим из воды?

Покуда Иудушка изнывал таким образом под бременем пустоутробия, в Евпраксеюшке, мало-помалу, совершался совсем неожиданный внутренний переворот. Ожидание материнства, по-видимому, разрешило умственные узы, связывавшие ее. До сих пор она ко всему относилась безучастно, а на Порфирия Владимирыча смотрела как на «барина», к которому у ней существовали подневольные отношения. Теперь она впервые что-то поняла, нечто вроде того, что у нее свое дело есть, в котором она — «сама большая» и где помыкать ею безвозбранно нельзя. Вследствие этого даже выражение ее лица, обыкновенно тупое и нескладное, как-то осмыслилось и засветилось.

Смерть Арины Петровны была первым фактом в ее полубессознательной жизни, который подействовал на нее отрезвляющим образом. Как ни своеобразны были отношения старой барыни к предстоящему материнству Евпраксеюшки, но все-таки в них просвечивало несомненное участие, а не одна паскудно-гадливая уклончивость, которая встречалась со стороны Иудушки. Поэтому Евпраксеюшка начала видеть в Арине Петровне что-то вроде засту́пы, как бы подозревая, что впереди готовится на нее какое-то нападение. Предчувствие этого нападения преследовало ее тем упорнее, что оно не было освещено сознанием, а только наполняло все ее существо постоянною тоскливою смутой. Мысль была недостаточно сильна, чтоб указать прямо, откуда придет нападение и в чем оно будет состоять; но инстинкты уже были настолько взбудоражены, что при виде Иудушки чувствовался безотчетный страх. Да, оно придет оттуда! — отзывалось во всех сердечных ее тайниках, — оттуда, из этого наполненного прахом гроба, к которому она доселе была приставлена, как простая наймитка, и который каким-то чудом сделался отцом и властелином ее ребенка! Чувство, которое пробуждалось в ней при этой последней мысли, было похоже на ненависть и даже непременно перешло бы в ненависть, если б не находило для себя отвлечения в участии Арины Петровны, которая добродушной своей болтовней не давала ей времени задуматься.

Но вот Арина Петровна сначала удалилась в Погорелку, а наконец и совсем угасла. Евпраксеюшке сделалось совсем жутко. Тишина, в которую погрузился головлевский дом, нарушалась только шуршаньем, возвещавшим, что Иудушка, крадучись и подобравши полы халата, бродит по коридору и подслушивает у дверей. Изредка кто-нибудь из челядинцев набежит со двора, хлопнет дверью в девичьей, и опять изо всех углов так и ползет тишина. Тишина мертвая, наполняющая существо суеверною, саднящею тоской. А так как Евпраксеюшка в это время была уже на сносях, то для нее не существовало даже ресурса хозяйственных хлопот, которые в былое время настолько утомляли ее физически, что она к вечеру ходила уже как сонная. Пробовала было она приласкаться к Порфирию Владимирычу, но попытки эти каждый раз вызывали краткие, но злобные сцены, которые даже на ее неразвитую натуру действовали мучительно. Поэтому приходилось сидеть сложа руки и думать, то есть тревожиться. А поводы для тревоги с каждым днем становились больше и больше, потому что смерть Арины Петровны развязала руки Улитушке и ввела в головлевский дом новый элемент сплетен, сделавшихся отныне единственным живым делом, на котором отдыхала душа Иудушки.

Улитушка поняла, что Порфирий Владимирыч трусит и что в этой пустоутробной и изолгавшейся натуре трусость очень близко граничит с ненавистью. Сверх того, она отлично знала, что Порфирий Владимирыч не способен не только на привязанность, но даже и на простое жаленье; что он держит Евпраксеюшку лишь потому, что благодаря ей домашний обиход идет не сбиваясь с однажды намеченной колеи. Заручившись этими несложными данными, Улитушка имела полную возможность ежеминутно питать и лелеять то чувство ненависти, которое закипало в душе Иудушки каждый раз, когда что-нибудь напоминало ему о предстоящей «беде».

В скором времени целая сеть сплетен опутала Евпраксеюшку со всех сторон. Улитушка то и дело «докладывала» барину. То придет пожалуется на безрассудное распоряжение домашнею провизией.

— Чтой-то, барин, как у вас добра много выходит! Давеча пошла я на погреб за солониной; думаю, давно ли другую кадку зачали — смотрю, ан ее там куска с два ли, с три ли на донышке лежит!

— Неужто? — уставлялся в нее глазами Иудушка.

— Кабы не сама своими глазами видела — не поверила бы! Даже удивительно, куда этакая прорва идет! Масла, круп, огурцов — всего! У других господ кашу-то людям с гусиным жиром дают — таковские! — а у нас — все с маслом, да все с чухонскиим!

— Неужто? — почти пугался Порфирий Владимирыч.

То придет и невзначай о барском белье доложит:

— Вы бы, баринушка, остановили Евпраксеюшку-то. Конечно, дело ее — девичье, непривычное, а вот хоть бы насчет белья... Целые вороха она этого белья извела на простыни да на пеленки, а белье-то все тонкое.

Порфирий Владимирыч только сверкнет глазами в ответ, но вся его пустая утроба так и повернется при этих словах.

— Известно, младенца своего жалеет! — продолжает Улитушка медоточивым голосом, — думает, и невесть что случилось... прынец народится! А между прочиим, мог бы он, младенец-то, и на посконных простыньках уснуть... в ихним звании!

Иногда она даже попросту поддразнивала Иудушку.

— А что я вас хотела, баринушка, спросить, — начинала она, — как вы насчет младенца-то располагаете? сынком, что ли, своим его сделаете или, по примеру прочиих, в воспитательный...

Но Порфирий Владимирыч в самом начале прерывал вопрос таким мрачным взглядом, что Улитушка умолкала.

И вот, посреди закипавшей со всех сторон ненависти, все ближе и ближе надвигалась минута, когда появление на свет крошечного, плачущего «раба божия» должно было разрешить чем-нибудь царствовавшую в головлевском доме нравственную сумятицу и в то же время увеличить собой число прочих плачущих «рабов божиих», населяющих вселенную.

***

Седьмой час вечера. Порфирий Владимирыч успел уже выспаться после обеда и сидит у себя в кабинете, исписывая цифирными выкладками листы бумаги. На этот раз его занимает вопрос: сколько было бы у него теперь денег, если б маменька Арина Петровна подаренные ему при рождении дедушкой Петром Иванычем, на зубок, сто рублей ассигнациями не присвоила себе, а положила бы вкладом в ломбард на имя малолетнего Порфирия? Выходит, однако, немного: всего восемьсот рублей ассигнациями.

— Положим, что капитал и небольшой, — праздномыслит Иудушка, — а все-таки хорошо, когда знаешь, что про черный день есть. Занадобилось — и взял. Ни у кого не попросил, никому не поклонился —

сам взял, свое, кровное, дедушкой подаренное! Ах, маменька! маменька! и как это вы, друг мой, так, очертя голову, действовали!

Увы! Порфирий Владимирыч уже успокоился от тревог, которые еще так недавно парализовали его праздномыслие. Своеобразные проблески совести, пробужденные затруднениями, в которые его поставили беременность Евпраксеюшки и нежданная смерть Арины Петровны, мало-помалу затихли. Пустомыслие сослужило и тут свою обычную службу, и Иудушке в конце концов удалось-таки, с помощью неимоверных усилий, утопить представление о «беде» в бездне праздных слов. Нельзя сказать, чтоб он сознательно на что-нибудь решился, но как-то сама собой вдруг вспомнилась старая, излюбленная формула: «Ничего я не знаю! ничего я не позволяю и ничего не разрешаю!» — к которой он всегда прибегал в затруднительных обстоятельствах, и очень скоро положила конец внутренней сумятице, временно взволновавшей его. Теперь он уж смотрел на предстоящие роды как на дело, до него не относящееся, а потому и самому лицу своему постарался сообщить выражение бесстрастное и непроницаемое. Он почти игнорировал Евпраксеюшку и даже не называл ее по имени, а ежели случалось иногда спросить об ней, то выражался так: «А что та... все еще больна?» Словом сказать, оказался настолько сильным, что даже Улитушка, которая в школе крепостного права довольно-таки понаторела в науке сердцеведения, поняла, что бороться с таким человеком, который на все готов и на все согласен, совершенно нельзя.

Головлевский дом погружен в тьму; только в кабинете у барина, да еще в дальней боковушке, у Евпраксеюшки, мерцает свет. На Иудушкиной половине царствует тишина, прерываемая щелканьем на счетах да шуршаньем карандаша, которым Порфирий Владимирыч делает на бумаге цифирные выкладки. И вдруг, среди общего безмолвия, в кабинет врывается отдаленный, но раздирающий стон. Иудушка вздрагивает; губы его моментально трясутся; карандаш делает неподлежащий штрих.

— Сто двадцать один рубль да двенадцать рублей десять копеек... — шепчет Порфирий Владимирыч, усиливаясь заглушить неприятное впечатление, произведенное стоном.

Но стоны повторяются чаще и чаще и делаются, наконец, беспокойными. Работа становится настолько неудобною, что Иудушка оставляет письменный стол. Сначала он ходит по комнате, стараясь не слышать; но любопытство мало-помалу берет верх над пустоутробием. Потихоньку приотворяет он дверь кабинета, просовывает голову в тьму соседней комнаты и в выжидательной позе прислушивается.

«Ахти! никак, и лампадку перед иконой „Утоли моя печали“ засветить позабыли!» — мелькает у него в голове.

Но вот послышались в коридоре чьи-то ускоренные, тревожные

шаги. Порфирий Владимирыч поспешно юркнул головой опять в кабинет, осторожно притворил дверь и на цыпочках рысцой подошел к образу. Через секунду он уже был «при всей форме», так что когда дверь распахнулась и Улитушка вбежала в комнату, то она застала его стоящим на молитве со сложенными руками.

— Как бы Евпраксеюшка-то у нас богу душу не отдала! — сказала Улитушка, не побоявшись нарушить молитвенное стояние Иудушки.

Но Порфирий Владимирыч даже не обернулся к ней, а только поспешнее обыкновенного зашевелил губами и вместо ответа помахал одной рукой в воздухе, словно отмахиваясь от назойливой мухи.

— Что рукою-то дрыгаете! плоха, говорю, Евпраксеюшка, того гляди, помрет! — грубо настаивала Улитушка.

На сей раз Иудушка обернулся, но лицо у него было такое спокойное, елейное, как будто он только что, в созерцании божества, отложил всякое житейское попечение и даже не понимает, по какому случаю могут тревожить его.

— Хоть и грех, по молитве, бранить, но как человек не могу не попенять: сколько раз я просил не тревожить меня, когда я на молитве стою! — сказал он приличествующим молитвенному настроению голосом, позволив себе, однако, покачать головой в знак христианской укоризны, — ну что еще такое у вас там?

— Чему больше быть: Евпраксеюшка мучится, разродиться не может! точно в первый раз слышите... ах, вы! хоть бы взглянули!

— Что же смотреть! доктор я, что ли? совет, что ли, дать могу? Да и не знаю я, никаких я ваших дел не знаю! Знаю, что в доме больная есть, а чем больна и отчего больна — об этом и узнавать, признаться, не любопытствовал! Вот за батюшкой послать, коли больная трудна — это я присоветовать могу! Пошлете за батюшкой, вместе помолитесь, лампадочки у образов засветите... а после мы с батюшкой чайку попьем!

Порфирий Владимирыч был очень доволен, что он в эту решительную минуту так категорически выразился. Он смотрел на Улитушку светло и уверенно, словно говорил: а ну-тка, опровергни теперь меня! Даже Улитушка не нашлась ввиду этого благодушия.

— Пришли бы! взглянули бы! — повторила она в другой раз.

— Не приду, потому что ходить незачем. Кабы за делом, я бы и без зова твоего пошел. За пять верст нужно по делу идти — за пять верст пойду; за десять верст нужно — и за десять верст пойду! И морозец на дворе, и метелица, а я все иду да иду! Потому знаю: дело есть, нельзя не идти!

Улитушке думалось, что она спит и в сонном видении сам сатана предстал перед нею и разглагольствует.

— Вот за попом послать, это — так. Это дельно будет. Молитва — ты знаешь ли, что об молитве-то в Писании сказано? Молитва — недугующих исцеление — вот что сказано! Так ты так и распорядись! Пошлите за батюшкой, помолитесь вместе... и я в это же время помолюсь! Вы там, в образной, помолитесь, а я здесь, у себя, в кабинете, у бога милости попрошу... Общими силами: вы там, я тут — смотришь, ан молитва-то и дошла!

Послали за батюшкой, но, прежде нежели он успел прийти, Евпраксеюшка, в терзаниях и муках, уж разрешилась. Порфирий Владимирыч мог догадаться по беготне и хлопанью дверьми, которые вдруг поднялись в стороне девичьей, что случилось что-нибудь решительное. И действительно, через несколько минут в коридоре вновь послышались торопливые шаги, и вслед за тем в кабинет на всех парусах влетела Улитушка, держа в руках крохотное существо, завернутое в белье.

— На-тко те! Погляди-тко те! — возгласила она торжественным голосом, поднося ребенка к самому лицу Порфирия Владимирыча.

Иудушку на мгновение словно бы поколебало, даже корпус его пошатнулся вперед, и в глазах блеснула какая-то искорка. Но это было именно только на одно мгновение, потому что вслед за тем он уже брезгливо отвернул свое лицо от младенца и обеими руками замахал в его сторону.

— Нет, нет! боюсь я их... не люблю! ступай... ступай! — лепетал он, выражая всем лицом своим бесконечную гадливость.

— Да вы хоть бы спросили: мальчик или девочка? — увещевала его Улитушка.

— Нет, нет... и незачем... и не мое это дело! Ваши это дела, а я не знаю... Ничего я не знаю, и знать мне не нужно... Уйди от меня, ради Христа! уйди!

Опять сонное видение, и опять сатана... Улитушку даже взорвало.

— А вот я возьму да на диван вам и брошу... нянчитесь с ним! — пригрозила она.

Но Иудушка был не такой человек, которого можно было пронять. В то время когда Улитушка произносила свою угрозу, он уже повернулся лицом к образам и скромно воздевал руками. Очевидно, он просил бога простить всем: и тем, «иже ведением и неведением», и тем, «иже словом, и делом, и помышлением», а за себя благодарил, что он — не тать, и не мздоимец, и не прелюбодей, и что бог, по милости своей, укрепил его на стезе праведных. Даже нос у него вздрагивал от умиления, так что Улитушка, наблюдавшая за ним, плюнула и ушла.

— Вот одного Володьку бог взял — другого Володьку дал! — как-то совсем некстати сорвалось у него с мысли; но он тотчас же подметил эту неожиданную игру ума и мысленно проговорил: «тьфу! тьфу! тьфу!»

Пришел и батюшка, попел и покадил. Иудушка слышал, как дьячок тянул: «Заступница усердная!» — и сам разохотился — подтянул дьячку. Опять прибежала Улитушка, крикнула в дверь:

— Володимером назвали!

Странное совпадение этого обстоятельства с недавнею аберрацией мысли, тоже напоминавшей о погибшем Володьке, умилило Иудушку. Он увидел в этом божеское произволение и, на этот раз уже не отплевываясь, сказал самому себе:

— Вот и слава богу! одного Володьку бог взял, другого — дал! Вот оно, бог-то! В одном месте теряешь, думаешь, что и не найдешь — ан бог-то возьмет да в другом месте сторицей вознаградит!

Наконец доложили, что самовар подан и батюшка ожидает в столовой. Порфирий Владимирыч окончательно стих и умилился. Отец Александр, действительно, уже сидел в столовой, в ожидании Порфирия Владимирыча. Головлевский батюшка был человек политичный и старавшийся придерживаться в сношениях с Иудушкой светского тона; но он очень хорошо понимал, что в господской усадьбе еженедельно и под большие праздники совершаются всенощные бдения, а сверх того, каждое 1-е число служится молебен, и что все это доставляет причту не менее ста рублей в год дохода. Кроме того, ему небезызвестно было, что церковная земля еще не была надлежащим образом отмежевана и что Иудушка не раз, проезжая мимо поповского луга, говаривал: «Ах, хорош лужок!» Поэтому в светское обращение батюшки примешивалась и немалая доля «страха иудейска», который выражался в том, что батюшка при свиданиях с Порфирием Владимирычем старался приводить себя в светлое и радостное настроение, хотя бы и не имел повода таковое ощущать, и когда последний в разговоре позволял себе развивать некоторые ереси относительно путей провидения, предбудущей жизни и прочего, то, не одобряя их прямо, видел, однако, в них не кощунство или богохульство, но лишь свойственное дворянскому званию дерзновение ума.

Когда Иудушка вошел, батюшка торопливо благословил его и еще торопливее отдернул руку, словно боялся, что кровопивец укусит ее. Хотел было он поздравить своего духовного сына с новорожденным Владимиром, но подумал, как-то еще отнесется к этому обстоятельству сам Иудушка, и остерегся.

— Мжица на дворе ныне, — начал батюшка, — по народным приметам, в коих, впрочем, частицею и суеверие примечается, оттепель таковая погода предзнаменует.

— А может быть, и мороз; мы загадываем про оттепель — а бог возьмет да морозцу пошлет! — возразил Иудушка, хлопотливо и даже почти весело присаживаясь к чайному столу, за которым на сей раз хозяйничал лакей Прохор.

— Это точно, что человек нередко, в мечтании своем, стремится недосягаемая досягнуть и к недоступному доступ найти. А вследствие того, или повод для раскаяния, или и самую скорбь для себя обретает.

— А потому и надо нам от гаданий да от заглядываний подальше себя держать, а быть довольными тем, что бог пошлет. Пошлет бог тепла — мы теплу будем рады; пошлет бог морозцу — и морозцу милости просим! Велим пожарче печечки натопить, а которые в путь шествуют, те в шубки покрепче завернутся — вот и тепленько нам будет!

— Справедливо!

— Многие нынче любят кругом да около ходить: и то не так, и другое не по-ихнему, и третье вот этак бы сделать, а я этого не люблю. И сам не загадываю, и в других не похвалю. Высокоумие это — вот я какой взгляд на такие попытки имею!

— И это справедливо.

— Мы все здесь — странники; я так на себя и смотрю! Вот чайку попить, закусить что-нибудь, легонькое... это нам дозволено! Потому бог нам тело и прочие части дал... Этого и правительство нам не воспрещает: кушать кушайте, а язык за зубами держите!

— И опять-таки вполне справедливо! — крякнул батюшка и от внутреннего ликования стукнул об блюдечко донышком опорожненного стакана.

— Я так рассуждаю, что ум дан человеку не для того, чтоб испытывать неизвестное, а для того, чтоб воздерживаться от грехов. Вот ежели я, например, чувствую плотскую немощь или смущение и призываю на помощь ум: укажи, мол, пути, как мне ту немощь побороть — вот тогда я поступаю правильно! Потому что в этих случаях ум действительно пользу оказать может.

— А больше все-таки вера, — слегка поправил батюшка.

— Вера — сама по себе, а ум сам по себе. Вера на цель указывает, а ум — пути изыскивает. Туда толкнется, там постучится... блуждает, а между тем и полезное что-нибудь отыщет. Вот лекарства разные, травы целебные, пластыри, декокты — все это ум изобретает и открывает. Но надобно, чтоб все было согласно с верою — на пользу, а не на вред.

— И против этого возразить ничего не могу!

— Я, батя, книжку одну читал, так там именно сказано: услугами ума, ежели оный верою направляется, отнюдь не следует пренебрегать, ибо человек без ума в скором времени делается игралищем страстей. А я даже так думаю, что и первое грехопадение человеческое оттого произошло, что дьявол, в образе змия, рассуждение человеческое затмил.

Батюшка на это не возражал, но и от похвалы воздержался, потому что не мог себе еще уяснить, к чему склоняется Иудушкина речь.

— Часто мы видим, что люди не только впадают в грех мысленный, но и преступления совершают — и всё через недостаток ума. Плоть искушает, а ума нет — вот и летит человек в пропасть. И сладенького-то хочется, и веселенького, и приятненького, а в особенности ежели женский пол... ка́к тут без ума уберечи́сь! А коли ежели у меня есть ум, я взял канфарки или маслица; там потер, в другом месте подсыпал — смотришь, искушение-то с меня как рукой сняло!

Иудушка замолчал, как бы выжидая, что скажет на это батюшка, но батюшка все еще недоумевал, к чему клонится Иудушкина речь, и потому только крякнул и без всякого резона сказал:

— Вот у меня на дворе куры... Суетятся, по случаю солноворота; бегают, мечутся, места нигде сыскать не могут...

— И все оттого, что ни у птиц, ни у зверей, ни у пресмыкающих — ума нет. Птица — это что такое? Ни у ней горя, ни заботушки — летает себе! Вот давеча смотрю в окно: копаются воробьи носами в навозе — и будет с них! А человеку — этого мало!

— Однако в иных случаях и Писание на птиц небесных указывает!

— В иных случаях — это так. В тех случаях, когда и без ума вера спасает — тогда птицам подражать нужно. Вот богу молиться, стихи сочинять...

Порфирий Владимирыч умолк. Он был болтлив по природе, и, в сущности, у него так и вертелось на языке происшествие дня. Но, очевидно, не созрела еще форма, в которой приличным образом могли быть выражены разглагольствия по этому предмету.

— Птицам ум не нужен, — наконец сказал он, — потому что у них соблазнов нет. Или, лучше сказать, есть соблазны, да никто с них за это не взыскивает. У них все натуральное: ни собственности нет, за которой нужно присмотреть, ни законных браков нет, а следовательно, нет и вдовства. Ни перед богом, ни перед начальством они в ответе не состоят: один у них начальник — петух!

— Петух! петух! это так точно! он у них — вроде как султан турецкий!

— А человек все так сам для себя устроил, что ничего у него натурального нет, а потому ему и ума много нужно. И самому чтобы в грех не впасть, и других бы в соблазн не ввести. Так ли, батя?

— Истинная это правда. И Писание советует соблазняющее око истребить.

— Это ежели буквально понимать, а можно, и не истребляя ока, так устроить, чтобы оно не соблазнялось. К молитве чаще обращаться, озлобление телесное усмирять. Вот я, например: и в поре́, и нельзя сказать, чтоб хил... Ну, и прислуга у меня женская есть... а мне и горюшка мало! Знаю, что без прислуги нельзя — ну и держу! И мужскую прислугу держу, и женскую — всякую! Женская прислуга тоже в хозяйстве нужна. На погреб сходить, чайку налить, насчет закусочки распорядиться... ну, и Христос с ней! Она свое дело делает, я — свое... вот мы и поживаем!

Говоря это, Иудушка старался смотреть батюшке в глаза, батюшка тоже, с своей стороны, старался смотреть в глаза Иудушке. Но, к счастью, между ними стояла свечка, так что они могли вволю смотреть друг на друга и видеть только пламя свечи.

— А притом, я и так еще рассуждаю: ежели с прислугой в короткие отношения войти — непременно она командовать в доме начнет. Пойдут это дрязги да непорядки, перекоры да грубости: ты слово, а она — два... А я от этого устраняюсь.

У батюшки даже в глазах зарябило: до того пристально он смотрел на Иудушку. Поэтому, и чувствуя, что светские приличия требуют, чтобы собеседник хоть от времени до времени вставлял слово в общий разговор, он покачал головой и произнес:

— Тсс...

— А ежели при этом еще так поступать, как другие... вот как соседушка мой, господин Анпетов, например, или другой соседушка, господин Утробин... так и до греха недалеко. Вон у господина Утробина: никак, с шесть человек этой пакости во дворе копается... А я этого не хочу. Я говорю так: коли бог у меня моего ангела-хранителя отнял — стало быть, так его святой воле угодно, чтоб я вдовцом был. А ежели я, по милости божьей, вдовец, то, стало быть, должен вдоветь честно и ложе свое нескверно содержать. Так ли, батя?

— Тяжко, сударь!

— Сам знаю, что тяжко, и все-таки исполняю. Кто говорит: тяжко! а я говорю: чем тяжче, тем лучше, только бы бог укрепил! Не всем сладенького да легонького — надо кому-нибудь и для бога потрудиться! Здесь себя сократишь — там получишь! Здесь — «трудом» это называется, а там — заслугой зовется! Справедливо ли я говорю?

— Уж на что же справедливее!

— Тоже и об заслугах надо сказать. И они неравные бывают. Одна заслуга — большая, а другая заслуга — малая! А ты как бы думал!

— Как же возможно! Большая ли заслуга или малая!

— Так вот оно на мое и выходит. Коли человек держит себя аккуратно: не срамословит, не суесловит, других не осуждает, коли он притом никого не огорчил, ни у кого ничего не отнял... ну, и насчет соблазнов этих вел себя осторожно — так и совесть у того человека завсегда покойна будет. И ничто к нему не пристанет, никакая грязь! А ежели кто из-за угла и осудит его, так, по моему мнению, такие осуждения даже в расчет принимать не следует. Плюнуть на них — и вся недолга!

— В сих случаях христианские правила прощение преимущественнее рекомендуют!

— Ну, или простить! Я всегда так и делаю: коли меня кто осуждает, я его прощу да еще богу за него помолюсь! И ему хорошо, что за него молитва до бога дошла, да и мне хорошо: помолился, да и забыл!

— Вот это правильно: ничто так не облегчает души, как молитва. И скорби, и гнев, и даже болезнь — все от нее, как тьма нощная от солнца, бежит!

— Ну, вот и слава богу! И всегда так вести себя нужно, чтобы жизнь наша, словно свеча в фонаре, вся со всех сторон видна была... И осуждать меньше будут — потому, не за что! Вот хоть бы мы: посидели, поговорили, побеседовали — кто же может нас за это осудить? А теперь пойдем да богу помолимся, а потом и баиньки. А завтра опять встанем... так ли, батюшка?

Иудушка встал и с шумом отодвинул свой стул, в знак окончания собеседования. Батюшка, с своей стороны, тоже поднялся и занес было руку для благословения; но Порфирий Владимирыч, в виде особого на сей раз расположения, поймал его руку и сжал ее в обеих своих.

— Так Владимиром, батюшка, назвали? — сказал он, печально качая головой в сторону Евпраксеюшкиной комнаты.

— В честь святаго и равноапостольного князя Владимира, сударь.

— Ну и слава богу! Прислуга она усердная, верная, а вот насчет ума — не взыщите! Оттого и впадают они... в пре-лю-бо-де-яние!

***

Весь следующий день Порфирий Владимирыч не выходил из кабинета и молился, прося себе у бога вразумления. На третий день он вышел к утреннему чаю не в халате, как обыкновенно, а одетый по-праздничному в сюртук, как он всегда делал, когда намеревался приступить к чему-нибудь решительному. Лицо у него было бледно, но дышало душевным просветлением; на губах играла блаженная улыбка; глаза смотрели ласково, как бы всепрощающе; кончик носа, вследствие молитвенного угобжения, слегка покраснел. Он молча выпил свои три стакана чаю и в промежутках между глотками шевелил губами, складывал руки и смотрел на образ, как будто все еще, несмотря на вчерашний молитвенный труд, ожидал от него скорой помощи и предстательства. Наконец, пропустив последний глоток, потребовал к себе Улитушку и встал перед образом, дабы еще раз подкрепить себя божественным собеседованием, а в то же время и Улите наглядно показать, что то, что имеет произойти вслед за сим, — дело не его, а богово. Улитушка, впрочем, с первого же взгляда на лицо Иудушки поняла, что в глубине его души решено предательство.

— Вот я и богу помолился! — начал Порфирий Владимирыч, и в знак покорности его святой воле опустил голову и развел руками.

— И распрекрасное дело! — ответила Улитушка, но в голосе ее звучала такая несомненная проницательность, что Иудушка невольно поднял на нее глаза.

Она стояла перед ним в обыкновенной своей позе, одну руку положив поперек груди, другую — уперши в подбородок; но по лицу ее так и светились искорки смеха. Порфирий Владимирыч слегка покачал головой, в знак христианской укоризны.

— Небось бог милости прислал? — продолжала Улитушка, не смущаясь предостерегательным движением своего собеседника.

— Все-то ты кощунствуешь! — не выдержал Иудушка, — сколько раз я и лаской, и шуточкой старался тебя от этого остеречь, а ты все свое! Злой у тебя язык... ехидный!

— Ничего я, кажется... Обыкновенно, коли богу помолились, значит, бог милости прислал!

— То-то вот «кажется»! А ты не все, что тебе «кажется», зря болтай; иной раз и помолчать умей! Я об деле, а она — «кажется»!

Улитушка только переступила с ноги на ногу, вместо ответа, как бы выражая этим движением, что все, что Порфирий Владимирыч имеет сказать ей, давным-давно ей известно и переизвестно.

— Ну, так слушай же ты меня, — начал Иудушка, — молился я богу, и вчера молился, и сегодня, и все выходит, что как-никак, а надо нам Володьку пристроить!

— Известно, надо пристроить! Не щенок — в болото не бросишь!

— Стой, погоди! дай мне слово сказать... язва ты, язва! Ну! Так вот я и говорю: как-никак, а надо Володьку пристроить. Первое дело, Евпраксеюшку пожалеть нужно, а второе дело — и его человеком сделать.

Порфирий Владимирыч взглянул на Улитушку, вероятно, ожидая, что вот-вот она всласть с ним покалякает, но она отнеслась к делу совершенно просто и даже цинически.

— Мне, что ли, в воспитательный-то везти? — спросила она, смотря на него в упор.

— Ах-ах! — вступился Иудушка, — уж ты и решила... таранта̀ егоровна! Ах, Улитка, Улитка! все-то у тебя на уме прыг да шмыг! все бы тебе поболтать да поегозить! А почему ты знаешь: может, я и не думаю об воспитательном? Может, я так... другое что-нибудь для Володьки придумал?

— Что ж, и другое что — и в этом худого нет!

— Вот я и говорю: хоть, с одной стороны, и жалко Володьку, а с другой стороны, коли порассудить да поразмыслить — ан выходит, что дома его держать нам не приходится!

— Известное дело! что люди скажут? скажут: откуда, мол, в головлевском доме чужой мальчишечка проявился?

— И это, да еще и то: пользы для него никакой дома не будет. Мать молода — баловать будет; я, старый, хотя и сбоку припека, а за верную службу матери... туда же, пожалуй! Нет-нет — да и снизойдешь. Где бы за проступок посечь малого, а тут, за тем да за сем... да и слез бабьих, да крику не оберешься — ну, и махнешь рукой! Так ли?

— Справедливо это. Надоест.

— А мне хочется, чтоб все у нас хорошохонько было. Чтоб из него, из Володьки-то, со временем настоящий человек вышел. И богу слуга, и царю — подданный. Коли ежели бог его крестьянством благословит, так чтобы землю работать умел... Косить там, пахать, дрова рубить — всего чтобы понемножку. А ежели ему в другое звание судьба будет, так чтобы ремесло знал, науку... Оттуда, слышь, и в учителя некоторые попадают!

— Из воспитательного-то? прямо генералами делают!

— Генералами не генералами, а все-таки... Может, и знаменитый какой-нибудь человек из Володьки выйдет! А воспитывают их там — отлично! Это уж я сам знаю! Кроватки чистенькие, мамки здоровенькие, рубашечки на детушках беленькие, рожочки, сосочки, пеленочки... словом, все!

— Чего лучше... для незаконных!

— А ежели он и в деревню в питомцы попадет — что ж, и Христос с ним! К трудам приучаться с малолетства будет, а ведь труд — та же молитва! Вот мы — мы настоящим манером молимся! встанем перед образом, крестное знамение творим, и ежели наша молитва угодна богу, то он подает нам за нее! А мужичок — тот трудится! Иной и рад бы настоящим манером помолиться, да ему вряд и в праздник поспеть. А бог все-таки видит его труды — за труды ему подает, как нам за молитву. Не всем в палатах жить да по балам прыгать — надо кому-нибудь и в избеночке курненькой пожить, за землицей-матушкой походить да похолить ее! А счастье-то — еще бабушка надвое сказала — где оно? Иной и в палатах и в неженье живет, да через золото слезы льет, а другой и в соломку зароется, хлебца с кваском покушает, а на душе-то у него рай! Так, что ли, я говорю?

— Чего лучше, как рай на душе!

— Так мы вот как с тобой, голубушка, сделаем. Возьми-ка ты проказника Володьку, заверни его тепленько да уютненько, да и скатай с ним живым манером в Москву. Кибиточку я распоряжусь снарядить для вас крытенькую, лошадочек парочку прикажу заложить, а дорога у нас теперь гладкая, ровная: ни ухабов, ни выбоин — кати да покатывай! Только ты у меня смотри: чтоб все честь честью было. По-моему, по-головлевски... как я люблю! Сосочка чтобы чистенькая, рожочек... рубашоночек, простынек, свивальничков, пеленочек, одеяльцев — всего чтобы вдоволь было! Бери! командуй! а не дадут, так меня, старого, за бока бери — мне жалуйся! А в Москву приедешь — на постоялом остановись. Харчи там, самоварчик, чайку — требуй! Ах, Володька, Володька! вот грех какой случился! И жаль расстаться с тобой, а делать, брат, нечего! Сам после пользу увидишь, сам будешь благодарить!

Иудушка слегка воздел руками и потрепетал губами, в знак умной молитвы. Но это не мешало ему исподлобья взглядывать на Улитушку и подмечать язвительные мелькания, которыми подергивалось лицо ее.

— Ты что? сказать что-нибудь хочешь? — спросил он ее.

— Ничего я. Известно, мол: будет благодарить, коли благодетелен своих отыщет.

— Ах ты, дурная, дурная! да разве мы без билета его туда отдадим! А ты билетец возьми! По билетцу-то мы и сами его как раз отыщем! Вот выхолят, выкормят, уму-разуму научат, а мы с билетцем и тут как тут: пожалуйте молодца нашего, Володьку-проказника, назад! С билетцем-то мы его со дна морского выудим... Так ли я говорю?

Но Улитушка ничего не ответила на вопрос; только язвительные мелькания на лице ее выступили еще резче прежнего. Порфирий Владимирыч не выдержал.

— Язва ты, язва! — сказал он, — дьявол в тебе сидит, черт... тьфу! тьфу! тьфу! Ну, будет. Завтра, чуть свет, возьмешь ты Володьку, да скорехонько, чтоб Евпраксеюшка не слыхала, и отправляйтесь с богом в Москву. Воспитательный-то знаешь?

— Важивала, — односложно ответила Улитушка. как бы намекая на что-то в прошлом.

— А важивала — так тебе и книги в руки. Стало быть, и входы и выходы — все должно быть тебе известно. Смотри же, помести его, да начальников низѐнько попроси — вот так!

Порфирий Владимирыч встал и поклонился, коснувшись рукою земли.

— Чтоб ему хорошо там было! не как-нибудь, а настоящим бы манером! Да билетец, билетец-то выправь. Не забудь! По билету мы его после везде отыщем! А на расходы я тебе две двадцатипятирублевеньких отпущу. Знаю ведь я, все знаю! И там сунуть придется, и в другом месте барашка в бумажке подарить... Ахти, грехи наши, грехи! Все мы люди, все чело-веки, все сладенького да хорошенького хотим! Вот и Володька наш! Кажется, велик ли, и всего с ноготок, а поди-ка, сколько уж денег стоит!

Сказавши это, Иудушка перекрестился и низенько поклонился Улитушке, молчаливо рекомендуя ей не оставить проказника Володьку своими попечениями. Будущее приблудной семьи было устроено самым простым способом.

***

На другое утро после этого разговора, покуда молодая мать металась в жару и бреду, Порфирий Владимирыч стоял перед окном в столовой, шевелил губами и крестил стекло. С красного двора выезжала рогожная кибитка, увозившая Володьку. Вот она поднялась на горку, поравнялась с церковью, повернула налево и скрылась в деревне. Иудушка сотворил последнее крестное знамение и вздохнул.

«Вот батя намеднись про оттепель говорил, — сказал он самому себе, — ан бог-то морозцу вместо оттепели послал! Морозцу, да еще какого! Так-то и всегда с нами бывает! Мечтаем мы, воздушные за̀мки строим, умствуем, думаем и бога самого перемудрить — а бог возьмет да в одну минуту все наше высокоумие в ничто обратит!»

Выморочный

Агония Иудушки началась с того, что ресурс празднословия, которым он до сих пор так охотно злоупотреблял, стал видимо сокращаться. Все вокруг него опустело: одни перемерли, другие — ушли. Даже Аннинька, несмотря на жалкую будущность кочующей актрисы, не соблазнилась головлевскими привольями. Оставалась одна Евпраксеюшка, но независимо от того, что это был ресурс очень ограниченный, и в ней произошла какая-то порча, которая не замедлила пробиться наружу и раз навсегда убедить Иудушку, что красные дни прошли для него безвозвратно.

До сих пор Евпраксеюшка была до такой степени беззащитна, что Порфирий Владимирыч мог угнетать ее без малейших опасений. Благодаря крайней неразвитости ума и врожденной дряблости характера, она даже не чувствовала этого угнетения. Покуда Иудушка срамословил, она безучастно смотрела ему в глаза и думала совсем о другом. Но теперь она вдруг нечто поняла, и ближайшим результатом пробудившейся способности понимания явилось внезапное, еще не сознанное, но злое и непобедимое отвращение.

Очевидно, пребывание в Головлеве погорелковской барышни не прошло бесследно для Евпраксеюшки. Хотя последняя и не могла дать себе отчета, какого рода боли вызвали в ней случайные разговоры с Аннинькой, но внутренно она почувствовала себя совершенно взбудораженною. Прежде ей никогда не приходило в голову спросить себя, зачем Порфирий Владимирыч, как только встретит живого человека, так тотчас же начинает опутывать его целою сетью словесных обрывков, в которых ни за что уцепиться невозможно, но от которых делается невыносимо тяжело; теперь ей стало ясно, что Иудушка, в строгом смысле, не разговаривает, а «тиранит» и что, следовательно, не лишнее его «осадить», дать почувствовать, что и ему пришла пора «честь знать». И вот она начала вслушиваться в его бесконечные словоизлияния и действительно только одно в них и поняла: что Иудушка пристает, досаждает, зудит.

«Вот барышня говорила, будто он и сам не знает, зачем говорит, — рассуждала она сама с собою, — нет, в нем это злость действует! Знает он, который человек против него защиты не имеет, — ну и вертит им, как ему любо!»

Впрочем, это было еще второстепенное обстоятельство. Главным образом, действие приезда Аннинька в Головлево выразилось в том, что он взбунтовал в Евпраксеюшке инстинкты ее молодости. До сих пор эти инстинкты как-то тупо тлели в ней, теперь — они горячо и привязчиво вспыхнули. Многое она поняла из того, к чему прежде относилась совсем безучастно. Вот, например: почему же нибудь да не согласилась Аннинька остаться в Головлеве, так-таки напрямик и сказала: страшно! Почему так? — а потому просто, что она молода, что ей «жить хочется». Вот и она, Евпраксеюшка, тоже молода... Да, молода! Это только так кажется, будто молодость в ней жиром заплыла — нет, временем куда тоже шибко она сказывается! И зовет и манит; то замрет, то опять вспыхнет. Думала она, что и с Иудушкой дело обойдется, а теперь вот... «Ах ты, гнилушка старая! ишь ведь как обошел!» Хорошо бы теперича с дружком пожить, да с настоящим, с молоденьким! Обнялися бы, завалилися, стал бы милый дружок целовать-миловать, ласковые слова на ушко говорить: ишь, мол, ты белая да рассыпчатая! «Ах, кикимора проклятая! нашел ведь чем — костями своими старыми прельстить! Смотри, чай, и у погорелковской барышни молодчик есть! Беспременно есть! То-то она подобрала хвосты да удрала. А тут вот сиди в четырех стенах, жди, пока ему, старому, в голову вступит!..»

Разумеется, Евпраксеюшка не сразу заявила о своем бунте, но, однажды вступивши на этот путь, уже не останавливалась. Отыскивала прицепки, припоминала прошлое, и, между тем как Иудушка даже не подозревал, что внутри ее зреет какая-то темная работа, она молчаливо, но ежеминутно разжигала себя до ненависти. Сперва явились общие жалобы, вроде «чужой век заел»; потом наступила очередь для сравнений. «Вот, в Мазулине Палагеюшка у барина в экономках живет: сидит руки скламши, да в шелковых платьях ходит. Ни она на скотный, ни на погреб — сидит у себя в покойчике да бисером вяжет!» И все эти обиды и протесты заканчивались одним общим воплем:

— Уж как же у меня теперича против тебя, распостылого, сердце разожглось! Ну так разожглось! так разожглось!

К этому главному поводу присоединился и еще один, который был в особенности тем дорог, что мог послужить отличнейшею прицепкою для вступления в борьбу. А именно: воспоминание о родах и об исчезновении сына Володьки.

В то время, когда произошло это исчезновение, Евпраксеюшка отнеслась к этому факту как-то тупо. Порфирий Владимирыч ограничился тем, что объявил ей об отдаче новорожденного в добрые руки, а чтобы утешить, подарил ей новый шалевой платок. Затем все опять заплыло и пошло по-старому. Евпраксеюшка даже рьянее прежнего окунулась в тину хозяйственных мелочей, словно хотела на них сорвать неудавшееся свое материнство. Но продолжало ли потихоньку теплиться материнское чувство в Евпраксеюшке или просто ей блажь в голову вступила, во всяком случае, воспоминание о Володьке вдруг воскресло. И воскресло в ту самую минуту, когда на Евпраксеюшку повеяло чем-то новым, свободным, вольным, когда она почувствовала, что есть иная жизнь, сложившаяся совсем иначе, нежели в стенах головлевского дома. Попятно, что придирка была слишком хороша, чтоб не воспользоваться ею.

— Ишь ведь, что сделал! — разжигала она себя, — робенка отнял! словно щенка в омуте утопил!

Мало-помалу, мысль эта овладела ею всецело. Она и сама поверила какому-то страстному желанию вновь соединиться с ребенком, и чем назойливее разгоралось это желание, тем больше и больше силы приобретала ее досада против Порфирия Владимирыча.

— По крайности, теперь хоть забава бы у меня была! Володя! Володюшка! рожо̀ный мой! Где-то ты? чай, к паневнице в деревню спихнули! Ах, про̀пасти на вас нет, господа вы проклятые! Наделают робят, да и забросят, как щенят в яму: никто, мол, не спросит с нас! Лучше бы мне в ту пору ножом себя по горлу полыхнуть, нѐчем ему, охавернику, над собой надругаться давать!

Явилась ненависть, желание досадить, изгадить жизнь, извести; началась несноснейшая из всех войн — война придирок, поддразниваний, мелких уколов. Но именно только такая война и могла сломить Порфирия Владимирыча.

***

Однажды, за утренним чаем, Порфирий Владимирыч был очень неприятно изумлен. Обыкновенно он в это время источал из себя целые массы словесного гноя, а Евпраксеюшка, с блюдечком чая в руке, молча внимала ему, зажав зубами кусок сахару и от времени до времени фыркая. И вдруг, только что начал он развивать мысль (к чаю в этот день был подан теплый, свежеиспеченный хлеб), что хлеб бывает разный: видимый, который мы едим и через это тело свое поддерживаем, и невидимый, духовный, который мы вкушаем и тем стяжаем себе душу, как Евпраксеюшка самым бесцеремонным образом перебила его разглагольствия.

— Сказывают, в Мазулине Палагеюшка хорошо живет! — начала она, обернувшись всем корпусом к окну и развязно покачивая ногами, сложенными одна на другую.

Иудушка слегка вздрогнул от неожиданности, но на первый раз, однако, не придал этому случаю особенного значения.

— И ежели мы долго не едим хлеба видимого, — продолжал он, — то чувствуем голод телесный; если же продолжительное время не вкушаем хлеба духовного...

— Палагеюшка, слышь, в Мазулине хорошо живет! — вновь перебила его Евпраксеюшка и на этот раз уже, очевидно, неспроста.

Порфирий Владимирыч вскинул на нее изумленные глаза, но все-таки воздержался от выговора, словно бы почуял что-то недоброе.

— А хорошо живет Палагеюшка — так и Христос с ней! — кротко молвил он в ответ.

— Ейный-то господин, — продолжала колобродить Евпраксеюшка, — никаких непрнятностев ей не делает, ни работой не принуждает, а между прочим, зáвсе в шелковых платьях водит!

Изумление Порфирия Владимирыча росло. Речи Евпраксеюшки были до такой степени ни с чем не сообразны, что он даже не нашелся, что предпринять в данном случае.

— И на всякий день у нее платья разные, — словно во сне бредила

Евпраксеюшка, — на сегодня одно, на завтра другое, а на праздник особенное. И в церкву в коляске четверней ездят: сперва она, потом господин. А поп, как увидит коляску, трезвонить начинает. А потом она у себя в своей комнате сидит. Коли господину желательно с ней время провести, господина у себя принимает, а не то так с девушкой, с горничной ейной, разговаривает или бисером вяжет!

— Ну, так что ж? — очнулся наконец Порфирий Владимирыч.

— Об том-то я и говорю, что Палагеюшкино житье очень уж хорошо!

— А твое небось худо житье? Ах-ах-ах, какая ты, однако ж... ненасытная!

Смолчи на этот раз Евпраксеюшка, Порфирий Владимирыч, конечно, разразился бы целым потоком бездельных слов, в котором бесследно потонули бы все дурацкие намеки, возмутившие правильное течение его празднословия. Но Евпраксеюшка, по-видимому, и намерения не имела молчать.

— Что говорить! — огрызнулась она, — и мое житье не худое! В затрапезах не хожу, и то слава те господи! В прошлом году за два ситцевых платья по пяти рублей отдали... расшиблись!

— А шерстяное-то платье позабыла? а платок-то недавно кому купили? ах-ах-ах!

Вместо ответа Евпраксеюшка уперлась в стол рукой, в которой держала блюдечко, и метнула в сторону Иудушки косой взгляд, исполненный такого глубокого презрения, что ему с непривычки сделалось жутко.

— А ты знаешь ли, как бог за неблагодарность-то наказывает? — как-то нерешительно залепетал он, надеясь, что хоть напоминание о боге сколько-нибудь образумит неизвестно с чего взбаламутившуюся бабу. Но Евпраксеюшка не только не пронялась этим напоминанием, но тут же на первых словах оборвала его.

— Нечего! нечего зубы-то заговаривать! нечего на бога указывать! — сказала она, — не маленькая! Будет! повластвовали! потиранили!

Порфирий Владимирыч замолчал. Налитой стакан с чаем стоял перед ним почти остывший, но он даже не притрогивался к нему. Лицо его побледнело, губы слегка вздрагивали, как бы усиливаясь сложиться в усмешку, но без успеха.

— А ведь это — Анюткины штуки! это она, ехидная, натравила тебя! — наконец произнес он, сам, впрочем, не отдавая себе ясного отчета в том, что говорит.

— Какие же это штуки?

— Да вот, что ты разговаривать-то со мной начала... Она! она научила! Некому другому, как ей! — волновался Порфирий Владимирыч.

— Смотри-тка те, ни с того ни с сего вдруг шелковых платьев захотелось! Да ты знаешь ли, бесстыдница, кто из вашего званья в шелковых-то платьях ходит?

— Скажите, так буду знать!

— Да просто самые... ну, самые беспутные, те только ходят!

Но Евпраксеюшка даже этим не усовестилась, но, напротив того, с какою-то наглою резонностью ответила:

— Не знаю, почему они беспутные... Известно, господа требуют... Который господин нашу сестру на любовь с собой склонил... ну, и живет она, значит... с им! И мы с вами не молебны, чай, служим, а тем же, чем и мазулинский барин, занимаемся.

— Ах, ты... тьфу! тьфу! тьфу!

Порфирий Владимирыч даже помертвел от неожиданности. Он смотрел во все глаза на взбунтовавшуюся наперсницу, и целая масса праздных слов так и закипала у него в груди. Но в первый раз в жизни он смутно заподозрил, что бывают случаи, когда и праздным словом убить человека нельзя.

— Ну, голубушка! с тобой, я вижу, сегодня не сговорить! — сказал он, вставая из-за стола.

— И сегодня не сговорите, и завтра не сговорите... никогда! Будет! повластвовали! Наслушалась я довольно; послушайте теперь вы, каковы мои слова будут!

Порфирий Владимирыч бросился было на нее с сжатыми кулаками, но она так решительно выпятила вперед свою грудь, что он внезапно опешил. Оборотился лицом к образу, воздел руки, потрепетал губами и тихим шагом побрел в кабинет.

Весь этот день ему было не по себе. Он еще не имел определенных опасений за будущее, но уже одно то волновало его, что случился такой факт, который совсем не входил в обычное распределение его дня, и что факт этот прошел безнаказанно. Даже к обеду он не вышел, а притворился больным и скромненько, притворно ослабевшим голосом попросил принести ему поесть в кабинет.

Вечером, после чаю, который, в первый раз в жизни, прошел совершенно безмолвно, он встал, по обыкновению, на молитву; но напрасно губы его шептали обычное последование на сон грядущим: возбужденная мысль даже внешним образом отказывалась следить за молитвой. Какое-то дрянное, но неотступное беспокойство овладело всем его существом, а ухо невольно прислушивалось к слабеющим отголоскам дня, еще раздававшимся то там, то сям, в разных углах головлевского дома. Наконец, когда пронесся где-то за стеной последний отчаянный зевок и вслед за тем все вдруг стихло, словно окунулось куда-то глубоко на дно, он не выдержал. Бесшумно крадучись, побрел он вдоль коридора и, подойдя к Евпраксеюшкиной комнате, приложил к двери ухо, чтоб подслушать. Евпраксеюшка была одна, и слышно было только, как она, зевая, произносит: «Господи! Спас милостивый! Успленья матушка!» — и в то же время горстью чешет себе поясницу. Порфирий Владимирыч попробовал взяться за ручку двери замка, но дверь была заперта.

— Евпраксеюшка! ты здесь? — окликнул он.

— Здесь, да не про вас! — огрызнулась она так грубо, что Иудушке осталось молча отретироваться в кабинет.

На другой день последовал другой разговор. Евпраксеюшка, как нарочно, выбирала время утреннего чая для уязвления Порфирия Владимирыча. Словно она чутьем чуяла, что все его бездельничества распределены с такою точностью, что нарушенное утро причиняло беспокойство и боль уже на целый день.

— Посмотрела бы я, хоть бы глазком бы полюбовалась, как некоторые люди живут! — начала она как-то загадочно.

Порфирия Владимирыча всего передернуло. «Начинается!» — подумал он, но смолчал и ждал, что дальше будет.

— Право! с дружком с милыим да с молоденькиим! Ходят по комнатам парочкой да друг на дружку любуются! Ни он словом бранным ее не попрекнет, ни она против его. «Душенька моя» да «друг мой», только и разговора у них! Мило! благородно!

Эта материя была особенно ненавистна для Порфирия Владимирыча. Хотя он и допускал прелюбодеяние в размерах строгой необходимости, но все-таки считал любовное времяпрепровождение бесовским искушением. Однако он и на этот раз смалодушничал, тем больше что ему хотелось чаю, который уж несколько минут прел на конфорке, а Евпраксеюшка и не думала наливать его.

— Конечно, из нашей сестры много глупых бывает, — продолжала она, нахально раскачиваясь на стуле и барабаня рукой по столу, — иную так осетит, что она из-за ситцевого платья на все готова, а другая и просто, безо всего, себя потеряет!.. Квасу, говорит, огурцов, пей-ешь, сколько хочется! Нашли, чем прельстить!

— Так неужто ж из интереса одного... — рискнул робко заметить Порфирий Владимирыч, следя глазами за чайником, из которого уже начинал валить пар.

— Кто говорит: из-за интереса из-за одного? уж не я ли интересанткой сделалась! — вдруг кинулась в сторону Евпраксеюшка, — куска, видно, стало жалко! Куском попрекать стали?

— Я не попрекаю, а так говорю: не из одного, говорю, интереса люди...

— То-то «говорю»! Вы говорите, да не заговаривайтесь! Ишь ты! из интересу я служу! а позвольте спросить, какой такой интерес я у вас нашла? Окромя́ квасу да огурцов...

— Ну, не один квас да огурцы... — не удержался, увлекся, в свою очередь, Порфирий Владимирыч.

— Что ж, сказывайте! сказывайте, что еще?

— А кто к Николе каждый месяц четыре мешка муки посылает?

— Ну-с, четыре мешка! еще чего нет ли?

— Круп, масла постного... словом, всего...

— Ну, круп, масла постного... уж для родителев-то жалко стало! Ах, вы!

— Я не говорю, что жалко, а вот ты...

— Я же виновата сделалась! Мне куска без попреков съесть не дадут, да я же виновата состою!

Евпраксеюшка не выдержала и залилась слезами. А чай между тем прел да прел на конфорке, так что Порфирий Владимирыч не на шутку встревожился. Поэтому он перемог себя, тихонько подсел к Евпраксеюшке и потрепал ее по спине.

— Ну, добро, наливай-ка чай... чего разрюмилась!

Но Евпраксеюшка еще раза два-три всхлипнула, надула губы и уперлась мутными глазами в пространство.

— Вот ты сейчас об молоденьких говорила, — продолжал он, стараясь придать своему голосу ласкающую интонацию, — что ж, ведь и мы тово... не перестарки, чай, тоже!

— Нашли чего! отстаньте от меня!

— Право-ну! Да я... знаешь ли ты... когда я в департаменте служил, так за меня директор дочь свою выдать хотел!

— Протухлая, видно, была... кособокая какая-нибудь!

— Нет, как следует девица... а как она не шей ты мне, матушка пела! так пела! так пела!

— Она-то пела, да подпеватель-то был плохой!

— Нет, я, кажется...

Порфирий Владимирыч недоумевал. Он не прочь был даже поподличать, показать, что и он может в парочке пройтись. В этих видах он начал как-то нелепо раскачиваться всем корпусом и даже покусился обнять Евпраксеюшку за талию, но она грубо уклонилась от его протянутых рук и сердито крикнула:

— Говорю честью: уйди, домовой! не то кипятком ошпарю! И чаю мне вашего не надо! ничего не надо! Ишь что вздумали — куском попрекать начали! Уйду я отсюда! вот те Христос, уйду!

И она, действительно, ушла, хлопнув дверью и оставив Порфирия Владимирыча одного в столовой.

Иудушка был совсем озадачен. Он начал было сам наливать себе чай, но руки его до того дрожали, что потребовалась помощь лакея.

— Нет, этак нельзя! надо как-нибудь это устроить... сообразить! — шептал он, в волнении расхаживая взад и вперед по столовой.

Но именно ни «устроить», ни «сообразить» он ничего не был в состоянии. Мысль его до того привыкла перескакивать от одного фантастического предмета к другому, нигде не встречая затруднений, что самый простой факт обыденной действительности заставал его врасплох. Едва начинал он «соображать», как целая масса пустяков обступала его со всех сторон и закрывала для мысли всякий просвет на действительную жизнь. Лень какая-то обуяла его, общая умственная и нравственная анемия. Так и тянуло его прочь от действительной жизни на мягкое ложе призраков, которые он мог перестанавливать с места на место, одни пропускать, другие выдвигать, словом, распоряжаться, как ему хочется.

И опять целый день провел он в полном одиночестве, потому что Евпраксеюшка на этот раз уже ни к обеду, ни к вечернему чаю не явилась, а ушла на целый день на село к попу в гости и возвратилась только поздно вечером. Даже заняться ничем он не мог, потому что и пустяки на время как будто оставили его. Одна безвыходная мысль тиранила: надо как-нибудь устроить, надо! Ни праздных выкладок он не мог делать, ни стоять на молитве. Он чувствовал, что к нему приступает какой-то недуг, которого он покуда еще не может определить. Не раз останавливался он перед окном, думая к чему-нибудь приковать колеблющуюся мысль, чем-нибудь развлечь себя, и все напрасно. На дворе начиналась весна, но деревья стояли голые, даже свежей травы еще не показывалось. Вдали виднелись черные поля, по местам испещренные белыми пятнами снега, еще державшегося в низких местах и ложбинах. Дорога сплошь чернела грязью и сверкала лужами. Но все это представлялось ему словно сквозь сетку. Около мокрых служб царствовало полнейшее безлюдье, хотя везде все двери были настежь; в доме тоже никого докликаться было нельзя, хотя до слуха беспрестанно долетали какие-то звуки, вроде отдаленного хлопанья дверьми. Вот бы теперь невидимкой оборотиться хорошо да подслушать, что об нем хамово отродье говорит! Понимают ли подлецы его милости или, может быть, за его же добро да его же судачат? Ведь им хоть с утра до вечера в хайло-то пихай, все мало, все как с гуся вода! Давно ли, кажется, новую кадку с огурцами начали, а уж... Но только что он начал забываться на этой мысли, только что начинал соображать, сколько в кадке может быть огурцов и сколько следует, при самом широком расчете, положить огурцов на человека, как опять в голове мелькнул луч действительности и разом перевернул вверх дном все его расчеты.

«Ишь ты ведь! даже не спросилась — ушла!» — думалось ему, покуда глаза бродили в пространстве, усиливаясь различить поповский дом, в котором, по всем вероятиям, в эту минуту соловьем разливалась Евпраксеюшка.

Но вот и обед подали; Порфирий Владимирыч сидит за столом один и как-то вяло хлебает пустой суп (он терпеть не мог суп без ничего, но она сегодня нарочно велела именно такой сварить).

«Чай, и попу-то до смерти тошно, что она к нему напросилась! — думается ему, — все же лишний кусок подать надо! И щец, и кашки... а для гостьи, пожалуй, и жарковца какого-нибудь...»

Опять фантазия его разыгрывается, опять он начинает забываться, словно сон его заводит. Сколько лишних ложек щец пойдет? сколько кашки? и что поп с попадьей говорят по случаю прихода Евпраксеюшки? как они промежду себя ругают ее... Все это, и кушанья и речи, так и мечется у него, словно живое, перед глазами.

— Поди, из чашки так все вместе и хлебают! Ушла! сумела, где себе найти лакомство! на дворе слякоть, грязь — долго ли до беды! Придет ужо, хвосты обтрепанные принесет... ах ты, гадина! именно гадина! Да, надо, надобно как-нибудь...

На этой фразе мысль неизменно обрывалась. После обеда лег он, по обыкновению, заснуть, но только измучился, проворочавшись с боку на бок. Евпраксеюшка пришла домой уж тогда, когда стемнело, и так прокралась в свой угол, что он и не заметил. Приказывал он людям, чтоб непременно его предупредили, когда она воротится, но и люди, словно стакнулись, смолчали. Попробовал он опять толкнуться к ней в комнату, но и на этот раз нашел дверь запертою.

На третий день, утром, Евпраксеюшка хотя и явилась к чаю, но заговорила еще грознее и шибче.

— Где-то Володюшка мой теперь? — начала она, притворно давая своему голосу слезливый тон.

Порфирий Владимирыч совсем помертвел при этом вопросе.

— Хоть бы глазком на него взглянула, как он, родимый, там мается! А то, пожалуй, и помер уж... право!

Иудушка трепетно шевелил губами, шепча молитву.

— У нас все не как у людей! Вот у мазулинского господина Палагеюшка дочку родила — сейчас ее в батист-дикос нарядили, постельку розовенькую для ей устроили... Одной мамке сколько сарафанов да кокошников надарили! А у нас... э-эх... вы!

Евпраксеюшка круто повернула голову к окну и шумно вздохнула.

— Правду говорят, что все господа проклятые! Народят детей — и забросят в болото, словно щенят! И горюшка им мало! И ответа ни перед кем не дадут, словно и бога на них нет! Волк — и тот этого не сделает!

У Порфирия Владимирыча так и вертело все нутро. Он долго перемогал себя, но наконец не выдержал и процедил сквозь зубы:

— Однако... новые моды у тебя завелись! уж третий день сряду я твои разговоры слушаю!

— Что ж, и моды! Моды — так моды! не все вам одним говорить — можно, чай, и другим слово вымолвить! Право-ну! Ребенка прижили — и что с ним сделали! В деревне, чай, у бабы в избе сгноили! ни призору за ним, ни пищи, ни одежи... лежит, поди, в грязи да соску прокислую сосет!

Она прослезилась и концом шейного платка утерла глаза.

— Вот уж правду погорелковская барышня сказала, что страшно с вами. Страшно и есть. Ни удовольствия, ни радости, одни только каверзы... В тюрьме арестанты лучше живут. По крайности, если б у меня теперича ребенок был — все бы я забаву какую ни на есть видела. А то натко! был ребенок — и того отняли!

Порфирий Владимирыч сидел на месте и как-то мучительно мотал головой, точно его и в самом деле к стене прижали. По временам из груди его даже вырывались стоны.

— Ах, тяжело! — наконец произнес он.

— Нѐчего «тяжело»! сама себя раба бьет, коли плохо жнет! Право, съезжу я в Москву, хоть глазком на Володьку взгляну! Володька! Володенька! ми-и-илый! Барин! съезжу-ка, что ли, я в Москву?

— Незачем! — глухо отозвался Порфирий Владимирыч.

— Ан съезжу! и не спрошусь ни у кого, и никто запретить мне не может! Потому, я — мать!

— Какая ты мать! Ты девка гулящая — вот ты кто! — разразился наконец Порфирий Владимирыч, — сказывай, что тебе от меня надобно?

К этому вопросу Евпраксеюшка, по-видимому, не приготовилась. Она уставилась в Иудушку глазами и молчала, словно размышляя, чего ей, в самом деле, надобно?

— Вот как! уж девкой гулящей звать стали! — вскрикнула она, заливаясь слезами.

— Да! девка гулящая! девка, девка! тьфу! тьфу! тьфу!

Порфирий Владимирыч окончательно вышел из себя, вскочил с места и почти бегом выбежал из столовой.

Это была последняя вспышка энергии, которую он позволил себе. Затем он как-то быстро осунулся, отупел и струсил, тогда как приставаньям Евпраксеюшки и конца не было видно. У ней была в распоряжении громадная сила: упорство тупоумия, и так как эта сила постоянно била в одну точку: досадить, изгадить жизнь, то по временам она являлась чем-то страшным. Мало-помалу арена столовой сделалась недостаточною для нее; она врывалась в кабинет и там настигала

Иудушку (прежде она и подумать не посмела бы войти туда, когда барин «занят»). Придет, сядет к окну, упрется посоловелыми глазами в пространство, почешется лопатками об косяк и начнет колобродить. В особенности же пришлась ей по сердцу одна тема для разговоров — тема, в основании которой лежала угроза оставить Головлево. В сущности, она никогда серьезно об этом не думала и даже была бы очень изумлена, если б ей вдруг предложили возвратиться в родительский дом; но она догадывалась, что Порфирий Владимирыч пуще всего боится, чтоб она не ушла. Приговаривалась она к этому предмету всегда помаленьку, окольными путями. Помолчит, почешет в ухе и вдруг словно бы что вспомнит.

— Сегодня у Николы, поди, блины пекут!

Порфирий Владимирыч при этом вступлении зеленеет от злости. Перед этим он только что начал очень сложное вычисление — на какую сумму он может продать в год молока, ежели все коровы в округе примрут, а у него одного, с божьею помощью, не только останутся невредимы, но даже будут давать молока против прежнего вдвое. Однако, ввиду прихода Евпраксеюшки и поставленного ею вопроса о блинах, он оставляет свою работу и даже усиливается улыбнуться.

— Отчего же там блины пекут? — спрашивает он, осклабляясь всем лицом своим, — ах, батюшки, да ведь и в самом деле, родительская сегодня! а я-то, ротозей, и позабыл! Ах, грех какой! маменьку-то покойницу и помянуть будет нечем!

— Поела бы я блинков... родительскиих!

— А кто ж тебе не велит! распорядись! Кухарку Марьюшку за бока! а не то так Улитушку! Ах, хорошо Улитка блины печет!

— Может, она и другим чем на вас потрафила? — язвит Евпраксеюшка.

— Нет, грех сказать, хорошо, даже очень хорошо Улитка блины печет! Легкие, мягкие — ай, поешь!

Порфирий Владимирыч хочет шуточкой да смешком развлечь Евпраксеюшку.

— Поела бы я блинов, да не головлевских, а родительскиих! — кобенится она.

— И за этим у нас дело не станет! Архипушку-кучера за бока! вели парочку лошадушек заложить, кати себе да покатывай!

— Нет уж! что уж! попалась птица в западню... сама глупа была! Кому меня, этакую-то, нужно? Сами гулящей девкой недавно назвали... чего уж!

— Ах-ах-ах! и не стыдно тебе напраслину на меня говорить! А ты знаешь ли, как бог-то за напраслину наказывает?

— Назвали, прямо так-таки гулящей и назвали! вот и образ тут, при нем, при батюшке! Ах, распостылое мне это Головлево! сбегу я отсюда! право, сбегу!

Говоря это, Евпраксеюшка ведет себя совершенно непринужденно: раскачивается на стуле, копается в носу, почесывается. Очевидно, она разыгрывает комедию, дразнит.

— Я, Порфирий Владимирыч, вам что-то хотела сказать, — продолжает она колобродить, — ведь мне домой надобно!

— Погостить, что ли, к отцу с матерью собралась?

— Нет, я совсем. Останусь, значит, у Николы.

— Что так? обиделась чем-нибудь?

— Нет, не обиделась, а так... надо же когда-нибудь... Да и скучно у вас... инда страшно! В доме-то словно все вымерло! Людишки — вольница, всё по кухням да по людским прячутся, сиди в целом доме одна; еще зарежут, того гляди! Ночью спать ляжешь — изо всех углов шепоты ползут!

Однако проходили дни за днями, а Евпраксеюшка и не думала приводить в исполнение свою угрозу. Тем не менее действие этой угрозы на Порфирия Владимирыча было очень решительное. Он вдруг как-то понял, что, несмотря на то, что с утра до вечера изнывал в так называемых трудах, он, собственно говоря, ровно ничего не делал и мог бы остаться без обеда, не иметь ни чистого белья, ни исправного платья, если б не было чьего-то глаза, который смотрел за тем, чтоб его домашний обиход не прерывался. До сих пор он как бы не чувствовал жизни, не понимал, что она имеет какую-то обстановку, которая созидается не сама собой. Весь его день шел однажды заведенным порядком; все в доме группировалось лично около него и ради него; все делалось в свое время; всякая вещь находилась на своем месте — словом сказать, везде царствовала такая неизменная точность, что он даже не придавал ей никакого значения. Благодаря этому порядку вещей, он мог на всей своей воле предаваться и празднословию и праздномыслию, не опасаясь, чтобы уколы действительной жизни когда-нибудь вывели его на свежую воду. Правда, что вся эта искусственная махинация держалась на волоске; но человеку, постоянно погруженному в самого себя, не могло и в голову прийти, что этот волосок есть нечто очень тонкое, легко рвущееся. Ему казалось, что жизнь установилась прочно, навсегда... И вдруг все это должно рушиться, рушиться в один миг, по одному дурацкому слову: нет уж! что уж! уйду! Иудушка совершенно растерялся. Что, ежели она в самом деле уйдет? — думалось ему. И он мысленно начинал строить всевозможные нелепые комбинации, с целью как-нибудь удержать ее, и даже решался на такие уступки в пользу бунтующей Евпраксеюшкиной младости, которые ему никогда бы прежде и в голову не пришли.

— Тьфу! тьфу! тьфу! — отплевывался он, когда возможность столкновения с кучером Архипушкой или с конторщиком Игнатом представлялась ему во всей обидной наготе своей.

Скоро, однако ж, он убедился, что страх его насчет ухода Евпраксеюшки был по малой мере неоснователен, и вслед за тем существование его как-то круто вступило в новый и совершенно для него неожиданный фазис. Евпраксеюшка не только не уходила, но даже заметно приутихла с своими приставаниями. Взамен того она совершенно обросила Порфирия Владимирыча. Наступил май, пришли красные дни, и она уж почти совсем не являлась в дом. Только по постоянному хлопанью дверей Иудушка догадывался, что она за чем-нибудь прибежала к себе в комнату, с тем чтобы вслед за тем опять исчезнуть. Вставая утром, он не находил на обычном месте своего платья и должен был вести продолжительные переговоры, чтобы получить чистое белье, чай и обед ему подавали то спозаранку, то слишком поздно, причем прислуживал полупьяный лакей Прохор, который являлся к столу в запятнанном сюртуке и от которого вечно воняло какою-то противной смесью рыбы и водки.

Тем не менее Порфирий Владимирыч уж и тому был рад, что Евпраксеюшка оставляла его в покое. Он примирялся даже с беспорядком, лишь бы знать, что в доме все-таки есть некто, кто этот беспорядок держит в своих руках. Его страшила не столько безурядица, сколько мысль о необходимости личного вмешательства в обстановку жизни. С ужасом представлял он себе, что может наступить минута, когда ему самому придется распоряжаться, приказывать, надсматривать. В предвидении этой минуты он старался подавить в себе всякий протест, закрывал глаза на наступавшее в доме безначалие, стушевывался, молчал. А на барском дворе между тем шла ежедневная открытая гульба. С наступлением тепла головлевская усадьба, дотоле степенная и даже угрюмая, оживилась. Вечером все население дворовых, и заштатные, и состоящие на действительной службе, и стар, и млад — все высыпало на улицу. Пели песни, играли на гармонике, хохотали, взвизгивали, бегали в горелки. На Игнате-конторщике появилась ярко-красная рубаха и какая-то неслыханно узенькая жакетка, борты которой совсем не закрывали его молодецки выпяченной груди. Архип-кучер самовольно завладел выездною шелковой рубашкой и плисовой безрукавкой и, очевидно, соперничал с Игнатом в планах насчет сердца Евпраксеюшки. Евпраксеюшка бегала между ними и, словно шальная, кидалась то к одному, то к другому. Порфирий Владимирыч боялся взглянуть в окно, чтоб не сделаться свидетелем любовной сцены; но не слышать не мог. По временам в ушах его раздавался звук полновесного удара: это кучер

Архипушка всей пятерней дал раза̀ Евпраксеюшке, гоняясь за нею в горелках (и она не рассердилась, а только присела слегка); по временам до него доносился разговор:

— Евпраксея Никитишна! а Евпраксея Никитишна! — взывает пьяненький Прохор с барского крыльца.

— Чего надобно?

— Ключ от чаю пожалуйте, барин чаю просят!

— Подождет... кикимора

***

В короткое время Порфирий Владимирыч совсем одичал. Весь обычный ход его жизни был взбудоражен и извращен, но он как-то уж перестал обращать на это внимание. Он ничего не требовал от жизни, кроме того, чтоб его не тревожили в его последнем убежище — в кабинете. Насколько он прежде был придирчив и надоедлив в отношениях к окружающим, настолько же теперь сделался боязлив и угрюмо-покорен. Казалось, всякое общение с действительной жизнью прекратилось для него. Ничего бы не слышать, никого бы не видеть — вот чего он желал. Евпраксеюшка могла целыми днями не показываться в доме, людишки могли сколько хотели вольничать и бездельничать на дворе — он ко всему относился безучастно, как будто ничего не было. Прежде, если б конторщик позволил себе хотя малейшую неаккуратность в доставлении рапортичек о состоянии различных отраслей хозяйственного управления, он наверное истиранил бы его поучениями; теперь — ему по целым неделям приходилось сидеть без рапортичек, и он только изредка тяготился этим, а именно, когда ему нужна была цифра для подкрепления каких-нибудь фантастических расчетов. Зато в кабинете, один на один с самим собою, он чувствовал себя полным хозяином, имеющим возможность праздномыслить, сколько душе угодно. Подобно тому как оба брата его умерли, одержимые запоем, так точно и он страдал тою же болезнью. Только это был запой иного рода — запой праздномыслия. Запершись в кабинете и засевши за письменный стол, он с утра до вечера изнывал над фантастической работой: строил всевозможные несбыточные предположения, учитывал самого себя, разговаривал с воображаемыми собеседниками и создавал целые сцены, в которых первая случайно взбредшая на ум личность являлась действующим лицом.

В этом омуте фантастических действий и образов главную роль играла какая-то болезненная жажда стяжания. Хотя Порфирий Владимирыч и всегда вообще был мелочен и наклонен к кляузе, но, благодаря его практической нелепости, никаких прямых выгод лично для него от этих наклонностей не получалось. Он надоедал, томил, тиранил (преимущественно самых беззащитных людей, которые, так сказать, сами напрашивались на обиду), но и сам чаще всего терял от своей затейливости. Теперь эти свойства всецело перенеслись на отвлеченную, фантастическую почву, где уже не имелось места ни для отпора, ни для оправданий, где не было ни сильных, ни слабых, где не существовало ни полиции, ни мировых судов (или, лучше сказать, существовали, но единственно в видах ограждения его, Иудушкиных, интересов) и где, следовательно, он мог свободно опутывать целый мир сетью кляуз, притеснений и обид.

Он любил мысленно вымучить, разорить, обездолить, пососать кровь. Перебирал, одну за другой, все отрасли своего хозяйства: лес, скотный двор, хлеб, луга и проч., и на каждой созидал узорчатое здание фантастических притеснений, сопровождаемых самыми сложными расчетами, куда входили и штрафы, и ростовщичество, и общие бедствия, и приобретение ценных бумаг — словом сказать, целый запутанный мир праздных помещичьих идеалов. А так как тут все зависело от произвольно предполагаемых переплат или недоплат, то каждая переплаченная или недоплаченная копейка служила поводом для переделки всего здания, которое таким образом видоизменялось до бесконечности. Затем, когда утомленная мысль уже не в силах была следить с должным вниманием за всеми подробностями спутанных выкладок по операциям стяжания, он переносил арену своей фантазии на вымыслы, более растяжимые. Припоминал все столкновения и пререкания, какие случались у него с людьми не только в недавнее время, но и в самой отдаленной молодости, и разработывал их с таким расчетом, что всегда из всякого столкновения выходил победителем. Он мстил мысленно своим бывшим сослуживцам по департаменту, которые опередили его по службе и растравили его самолюбие настолько, что заставили отказаться от служебной карьеры; мстил однокашникам по школе, которые некогда пользовались своею физической силой, чтоб дразнить и притеснять его; мстил соседям по имению, которые давали отпор его притязаниям и отстаивали свои права; мстил слугам, которые когда-нибудь сказали ему грубое слово или просто не оказали достаточной почтительности; мстил маменьке Арине Петровне за то, что она просадила много денег на устройство Погорелки, денег, которые, «по всем правам», следовали ему; мстил братцу Степке-балбесу за то, что он прозвал его Иудушкой; мстил тетеньке Варваре Михайловне за то, что она, в то время когда уж никто этого не ждал, вдруг народила детей «с бору да с сосенки», вследствие чего сельцо Горюшкино навсегда ускользнуло из головлевского рода. Мстил живым, мстил мертвым.

Фантазируя таким образом, он незаметно доходил до опьянения; земля исчезала у него из-под ног, за спиной словно вырастали крылья. Глаза блестели, губы тряслись и покрывались пеной, лицо бледнело и принимало угрожающее выражение. И, по мере того как росла фантазия, весь воздух кругом него населялся призраками, с которыми он вступал в воображаемую борьбу.

Существование его получило такую полноту и независимость, что ему ничего не оставалось желать. Весь мир был у его ног, разумеется, тот немудреный мир, который был доступен его скудному миросозерцанию. Каждый простейший мотив он мог варьировать бесконечно, за каждый мог по нескольку раз приниматься сызнова, разработывая всякий раз на новый манер. Это был своего рода экстаз, ясновидение, нечто подобное тому, что происходит на спиритических сеансах. Ничем не ограничиваемое воображение создает мнимую действительность, которая, вследствие постоянного возбуждения умственных сил, претворяется в конкретную, почти осязаемую. Это — не вера, не убеждение, а именно умственное распутство, экстаз. Люди обесчеловечиваются; их лица искажаются, глаза горят, язык произносит непроизвольные речи, тело производит непроизвольные движения.

Порфирий Владимирыч был счастлив. Он плотно запирал окна и двери, чтоб не слышать, спускал шторы, чтоб не видеть. Все обычные жизненные отправления, которые прямо не соприкасались с миром его фантазии, он делал на скорую руку, почти с отвращением. Когда пьяненький Прохор стучался в дверь его комнаты, докладывая, что подано кушать, он нетерпеливо вбегал в столовую, наперекор всем прежним привычкам, спеша съедал свои три перемены кушанья и опять скрывался в кабинет. Даже в манерах у него, при столкновении с живыми людьми, явилось что-то отчасти робкое, отчасти глупо-насмешливое, как будто он в одно и то же время и боялся и вызывал. Утром он спешил встать как можно раньше, чтобы сейчас же приняться за работу. Молитвенное стояние сократил; слова молитвы произносил безучастно, не вникая в их смысл; крестные знамения и воздеяния рук творил машинально, неотчетливо. Даже представление об аде и его мучительных возмездиях (за каждый грех — возмездие особенное), по-видимому, покинуло его.

А Евпраксеюшка между тем млела в чаду плотского вожделения. Гарцуя в нерешимости между конторщиком Игнатом и кучером Архипушкой и в то же время кося глазами на краснорожего плотника Илюшу, который с целой артелью подрядился вывесить господский погреб, она ничего не замечала, что делается в барском доме. Она думала, что барин какую-нибудь «новую комедию» разыгрывает, и немало веселых слов было произнесено по этому поводу в дружеской компании почувствовавших себя на свободе людишек. Но однажды, как-то случайно, зашла она в столовую в то время, когда Иудушка наскоро доедал кусок жареного гуся, и вдруг ей сделалось жутко.

Порфирий Владимирыч сидел в засаленном халате, из которого местами выбивалась уж вата; он был бледен, нечесан, оброс какой-то щетиной вместо бороды.

— Баринушка! что такое? что случилось? — бросилась она к нему в испуге.

Но Порфирий Владимирыч только глупо-язвительно улыбнулся в ответ на ее восклицание, словно хотел сказать: а ну-ка, попробуй теперь меня чем-нибудь уязвить!

— Баринушка! да что такое? Говорите! что случилось? — повторила она.

Он встал, уставил в нее исполненный ненависти взгляд и с расстановкою произнес:

— Если ты, девка распутная, еще когда-нибудь... в кабинет ко мне... Убью!

***

Благодаря этой случайности, существование Порфирия Владимирыча с внешней стороны изменилось к лучшему. Не чувствуя никаких материальных помех, он свободно отдался своему одиночеству, так что даже не видал, как прошло лето. Август уж перевалил на вторую половину; дни сократились; на дворе непрерывно сеял мелкий дождь; земля взмокла; деревья стояли понуро, роняя на землю пожелтевшие листья. На дворе и около людской царствовала невозмутимая тишина; дворовые ютились по своим углам, частию вследствие хмурой погоды, частию вследствие того, что догадались, что с барином происходит что-то неладное. Евпраксеюшка окончательно очнулась; забыла и о шелковых платьях, и о милых дружках, и по целым часам сидела в девичьей на ларе, не зная, как ей быть и что предпринять. Пьяненький Прохор дразнил ее, что она извела барина, опоила его и что не миновать ей за это по владимирке погулять.

А Иудушка между тем сидит запершись у себя в кабинете и мечтает. Ему еще лучше, что на дворе свежее сделалось; дождь, без устали дребезжащий в окна его кабинета, наводит на него полудремоту, в которой еще свободнее, шире развертывается его фантазия. Он представляет себя невидимкою и в этом виде мысленно инспектирует свои владения, в сопровождении старого Ильи, который еще при папеньке, Владимире Михайловиче, старостой служил и давным-давно на кладбище схоронен.

— Умный мужик Илья! старинный слуга! Нынче такие-то люди выводятся. Нынче что: поюлить да потарантить, а чуть до дела коснется — и нет никого! — рассуждает сам с собою Порфирий Владимирыч, очень довольный, что Илья из мертвых воскрес.

Не торопясь да богу помолясь, никем не видимые, через поля и овраги, через долы и луга, пробираются они на пустошь Уховщину и долго не верят глазам своим. Стоит перед ними лесище стена стеной, стоит, да только вершинами в вышине гудёт. Деревья все одно к одному, красные — сосняк; которые в два, а которые и в три обхвата; стволы у них прямые, обнаженные, а вершины могучие, пушистые: долго, значит, еще этому лесу стоять можно!

— Вот, брат, так лесок! — в восхищении восклицает Иудушка.

— Заказничок! — объясняет старик Илья, — еще при покойном дедушке вашем, при Михайле Васильиче, с образами обошли — вон он какой вырос!

— А сколько, по-твоему, тут десятин будет?

— Да, в ту пору ровно семьдесят десятин мерили, ну, а нынче... тогда десятина-то хозяйственная была, против нынешней в полтора раза побольше.

— Ну, а как ты думаешь, сколько на каждой десятине примерно дерев сидит?

— Кто их знает! у бога они сосчитаны!

— А я так думаю, что непременно шестьсот — семьсот на десятину будет. Да не на старую десятину, а на нынешнюю, на тридцатку. Постой! погоди! ежели по шестисот... ну, по шестисот по пятидесяти положить — сколько же на ста пяти десятинах дерев будет?

Порфирий Владимирыч берет лист бумаги и умножает 105 на 650: оказывается 68,250 дерев.

— Теперича, ежели весь этот лес продать... по разноте... как ты думаешь, можно по десяти рублей за дерево взять?

Старик Илья трясет головой.

— Мало! — говорит он, — ведь это — какой лес! из каждого дерева два мельничных вала выйдет, да еще строевое бревно, хоть в какую угодно стройку, да семеричок, да товарничку, да сучья... По-вашему, мельничный-то вал — сколько он стоит?

Порфирий Владимирыч притворяется, что не знает, хотя он давно уж все до последней копейки определил и установил.

— По здешнему месту один вал десяти рублей стоит, а кабы в Москву, так и цены бы ему, кажется, не было! Ведь это — какой вал! его на тройке только-только увезти! да еще другой вал, потоньше, да бревно, да семеричок, да дров, да сучьев... Ан дерево-то, бедно-бедно, в двадцати рублях пойдет.

Слушает Порфирий Владимирыч Ильины речи и не наслушается их! Умный, верный мужик, этот Илья! Да и все вообще управление ему как-то необыкновенно удачно привел бог сладить! В помощниках у Ильи старый Вавило служит (тоже давно на кладбище лежит) — вот, брат, так кряж! В конторщиках маменькин земский Филипп-перевезенец (из вологодских деревень его, лет шестьдесят тому назад, перевезли); полесовщики всё испытанные, неутомимые; псы у амбаров — злые! И люди и псы — все готовы за барское добро хоть черту горло перегрызть!

— А ну-тко, брат, давай прикинем: сколько это будет, ежели всю пустошь по разноте распродать?

Порфирий Владимирыч снова рассчитывает мысленно, сколько стоит большой вал, сколько вал поменьше, сколько строевое бревно, семерик, дрова, сучья. Потом складывает, умножает, в ином месте отсекает дроби, в другом прибавляет. Лист бумаги наполняется столбцами цифр.

— На-тко, брат, смотри, что вышло! — показывает Иудушка воображаемому Илье какую-то совсем неслыханную цифру, так что даже Илья, который, и со своей стороны, не прочь от приумножения барского добра, и тот словно съежился.

— Что-то как будто и многовато! — говорит он, в раздумье поводя лопатками.

Но Порфирий Владимирыч уже откинул все сомнения и только веселенько хихикает.

— Чудак, братец, ты! Это уж не я, а цифра говорит... Наука, братец, такая есть, арифметикой называется... уж она. брат, не солжет! Ну, хорошо, с Уховщиной теперь покончили; пойдем-ка, брат, в Лисьи Ямы, давно я там не бывал! Сдастся мне, что мужики там пошаливают, ой, пошаливают мужики! Да и Гаранька-сторож... знаю! знаю! Хороший Гаранька, усердный сторож, верный — это что и говорить! а все-таки... Маленько он как будто сшибаться стал!

Идут они неслышно, невидимо, сквозь чащу березовую, едва пробираются и вдруг останавливаются, притаивши дыхание. На самой дороге лежит на боку мужицкий воз, а мужик стоит и тужит, глядючи на сломанную ось. Потужил-потужил, выругал ось, да и себя кстати ругнул, вытянул лошадь кнутом по спине («ишь, ворона!»), однако делать что-нибудь надо — не стоять же на одном месте до завтра! Озирается вор-мужичонко, прислушивается: не едет ли кто, потом выбирает подходящую березку, вынимает топор... А Иудушка все стоит, не шелохнется... Дрогнула березка, зашаталася и вдруг, словно сноп, повалилась наземь.

Хочет мужик отрубить от комля, сколько на ось надобно, но Иудушка уж решил, что настоящий момент наступил. Крадучись, подползает он к мужику и мигом выхватывает из рук его топор.

— Ах! — успевает только крикнуть застигнутый врасплох вор.

— «Ах!» — передразнивает его Порфирий Владимирыч, — а чужой лес воровать дозволяется? «Ах!» — а чью березку-то, свою, что ли, срубил?

— Простите, батюшка!

— Я, братец, давно всем простил! Сам богу грешен и других осуждать не смею! Не я, а закон осуждает. Ось-то, которую ты срубил, на усадьбу привези, да и рублик штрафу кстати уж захвати; а покуда пускай топорик у меня полежит! Небось, брат, сохранно будет!

Довольный тем, что успел на самом деле доказать Илье справедливость своего мнения насчет Гараньки, Порфирий Владимирыч с места преступления заходит мысленно в избу полесовщика и делает приличное поучение. Потом он отправляется домой и по дороге ловит в господском овсе трех крестьянских кур. Воротившись в кабинет, он опять принимается за работу, и целая особенная хозяйственная система вдруг зарождается в его уме. Все растущее .и прозябающее на его земле, сеяное и несеяное, обращается в деньги по разноте, и притом со штрафом. Все люди вдруг сделались порубщиками и потравщиками, а Иудушка не только не скорбит об этом, но, напротив, даже руки себе потирает от удовольствия.

— Травите, батюшки, рубите! мне же лучше, — повторяет он, совершенно довольный.

И тут же берет новый лист бумаги и принимается за выкладки и вычисления.

Сколько на десятине овса растет и сколько этот овес может денег принести, ежели его куры мужицкие помнут и за все помятое штраф уплатят?

«А овес-то, хоть и помят, ан после дождичка и опять поправился!» — мысленно присовокупляет Иудушка.

Сколько в Лисьих Ямах березок растет и сколько за них можно денег взять, ежели их мужики воровским манером порубят и за все порубленное штраф заплатят?

«А березка-то, хоть она и срублена, ко мне же в дом на протопленье пойдет, стало быть, дров самому пилить не надо!» — опять присовокупляет Иудушка мысленно.

Громадные колонны цифр испещряют бумагу; сперва рубли, потом десятки, сотни, тысячи... Иудушка до того устает за работой и, главное, так волнуется ею, что весь в поту встает из-за стола и ложится отдохнуть на диван. Но взбунтовавшееся воображение и тут не укрощает своей деятельности, а только избирает другую, более легкую тему.

— Умная женщина была маменька, Арина Петровна, — фантазирует Порфирий Владимирыч, — умела и спросить, да и приласкать умела — оттого и служили ей все с удовольствием! однако и за ней грешки водились! Ой, много было за покойницей блох!

Не успел Иудушка помянуть об Арине Петровне, а она уж и тут как тут; словно чует ее сердце, что она ответ должна дать: сама к милому сыну из могилы явилась.

— Не знаю, мой друг, не знаю, чем я перед тобой провинилась! — как-то уныло говорит она, — кажется, я...

— Те-те-те, голубушка! лучше уж не грешите! — без церемонии обличает ее Иудушка, — коли на то пошло, так я все перед вами сейчас выложу! Почему вы, например, тетеньку Варвару Михайловну в ту пору не остановили?

— Как же ее останавливать! она и сама в полных летах была, сама имела право распоряжаться собою!

— Ну, нет-с, позвольте-с! Муж-то какой у нее был? Старенький да пьяненький — ну, самый, самый значит... бесплодный! А между тем у ней четверо детей проявилось... откуда, спрашиваю я вас, эти дети взялись?

— Что это, друг мой, как ты странно говоришь! как будто я в этом причинна!

— Причинны не причинны, а все-таки повлиять могли! Смешком бы да шуточкой, «голубушка» да «душенька» — смотришь, она бы и посовестилась! А вы все напротив! На дыбы да с кондачка! Варька да Варька, да подлая да бесстыжая! чуть не со всей округой ее перевенчали! вот, она и того... и она тоже на дыбы встала! Жаль! Горюшкино-то наше бы теперь было!

— Далось тебе это Горюшкино! — говорит Арина Петровна, очевидно, становясь в тупик перед обвинением сына.

— Мне что Горюшкино! Мне, пожалуй, и ничего не надо! Было бы на свечку да на маслице — вот я и доволен! А вообще, по справедливости... Да, маменька, и рад бы смолчать, а не сказать не могу: большой грех на вашей душе лежит, очень, очень большой!

Арина Петровна уже ничего не отвечает, а только руками разводит, не то подавленная, не то недоумевающая.

— Или бы вот, например, другое дело, — продолжает между тем Иудушка, любуясь смущением маменьки, — зачем вы для брата Степана в ту пору дом в Москве покупали?

— Надо было, мой друг; надо же было и ему какой-нибудь кусок выбросить, — оправдывается Арина Петровна.

— А он взял да и промотал его! И добро бы вы его не знали: и буян-то он был, и сквернослов, и непочтительный — нет-таки. Да еще папенькину вологодскую деревеньку хотели ему отдать! А деревенька-то какая! вся в одной меже, ни соседей, ни чересполосицы, лесок хорошенький, озерцо... стоит как облупленное яичко, Христос с ней! хорошо, что я в то время случился, да воспрепятствовал... Ах, маменька, маменька, и не грех это вам!

— Да ведь сын он... пойми, все-таки — сын!

— Знаю я, и даже очень хорошо понимаю! И все-таки не нужно было этого делать, не следовало! Дом-то двенадцать тысяч серебрецом заплачен — а где они? Вот тут двенадцать тысяч плакали, да Горюшкино тетеньки Варвары Михайловны, бедно-бедно, тысяч на пятнадцать оценить нужно... Ан денег-то и многонько выйдет!

— Ну, ну, полно! уж перестань! не сердись, Христа ради!

— Я, маменька, не сержусь, я только по справедливости сужу... что правда, то правда — терпеть не могу лжи! с правдой родился, с правдой жил, с правдой и умру! Правду и бог любит, да и нам велит любить. Вот хоть бы про Погорелку; всегда скажу, много, ах, как много денег вы извели на устройство ее.

— Да, ведь, я сама в ней жила...

Иудушка очень хорошо читает на лице маменьки слова: кровопивец ты несуразный! — но делает вид, что не замечает их.

— Нужды нет, что жили, а все-таки... Киотка-то и до сих пор в Погорелке стоит, а чья она? Лошадь маленькая — тоже; шкатулочка чайная... сам собственными глазами еще при папеньке в Головлеве ее видел! а вещичка-то хорошенькая!

— Ну, что уж!

— Нет, маменька, не говорите! оно, конечно, сразу не видно, однако как тут рубль, в другом месте — полтина, да в третьем — четвертачок... Как посмотришь да поглядишь... А впрочем, позвольте, я лучше сейчас все на цифрах прикину! Цифра — святое дело; она уж не солжет!

Порфирий Владимирыч опять устремляется к столу, чтоб привести наконец в полную ясность, какие убытки ему нанесла добрый друг маменька. Он стучит на счетах, выводит на бумаге столбцы цифр — словом, готовит все, чтоб изобличить Арину Петровну. Но, к счастию для последней, колеблющаяся его мысль не может долго удержаться на одном и том же предмете. Незаметно для него самого к нему подкрадывается новый предмет стяжания и, словно каким волшебством, дает его мысли совсем иное направление. Фигура Арины Петровны, еще за минуту перед тем так живо мелькавшая у него в глазах, вдруг окунулась в омуте забвения. Цифры смешались...

Давно уж собирался Порфирий Владимирыч высчитать, что может принести ему полеводство, и вот теперь наступил самый удобный для этого момент. Он знает, что мужик всегда нуждается, всегда ищет занять и всегда же отдает без обмана, с лихвой. В особенности щедр мужик на свой труд, который «ничего не стоит» и на этом основании всегда, при расчетах, принимается ни во что, в знак любви. Много-таки на Руси нуждающегося народа, ах, как много! Много людей, не могущих определить сегодня, что ждет их завтра, много таких, которые, куда бы ни обратили тоскливые взоры — везде видят только безнадежную пустоту, везде слышат только одно слово: отдан! отдай! И вот, вокруг этих-то безнадежных людей, около этой-то перекатной голи, стелет Иудушка свою бесконечную паутину, по временам переходя в какую-то неистовую фантастическую оргию.

На дворе апрель, и мужику, по обыкновению, нечего есть. «Проелись, голубчики! зиму-то пропраздновали, а к весне и животы подвело!» — рассуждает Порфирий Владимирыч сам с собою, а он, как нарочно, только-только все счеты по прошлогоднему полеводству в ясность привел. В феврале были обмолочены последние скирды хлеба, в марте зерно лежало ссыпанное в закрома, а на днях вся наличность уже разнесена по книгам в соответствующие графы. Иудушка стоит у окна и поджидает. Вот вдали, на мосту, показался в тележонке мужик Фока. На повертке в Головлево он как-то торопливо задергал вожжами и, за неимением кнута, пугнул рукой лошадь, еле передвигающую ноги.

— Сюда! — шепчет Иудушка, — ишь у него лошадь-то! как только жива! А покормить ее с месяц, другой — ничего живо́к будет! Рубликов двадцать пять, а не то и все тридцать отдашь за нее.

Между тем Фока подъехал к людской избе, привязал к изгороди лошадь, подкинул ей охапку сенной трухи и через минуту уже переминается с ноги на ногу в девичьей, где Порфирий Владимирыч имеет обыкновение принимать подобных просителей.

— Ну, друг! что скажешь хорошенького? — начинает Порфирий Владимирыч.

— Да вот, сударь, ржицы бы...

— Что так! свою-то, видно, уж съели? Ах, ах, грех какой! Вот кабы вы поменьше водки пили, да побольше трудились, да богу молились, и землица-то почувствовала бы! Где нынче зерно — смотришь, ан в ту пору два или три получилось бы! Занимать-то бы и не надо!

Фока как-то нерешительно улыбается вместо ответа.

— Ты думаешь, бог-то далеко, так он и не видит? — продолжает морализировать Порфирий Владимирыч, — ан бог-то — вот он он. И там, и тут, и вот с нами, покуда мы с тобой говорим, — везде он! И все он видит, все слышит, только делает вид, будто не замечает. Пускай, мол, люди своим умом поживут; посмотрим, будут ли они меня помнить! А мы этим пользуемся, да вместо того чтоб богу на свечку из достатков своих уделить, мы — в кабак да в кабак! Вот за это за самое и не подает нам бог ржицы — так ли, друг?

— Это уж что говорить! Это так точно!

— Ну, так вот видишь ли, и ты теперь понял. А почему понял? потому что бог милость свою от тебя отвратил. Уродись у тебя ржица, ты бы и опять фордыбачить стал, а вот как бог-то...

— Справедливо это, и кабы ежели мы...

— Постой! дай я скажу! И всегда так бывает, друг, что бог забывающим его напоминает об себе. И роптать мы на это не должны, а должны понимать, что это для нашей же пользы делается. Кабы мы бога помнили, и он бы об нас не забывал. Всего бы нам подал: и ржицы, и овсеца, и картофельцу — на, кушай! И за скотинкой бы за твоей наблюл — вишь, лошадь-то у тебя! в чем только дух держится! и птице, ежели у тебя есть, и той бы настоящее направление дал!

— И это вся ваша правда, Порфирий Владимирыч.

— Бога чтить, это — первое, а потом — старших, которые от самих царей отличие получили, помещиков например.

— Да мы, Порфирий Владимирыч, и то, кажется...

— Тебе вот «кажется», а поразмысли да посуди — ан, может, и не так на поверку выйдет. Теперь, как ты за ржицей ко мне пришел, грех сказать! очень ты ко мне почтителен и ласков; а в позапрошлом году, помнишь, когда жнеи мне понадобились, а я к вам, к мужичкам, на поклон пришел? помогите, мол, братцы, вызвольте! вы что на мою просьбу ответили? Самим, говорят, жать надо! Нынче, говорят, не прежнее время, чтоб на господ работать, нынче — воля! Воля, а ржицы нет!

Порфирий Владимирыч учительно взглядывает на Фоку; но тот не шелохнется, словно оцепенел.

— Горды вы очень, от этого самого вам и счастья нет. Вот я, например: кажется, и бог меня благословил, и царь пожаловал, а я — не горжусь! Как я могу гордиться! что я такое! червь! козявка! тьфу! А бог-то взял да за смиренство за мое и благословил меня! И сам милостию своею взыскал, да и царю внушил, чтобы меня пожаловал.

— Я так, Порфирий Владимирыч, мекаю, что прежде, при помещиках, не в пример лучше было! — льстит Фока.

— Да, брат, было и ваше времечко! попраздновали, пожили! Всего было у вас, и ржицы, и сенца, и картофельцу! Ну, да что уж старое поминать! я не злопамятен; я, брат, давно об жнеях позабыл, только так, к слову вспомнилось! Так как же ты говоришь, ржицы тебе понадобилось?

— Да, ржицы бы...

— Купить, что ли, собрался?

— Где купить! в одолжение, значит, до новой!

— Ахти-хти! Ржица-то, друг, нынче кусается! Не знаю уж, как и быть мне с тобой...

Порфирий Владимирыч впадает в минутное раздумье, словно и действительно не знает, как ему поступить: «И помочь человеку хочется, да и ржица кусается...»

— Можно, мой друг, можно и в одолжение ржицы дать, — наконец говорит он, — да, признаться сказать, и нет у меня продажной ржи: терпеть не могу божьим даром торговать! Вот в одолжение — это так, это я с удовольствием. Я, брат, ведь помню: сегодня я тебя одолжу, а завтра — ты меня одолжишь! Сегодня у меня избыток — бери, одолжайся! четверть хочешь взять — четверть бери! осьминка понадобилась — осьминку отсыпай! А завтра, может быть, так дело повернет, что и мне у тебя под окошком постучать придется: одолжи, мол, Фокушка, ржицы осьминку — есть нечего!

— Где уж! пойдете ли, сударь, вы!..

— Я-то не пойду, а к примеру... И не такие, друг, повороты на свете бывают! Вон в газетах пишут: какой столб Наполеон был, да и тот прогадал, не потрафил. Так-то, брат. Сколько же тебе требуется ржицы-то?

— Четвертцу бы, коли милость ваша будет.

— Можно и четвертцу. Только заранынше я тебе говорю: кусается, друг, нынче рожь, куда как кусается! Так вот как мы с тобой сделаем: я тебе шесть четверичков отмерить велю, а ты мне, через восемь месяцев, два четверичка приполнцу отдашь — так оно четвертца в аккурат и будет! Процентов я не беру, а от избытка ржицей...

У Фоки даже дух занялся от Иудушкинова предложения; некоторое время он ничего не говорит, только лопатками пошевеливает.

— Не многовато ли будет, сударь? — наконец произносит он, очевидно робея.

— А много — так к другим обратись! Я, Друг, не неволю, а от души предлагаю. Не я за тобой посылал, сам ты меня нашел. Ты — с запросцем, я — с ответцем. Так-то, друг!

— Так-то так, да словно бы приполну-то уж много?

— Ах, ах, ах! А я еще думал, что ты — справедливый мужик, степенный! Ну, а мне-то, скажи, чем мне-то жить прикажешь? Я-то откуда расходы свои должен удовлетворять? Ведь у меня сколько расходов — знаешь ли ты? Конца-краю, голубчик, расходам у меня не видно. Я и тому дай, и другого удовлетвори, и третьему вынь да положь! Всем надо, все Порфирий Владимирыча теребят, а Порфирий Владимирыч отдувайся за всех! Опять и то: кабы я купцу рожь продал — я бы денежки сейчас на стол получил. Деньги, брат, — святое дело. С деньгами накуплю я себе билетов, положу в верное место и стану пользоваться процентами! Ни заботушки мне, ни горюшка, отрезал купончик — пожалуйте денежки! А за рожью-то я еще походи, да похлопочи около нее, да постарайся! Сколько ее усохнет, сколько на россыпь пойдет, сколько мышь съест! Нет, брат, деньги — как можно! И давно бы мне за ум взяться пора! давно бы в деньги все обратить, да и уехать от вас!

— А вы с нами, Порфирий Владимирыч, поживите.

— И рад бы, голубчик, да сил моих нет. Кабы прежние силы, конечно, еще пожил бы, повоевал бы. Нет! пора, пора на покой! Уеду отсюда к Троице-Сергию, укроюсь под крылышко угоднику — никто и не услышит меня. А уж мне-то как хорошо будет: мирно, честно, тихо, ни гвалту, ни свары, ни шума — точно на небеси!

Словом сказать, как ни вертится Фока, а дело слаживается, как хочется Порфирию Владимирычу. Но этого мало: в самый момент, когда Фока уж согласился на условия займа, является на сцену какая-то Шелепиха. Так, пустошонка ледащая, с десятинку покосцу, да и то вряд ли... Так вот бы...

— Я тебе одолжение делаю — и ты меня одолжи, — говорит Порфирий Владимирыч, — это уж не за проценты, а так, в одолжение! Бог за всех, а мы друг по дружке! Ты десятинку-то шутя скосишь, а я тебя напредки попомню! я, брат, ведь прост! Ты мне на рублик послужишь, а я...

Порфирий Владимирыч встает и в знак окончания дела молится на церковь. Фока, следуя его примеру, тоже крестится.

Фока исчез; Порфирий Владимирыч берет лист бумаги, вооружается счетами, а костяшки так и прыгают под его проворными руками... Мало-помалу начинается целая оргия цифр. Весь мир застилается в глазах Иудушки словно дымкой; с лихорадочной торопливостью переходит он от счетов к бумаге, от бумаги к счетам. Цифры растут, растут...

Расчет

На дворе декабрь в половине; окрестность, схваченная неоглядным снежным саваном, тихо цепенеет; за ночь намело на дороге столько сугробов, что крестьянские лошади тяжко барахтаются в снегу, вывозя пустые дровнишки. А к головлевской усадьбе и следа почти нет. Порфирий Владимирыч до того отвык от посещений, что и главные ворота, ведущие к дому, и парадное крыльцо с наступлением осени наглухо заколотил, предоставив домочадцам сообщаться с внешним миром посредством девичьего крыльца и боковых ворот.

Утро; бьет одиннадцать. Иудушка, одетый в халат, стоит у окна и бесцельно поглядывает вперед. Спозаранку бродил он взад и вперед по кабинету и все об чем-то думал и высчитывал воображаемые доходы, так что наконец запутался в цифрах и устал. И плодовитый сад, раскинутый против главного фасада господского дома, и поселок, приютившийся на задах сада, — все утонуло в снежных сувоях. После вчерашней вьюги день выдался морозный, и снежная пелена сплошь блестит на солнце миллионами искр, так что Порфирий Владимирыч невольно щурит глаза. На дворе пустынно и тихо; ни малейшего движения ни у людской, ни около скотного двора; даже крестьянский поселок угомонился, словно умер. Только над поповым домом вьется сизый дымок и останавливает на себе внимание Иудушки.

«Одиннадцать часов било, а попадья еще не отстряпалась, — думается ему, — вечно эти попы трескают!»

Выйдя из этого пункта, он начинает соображать: будни или праздник сегодня, постный или скоромный день, и что должна стряпать попадья, — как вдруг внимание ого отвлекается в сторону. На горке, при самом выезде из деревни Нагловки, показывается черная точка, которая постепенно придвигается и растет. Порфирий Владимирыч вглядывается и, разумеется, прежде всего задается целой массой праздных вопросов. Кто едет? мужик или другой кто? Другому, впрочем, некому — стало быть, мужик... да, мужик и есть! Зачем едет? ежели за дровами, так ведь нагловский лес по ту сторону деревни... наверное, шельма, в барский лес воровать собрался! Ежели на мельницу, так тоже, выехавши из Нагловки, надо взять вправо... Может быть, за попом? кто-нибудь умирает или уж и умер?.. А может быть, и родился кто? Какая же это баба родила? Пенила по осени с прибылью ходила, да той, кажется, еще рано... Ежели уродился мальчик, так в ревизию со временем попадет — сколько бишь в Нагловке, по последней ревизии, душ? А ежели девочка, так тех в ревизию не записывают, да и вообще... А все-таки и без женского пола нельзя... тьфу!

Иудушка отплевывается и смотрит на образ, как бы ища у него защиты от лукавого.

Очень вероятно, что он долго блуждал бы таким образом мыслью, если б показавшаяся у Нагловки черная точка обыкновенным порядком помелькала и исчезла; но она все росла и росла и, наконец, повернула на гать, ведущую к церкви. Тогда Иудушка совершенно отчетливо увидел, что едет небольшая рогоженная кибитка, запряженная парой гусем. Вот она поднялась на взлобок и поравнялась с церковью («не благочинный ли? — мелькнуло у него, — то-то у попа не отстряпались о сю пору!»), вот повернула вправо и направилась прямо к усадьбе: «так и есть, сюда!» Порфирий Владимирыч инстинктивно запахнул халат и отпрянул от окна, словно боясь, чтоб проезжий не заметил его.

Он отгадал: повозка подъехала к усадьбе и остановилась у боковых ворот. Из нее поспешно выскочила молодая женщина. Одета она была совсем не по сезону, в городское ватное пальто, больше для вида, нежели для тепла, отороченное барашком, и, видимо, закоченела. Особа эта, никем не встреченная, вприскочку побежала на девичье крыльцо, и через несколько секунд уж слышно было, как хлопнула в девичьей дверь, а следом за этим опять хлопнула другая дверь, а затем во всех ближайших к выходу комнатах началась ходьба, хлопанье и суета.

Порфирий Владимирыч стоял у двери кабинета и прислушивался. Он так давно не видал никого постороннего и вообще так отвык от общества людей, что его взяла оторопь. Прошло с четверть часа; ходьба и хлопанье дверью не перемежались, а ему все еще не докладывали. Это еще больше взволновало его. Ясно, что приезжая принадлежала к числу лиц, которые, в качестве «присных», не дают никакого повода сомневаться относительно своих прав на гостеприимство. Кто же у него «присные»? Он начал припоминать, но память как-то тупо ему служила. Был у него сын Володька да сын Петька, была маменька Арина Петровна... давно, ах, давно это было! Вот в Горюшкине с прошлой осени поселилась Надька Галкина, покойной тетеньки Варвары Михайловны дочь — неужто ж она? Да нет, та уж однажды пыталась ворваться в головлевское капище, да шиш съела! — «Не смеет она! не посмеет!» — твердил Иудушка, приходя в негодование при одной мысли о возможности приезда Галкиной. Но кто же может быть еще?

Покуда он таким образом припоминал, Евпраксеюшка осторожно подошла к двери и доложила:

— Погорелковская барышня, Анна Семеновна, приехала.

Действительно, это была Аннинька. Но она до такой степени изменилась, что почти не было возможности узнать ее. В Головлево явилась на этот раз уж не та красивая, бойкая и кипящая молодостью девушка, с румяным лицом, серыми глазами навыкате, с высокой грудью и тяжелой пепельной косой на голове, которая приезжала сюда вскоре после смерти Арины Петровны, а какое-то слабое, тщедушное существо с впалой грудью, вдавленными щеками, с нездоровым румянцем, с вялыми телодвижениями, существо сутулое, почти сгорбленное. Даже великолепная ее коса выглядела как-то мизерно, и только глаза, вследствие общей худобы лица, казались еще больше, нежели прежде, и горели лихорадочным блеском. Евпраксеюшка долгое время вглядывалась в нее, как в незнакомую, но наконец-таки узнала.

— Барышня! вы ли? — вскрикнула она, всплеснув руками.

— Я. А что?

Сказавши это, Анпинька тихонько засмеялась, точно хотела прибавить: да, вот как! отделали-таки меня!

— Дядя здоров? — спросила она.

— Что дяденька! так ништо... Только слава, что живут, а то и не видим их почесть никогда!

— Что же с ним?

— Да так... от скуки, видно, с ними сделалось...

— Неужто и на бобах разводить перестал?

— Нынче они, барышня, молчат. Все говорили и вдруг замолчали. Слышим иногда, как промежду себя в кабинете что-то разговаривают и даже смеются будто, а выдут в комнаты — и опять замолчат. Сказывают, с покойным ихним братцем, Степаном Владимирычем, то же было... Все были веселы — и вдруг замолчали. Вы-то, барышня, все ли здоровы?

Аннинька только махнула рукою в ответ.

— Сестрица все ли здорова?

— Уже целый месяц, как в Кречетове при большой дороге в могиле лежит.

— Чтой-то, спаси господи! уж и при дороге?

— Известно, как самоубийц хоронят.

— Господи! всё барышни были — и вдруг сами на себя ручку наложили... Как же это так?

— Да, сперва «были барышни», а потом отравились — только и всего. А я вот струсила, жить захотела! к вам вот приехала! Ненадолго, не пугайтесь... умру!

Евпраксеюшка глядела на нее во все глаза, словно не понимала.

— Что на меня глядите? хороша? Ну, какова есть... А впрочем, после об этом... после... Теперь велите-ка ямщика рассчитать да дядю предупредите.

Говоря это, она вынула из кармана старенький портмоне и достала оттуда две желтеньких бумажки.

— А вот и имущество мое! — прибавила она, указывая на жиденький чемодан, — тут все: и родовое, и благоприобретенное! Иззябла я, Евпраксеюшка, очень иззябла! Вся я больна, ни одной косточки во мне не больной нет, а тут, как нарочно, холодище... Еду, да об одном только думаю: вот доберусь до Головлева, так хоть умру в тепле! Водки бы мне... есть у вас?

— Да вы бы, барышня, чайку лучше; самовар сейчас будет готов.

— Нет, чай — потом, а теперь водки бы... Вы дяде, впрочем, не сказывайте об водке-то покуда... Все само собой после увидится.

Покамест в столовой накрывали к чаю, явился и Порфирий Владимирыч. В свою очередь, и Аннинька с изумлением встретилась с ним: до такой степени он похудел, выцвел и задичал. Он обошелся с Аннинькой как-то странно: не то чтобы прямо холодно, а как будто ему до нее совсем дела нет. Говорил мало, вынужденно, точно актер, с трудом припоминающий фразы из давнишних ролей. Вообще был рассеян, как будто в голове его в это время шла совсем другая и очень важная работа, от которой его досадным образом оторвали по пустякам.

— Ну вот, ты и приехала! — сказал он, — чего хочешь? чаю? кофею? распорядись!

В прежнее время, при родственных свиданиях, роль чувствительного человека обыкновенно разыгрывал Иудушка, но на этот раз расчувствовалась Аннинька, и расчувствовалась взаправду. Должно быть, очень у нее наболело внутри, потому что она бросилась к Порфирию Владимирычу на грудь и крепко его обняла.

— Дядя! я к вам! — крикнула она и вдруг залилась слезами.

— Ну что ж! милости просим! комнат у меня довольно — живи!

— Больна я, дяденька! очень, очень больна!

— А больна, так богу молиться надо! Я и сам, когда болен, — все молитвой лечусь!

— Умирать я приехала к вам, дядя!

Порфирий Владимирыч испытующим оком взглянул на нее, и чуть заметная усмешка скользнула по его губам.

— Доигралась? — произнес он чуть слышно, почти про себя.

— Да, доигралась. Любинька — та «доигралась» и умерла, а я вот... живу!

При известии о смерти Любиньки Иудушка набожно покрестился и молитвенно пошептал. Аннинька между тем села к столу, облокотилась и, смотря в сторону церкви, продолжала горько плакать.

— Вот плакать и отчаиваться — это грех! — учительно заметил Порфирий Владимирыч, — по-христиански-то, знаешь ли, как надо? не плакать, а покоряться и уповать — вот как по-христиански надлежит!

Но Аннинька откинулась на спинку стула и, тоскливо повесив руки, повторяла:

— Ах, уж и не знаю! не знаю, не знаю, не знаю!

— Ежели ты об сестрице так убиваешься — так и это грех! — продолжал между тем поучать Иудушка, — потому что хотя и похвально любить сестриц и братцев, однако, если богу угодно одного из них или даже и нескольких призвать к себе...

— Ах, нет, нет! вы, дядя, добрый? добрый вы? скажите!

Аннинька опять бросилась к нему и обняла.

— Ну, добрый, добрый! ну, говори! хочется чего-нибудь? закусочки? чайку, кофейку? требуй! сама распорядись!

Анниньке вдруг вспомнилось, как в первый приезд ее в Головлево дяденька спрашивал: «Телятинки хочется? поросеночка? картофельцу?» — и она поняла, что никакого другого утешения ей здесь не сыскать.

— Благодарю вас, дядя, — сказала она, снова присаживаясь к столу, — ничего особенного мне не нужно. Я заранее уверена, что буду всем довольна.

— А будешь довольна, так и слава богу! В Погорелку-то поедешь, что ли?

— Нет, дядя, я покамест у вас поживу. Ведь вы ничего не имеете против этого?

— Христос с тобой! живи! Ежели я и спросил про Погорелку, так потому, что на случай поездки распоряжение нужно сделать: кибиточку, лошадушек...

— Нет! после! после!

— И прекрасно. Когда-нибудь после съездишь, а покудова с нами поживи. По хозяйству поможешь — я ведь один! Краля-то эта, — Иудушка почти с ненавистью указал на Евпраксеюшку, разливавшую чай, — все по людским рыскает, так иной раз и не докличешься никого, весь дом пустой! Ну, а покамест прощай. Я к себе пойду. И помолюсь, и делом займусь, и опять помолюсь... так-то, друг! Давно ли Любинька-то скончалась?

— Да с месяц, дядя.

— Так мы завтра ранехонько к обеденке сходим, да кстати и панихидку по новопреставльшейся рабе божией Любви отслужим... Так прощай покуда! Кушай-ка чай-то, а ежели закусочки захочется с дорожки, и закусочки подать вели. А в обед опять увидимся. Поговорим, побеседуем; коли нужно что — распорядимся, а не нужно — и так посидим!

Так произошло это первое родственное свидание. С окончанием его Аннинька вступила в новую жизнь в том самом постылом Головлеве, из которого она, уж дважды в течение своей недолгой жизни, не знала как вырваться.

***

Аннинька пошла под гору очень быстро. Вызванное головлевской поездкой (после смерти бабушки Арины Петровны) сознание, что она «барышня», что у нее есть свое гнездо и свои могилы, что не все в ее жизни исчерпывается вопью и гвалтом гостиниц и постоялых дворов, что есть, наконец, убежище, в котором ее не настигнут подлые дыханья, зараженные запахом вина и конюшни, куда не ворвется тот «усатый», с охрипшим от перепоя голосом и воспаленными глазами (ах, что он ей говорил! какие жесты в ее присутствии делал!), — это сознание улетучилось почти сейчас вслед за тем, как только пропало из вида Головлево.

Аннинька отправилась в ту пору из Головлева прямо в Москву и начала хлопотать, чтоб ее и сестру приняли на казенную сцену. С этой целью она обращалась и к maman, директрисе института, в котором она воспитывалась, и к некоторым институтским товаркам. Но везде ее приняли как-то странно. Maman, отнесшаяся к ней в первую минуту довольно радушно, как только узнала, что она играет на провинциальном театре, вдруг переменила благосклонное выражение лица на важное и строгое, а товарки, большею частью замужние женщины, взглянули на нее с таким нахальным изумлением, что она просто-напросто струсила. Только одна, более добродушная, нежели другие, желая показать участие, спросила:

— А скажи, душка, правда ли, что когда вы, актрисы, одеваетесь в уборных, то вам стягивают корсеты офицеры?

Одним словом, ее попытки утвердиться в Москве так и остались попытками. Надо, впрочем, сказать правду, что и настоящих задатков она для успеха на столичной сцене не имела. И она и Любинька принадлежали к числу тех бойких, но не особенно даровитых актрис, которые всю жизнь играют одну и ту же роль. Анниньке удалась «Перикола», Любиньке — «Анютины глазки» и «Полковник старых времен». И затем, за что бы они ни принимались, — везде выходили «Периколы» и «Анютины глазки», а в большинстве случаев, пожалуй, и совсем ничего не выходило. Приходилось Анниньке играть и «Прекрасную Елену» (по обязанностям службы даже и часто); она накладывала на свои пепельные волосы совершенно огненный парик, делала в тунике разрез до самого пояса, но и за всем тем выходило посредственно, вяло, даже не цинично. От «Елены» она перешла к «Отрывкам из герцогини Герольштейнской», и так как тут к бесцветной игре прибавилась еще совершенно бессмысленная постановка, то вышло уже что-то совсем глупое. Наконец, взялась играть Клеретту в «Дочери Рынка», но здесь, стараясь наэлектризовать публику, до такой степени переиграла, что и неприхотливым провинциальным зрителям показалось, что по сцене мечется даже не актриса, желающая «угодить», а просто какая-то непристойная лохань. Вообще об Анниньке составилась репутация, что она актриса проворная, обладающая недурным голосом, а так как при этом у нее была красивая внешность, то в провинции она могла, пожалуй, делать сборы. Но и только. Заставить говорить об себе она не могла и никакой определенной физиономии не имела. Даже в среде провинциальной публики ее партию составляли исключительно служители всех родов оружия, главная претензия которых заключалась в том, чтобы иметь свободный вход за кулисы. В столице же она была мыслима не иначе, как навязанная очень сильным покровительством, но и за всем тем от публики она, наверное, заслужила бы только незавидное прозвище «арфистки».

Приходилось возвращаться в провинцию. В Москве Аннинька получила от Любиньки письмо, из которого узнала, что их труппа перекочевала из Кречетова в губернский город Самоваров, чему она, Любинька, очень рада, потому что подружилась с одним самоваровским земским деятелем, который до того увлекся ею, что «готов, кажется, земские деньги украсть», лишь бы выполнить все, что она ни пожелает. И действительно, приехавши в Самоваров, Аннинька застала сестру среди роскошной, сравнительно, обстановки и легкомысленно решившею бросить сцену. В минуту приезда у Любиньки находился и «друг» ее, земский деятель Гаврило Степаныч Люлькин. Это был отставной гусарский штабс-ротмистр, еще недавно bel-homme, но теперь уже слегка отяжелевший. Лицо у него было благородное, манеры благородные, образ мыслей благородный, но в то же время все, вместе взятое, внушало уверенность, что человек этот отнюдь не обратится в бегство перед земским ящиком. Любинька приняла сестру с распростертыми объятиями и объявила, что в ее квартире для нее приготовлена комната.

Но, под влиянием недавней поездки в «свое место», Аннинька рассердилась. Между сестрами завязался горячий разговор, а потом произошла и размолвка. Невольно вспомнилось при этом Анниньке, как воплинский батюшка говорил, что трудно в актерском звании «сокровище» соблюсти.

Аннинька поселилась в гостинице и прекратила всякие сношения с сестрой. Прошла Святая; на Фоминой начались спектакли, и Аннинька узнала, что на место сестры уже выписана из Казани девица Налимова, актриса неважная, но зато совершенно беспрепятственная в смысле телодвижений. По обыкновению, Аннинька вышла перед публикой в «Периколе» и привела самоваровских обывателей в восторг. Возвратившись в гостиницу, она нашла в своем номере пакет, в котором оказались сторублевая бумажка и коротенькая записка, гласившая: «А в случае чего, и еще столько же. Купец, торгующий модным товаром, Кукишев». Аннинька рассердилась и пошла жаловаться хозяину гостиницы, но хозяин объявил, что у Кукишева такое уж «обнаковение», чтоб всех актрис с приездом поздравлять, а впрочем-де, он человек смирный и обижаться на него не стоит. Следуя этому совету, Аннинька запечатала в конверт письмо и деньги и, возвратив на другой день все по принадлежности, успокоилась.

Но Кукишев оказался более упорным, нежели как об нем отозвался хозяин гостиницы. Он считал себя в числе друзей Люлькина и находился в приятельских отношениях к Любиньке. Человек он был состоятельный и, сверх того, подобно Люлькину, в качестве члена городской управы состоял в самых благоприятных условиях относительно городского ящика. И при сем, подобно тому же Люлькину, обладал неустрашимостью. Наружность он имел, с гостинодворской точки зрения, обольстительную. А именно, напоминал того жука, которого, по словам песни, вместо ягод нашла в поле Маша:

Жука черного с усами
И с курчавой головой,
С черно-бурыми бровями —
Настоящий милый мой!

Затем, заручившись такою наружностью, он тем более считал себя вправе дерзать, что Любинька прямо обещала ему свое содействие.

Вообще Любинька, по-видимому, окончательно сожгла свои корабли, и об ней ходили самые неприятные для сестрина самолюбия слухи. Говорили, что каждый вечер у ней собирается кутежная ватага, которая ужинает с полуночи до утра. Что Любинька председает в этой компании и, представляя из себя «цыганку», полураздетая (при этом Люлькин, обращаясь к пьяным друзьям, восклицал: посмотрите! вот это так грудь!), с распущенными волосами и с гитарой в руках, поет:

Ах, как было мне приятно
С этим милым усачом!

Аннинька слушала эти рассказы и волновалась. И что всего более изумляло ее — это то, что Любинька поет романс об усаче на цыганский манер: точь-в-точь, как московская Матреша! Аннинька всегда отдавала полную справедливость Любиньке, и если б ей сказали, например, что Любинька «неподражаемо» поет куплеты из «Полковника старых времен» — она, разумеется, нашла бы это совершенно натуральным и охотно поверила бы. Да этому нельзя было и не верить, потому что и курская, и тамбовская, и пензенская публика до сих пор помнит, с какою неподражаемою наивностью Любинька своим маленьким голоском заявляла о желании быть подполковником... Но чтобы Любинька могла петь по-цыгански, на манер Матреши — это извините-с! это — ложь-с! Вот она, Аннинька, может так петь — это несомненно. Это ее жанр, это ее амплуа, и весь Курск, видевший ее в пьесе «Русские романсы в липах», охотно засвидетельствует, что она «может».

И Аннинька брала в руки гитару, перекидывала через плечо полосатую перевязь, садилась на стул, клала ногу на ногу и начинала: и-эх! и-ах! И действительно: выходило именно, точка в точку, так, как у цыганки Матреши.

Как бы то ни было, но Любинька роскошничала, а Люлькин, чтобы не омрачать картины хмельного блаженства какими-нибудь отказами, по-видимому, уже приступил к позаимствованиям из земского ящика. Не говоря о массе шампанского, которая всякую ночь выпивалась и выливалась на пол в квартире Любиньки, она сама делалась с каждым днем капризнее и требовательнее. Явились на сцену сперва выписанные из Москвы платья от m-me Минангуа̀, а потом и бриллианты от Фульда. Любинька была расчетлива и не пренебрегала ценностями. Пьяная жизнь — сама по себе, а золото и камешки, и в особенности выигрышные билеты, — сами по себе. Во всяком случае, жилось не то чтобы весело, а буйно, беспардонно, из угара в угар. Одно было неприятно: оказывалось нужным заслуживать благосклонное внимание господина полицмейстера, который хотя и принадлежал к числу друзей Люлькина, но иногда любил дать почувствовать, что он в некотором роде власть. Любинька всегда угадывала, когда полицмейстер бывал недоволен ее угощением, потому что в таких случаях к ней являлся на другой день утром частный пристав и требовал паспорт. И она покорялась: утром подавала частному приставу закуску и водку, а вечером собственноручно делала для господина полицмейстера какой-то «шведский» пунш, до которого он был большой охотник.

Кукишев видел это разливанное море и сгорал от зависти. Ему захотелось во что бы ни стало иметь точно такой же въезжий дом и точь-в-точь такую же «кралю». Тогда можно было бы и время разнообразнее проводить: сегодня ночь — у Люлькинской «крали», завтра ночь — у его, Кукишева, «крали». Это была его заветная мечта, мечта глупого человека, который, чем глупее, тем упорнее в достижении своих целей. И самою подходящею личностью для осуществления этой мечты представлялась Аннинька.

Однако ж Аннинька не сдавалась. До сих пор кровь еще не говорила в ней, хотя она имела много поклонников и не стеснялась в обращении с ними. Была одна минута, когда ей казалось, что она готова полюбить местного трагика, Милославского 10-го, который, и в свою очередь, по-видимому, сгорал к ней страстью. Но Милославский 10-й был так глуп и притом так упорно нетрезв, что ни разу ничего ей не высказал, а только таращил глаза и как-то нелепо икал, когда она проходила мимо. Так это любовь и заглохла в самом зачатке. На всех же остальных поклонников Аннинька просто смотрела, как на неизбежную обстановку, на которую провинциальная актриса осуждена самыми условиями своего ремесла. Она покорялась этим условиям, пользовалась теми маленькими льготами (рукоплескания, букеты, катанья на тройках, пикники и проч.), которые они ей предоставляли, но дальше этого, так сказать, внешнего распутства не шла.

Так поступила она и теперь. В продолжение целого лета она неуклонно пребывала на стези добродетели, ревниво ограждая свое «сокровище» и как бы желая заочно доказать воплинскому батюшке, что и в среде актрис встречаются личности, которым не чуждо геройство. Однажды она даже решилась пожаловаться на Кукишева начальнику края, который благосклонно ее выслушал и за геройство похвалил, рекомендовав и на будущее время пребывать в оном. Но вместе с сим, увидев в ее жалобе лишь предлог для косвенного нападения на его собственную, начальника края, персону, изволил присовокупить, что, истратив силы в борьбе с внутренними врагами, не имеет твердого основания полагать, чтобы он мог быть в требуемом смысле полезным. Выслушав это, Аннинька покраснела и ушла.

Между тем Кукишев действовал так ловко, что успел заинтересовать в своих домогательствах и публику. Публика как-то вдруг догадалась, что Кукишев прав и что девица Погорельская 1-я (так она печаталась в афишах) не бог весть какая «фря», чтобы разыгрывать из себя недотрогу. Образовалась целая партия, которая поставила себе задачей обуздать строптивую выскочку. Началось с того, что закулисные завсегдатаи стали обегать ее уборную и свили себе гнездо по соседству, в уборной девицы Налимовой. Потом — не выказывая, впрочем, прямо враждебных действий — начали принимать девицу Погорельскую, при ее выходах, с такою убийственною воздержностью, как будто на сцену появился не первый сюжет, а какой-нибудь оглашенный статист. Наконец, настояли на том, чтобы антрепренер отобрал у Анниньки некоторые роли и отдал их Налимовой. И что еще любопытнее, во всей этой подпольной интриге самое деятельное участие принимала Любинька, у которой Налимова состояла на правах наперсницы.

К осени Аннинька с изумлением увидела, что ее заставляют играть Ореста в «Прекрасной Елене» и что из прежних первых ролей за ней оставлена только Перикола, да и то потому, что сама девица Налимова не решилась соперничать с ней в этой пьесе. Сверх того, антрепренер объявил ей, что, ввиду охлаждения к ней публики, жалованье ее сокращается до 75 рублей в месяц с одним полубенифисом в течение года.

Аннинька струсила, потому что при таком жалованье ей приходилось переходить из гостиницы на постоялый двор. Она написала письма к двум-трем антрепренерам, предлагая свои услуги, но отовсюду получила ответ, что нынче и без того от Перикол отбою нет, а так как, сверх того, из достоверных источников сделалось известно об ее строптивости, то и тем больше надежд на успех не предвидится.

Аннинька проживала последние запасные деньги. Еще неделя — и ей не миновать было постоялого двора, наравне с девицей Хорошавиной, игравшей Парфенису и пользовавшейся покровительством квартального надзирателя. На нее начало находить что-то вроде отчаяния, тем больше, что в ее номер каждый день таинственная рука подбрасывала записку одного и того же содержания: «Перикола! покорись! Твой Кукишев». И вот в эту тяжелую минуту к ней совсем неожиданно ворвалась Любинька.

— Скажи на милость, для какого принца ты свое сокровище бережешь? — спросила она кратко.

Аннинька оторопела. Прежде всего ее поразило, что и воплинский батюшка, и Любинька в одинаковом смысле употребляют слово «сокровище». Только батюшка видит в сокровище «основу», а Любинька смотрит на него, как на пустое дело, от которого, впрочем, «подлецы-мужчины» способны доходить до одурения.

Затем она невольно спросила себя: что такое, в самом деле, это сокровище? действительно ли оно сокровище и стоит ли беречь его? — и увы! не нашла на этот вопрос удовлетворительного ответа. С одной стороны, как будто совестно остаться без сокровища, а с другой... ах, черт побери! да неужели же весь смысл, вся заслуга жизни в том только и должны выразиться, чтобы каждую минуту вести борьбу за сокровище?

— Я в полгода успела тридцать выигрышных билетов скопить, — продолжала между тем Любинька, — да вещей сколько... Посмотри, какое на мне платье!

Любинька повернулась кругом, обдернулась сперва спереди, потом сзади и дала себя осмотреть со всех сторон. Платье было действительно и дорогое, и изумительно сшитое: прямо от Минангуа из Москвы.

— Кукишев — добрый, — опять начала Любинька, — он тебя, как куколку, вырядит, да и денег даст. Театр-то можно будет и побоку... достаточно!

— Никогда! — горячо вскрикнула Аннинька, которая еще не забыла слов: святое искусство!

— Можно и остаться, если хочешь. Старший оклад опять получишь, впереди Налимовой пойдешь.

Аннинька молчала.

— Ну, прощай. Меня внизу ждут наши. И Кукишев там. Едем?

Но Аннинька продолжала молчать.

— Ну, подумай, коли есть над чем думать... А когда надумаешь — приходи! Прощай!

17-го сентября, в лень Любинькиных именин, афиша самоварновского театра возвещала экстраординарное представление. Аннинька явилась вновь в роли «Прекрасной Елены», и в тот же вечер, «на сей только раз», роль Ореста выполнила девица Погорельская 2-я, то есть Любинька. К довершению торжества и тоже «на сей только раз», девицу Налимову одели в трико и коротенькую визитку, слегка тронули лицо сажен, вооружили железным листом и выпустили на сцену в роли кузнеца Клеона. Ввиду всего этого, и публика была как-то восторженно настроена. Едва показалась из-за кулис Аннинька, как ее встретил такой гвалт, что она, совсем уже отвыкшая от оваций, почувствовала, что к ее горлу подступают рыдания. А когда в третьем акте, в сцене ночного пробуждения, она встала с кушетки почти обнаженная, то в зале поднялся в полном смысле слова стон. Так что один чересчур наэлектризованный зритель крикнул появившемуся в дверях Менелаю: «Да уйди ты, постылый человек, вон!» Аннинька поняла, что публика простила ее. С своей стороны, Кукишев, во фраке, в белом галстуке и белых перчатках, с достоинством заявлял о своем торжестве и в антрактах поил в буфете шампанским знакомых и незнакомых. Наконец, и антрепренер театра, преисполненный ликования, явился в уборную Анниньки и, встав на колени, сказал:

— Ну вот, барышня, теперь — вы паинька! И потому с нынешнего же вечера, по-прежнему, переводитесь на высший оклад с соответствующим числом бенефисов-с!

Одним словом, все ее хвалили, все поздравляли и заявляли о сочувствии, так что она и сама, сначала робевшая и как бы не находившая места от гнетущей тоски, совершенно неожиданно прониклась убеждением, что она... выполнила свою миссию!

После спектакля все отправились к имениннице, и тут поздравления усугубились. В квартире Любиньки собралась такая толпа и сразу так надымила табаком, что трудно было дышать. Сейчас же сели за ужин, и полилось шампанское. Кукишев ни на шаг не отходил от Анниньки, которая, по-видимому, была слегка смущена, но в то же время уже не тяготилась этим ухаживанием. Ей казалось немножко смешно, но и лестно, что она так легко приобрела себе этого рослого и сильного купчину, который шутя может подкову согнуть и разогнуть и которому она может все приказать, и что захочет, то с ним и сделает. За ужином началось общее веселье, то пьяное, беспорядочное веселье, в котором не принимают участия ни ум, ни сердце и от которого на другой день болит голова и ощущаются позывы на тошноту. Только одни из присутствующих, трагик Милославский 10-й, глядел угрюмо и, уклоняясь от шампанского, рюмка за рюмкой хлопал водку-простеца. Что касается до Анниньки, то она некоторое время воздерживалась от «упоения»; но Кукишев был так настоятелен и так жалко умолял на коленях: «Анна Семеновна! за вами дюбет-с (debet)! Позвольте просить-с! за наше блаженство-с! совет да любовь-с! Сделайте ваше одолжение-с!» — что ей хоть и досадно было видеть его глупую фигуру и слушать его глупые речи, но она все-таки не могла отказаться и не успела опомниться, как у нее закружилась голова. Любинька, с своей стороны, была так великодушна, что сама предложила Аннипьке спеть «Ах, как было мне приятно с этим милым усачом», что́ последняя и выполнила с таким совершенством, что все воскликнули: «Вот это так уж точно... по-Матрешиному!» Взамен того, Любинька мастерски спела куплеты о том, как приятно быть подполковником, и всех сразу убедила, что это настоящий ее жанр, в котором у нее точно так же нет соперниц, как у Аннипьки — в песнях с цыганским пошибом. В заключение Милославский 10-й и девица Налимова представили «сцену-маскарад», в которой трагик декламировал отрывки из «Уголино» («Уголино», трагедия в 5-ти действиях, соч. Н. Полевого), а Налимова подавала ему реплики из неизданной трагедии Баркова. Выходило нечто до такой степени неожиданное, что девица Налимова чуть-чуть не затмила девиц Погорельских и не сделалась героинею вечера.

Было уже почти светло, когда Кукишев, оставивши дорогую именинницу, усаживал Анниньку в коляску. Благочестивые мещане возвращались от заутрени и, глядя на расфранченную и слегка пошатывавшуюся девицу Погорельскую 1-ю, угрюмо ворчали:

— Люди из церкви идут, а они вино жрут... пропасти на вас нет!

От сестры Аннинька отправилась уже не в гостиницу, а на свою квартиру, маленькую, но уютную и очень мило отделанную. Туда же следом за ней вошел и Кукишев.

Вся зима прошла в каком-то неслыханном чаду. Аннинька окончательно закружилась, и ежели по временам вспоминала об «сокровище», то только для того, чтобы сейчас же мысленно присовокупить: «Какая я, однако ж, была дура!» Кукишев, под влиянием гордого сознания, что его идея насчет «крали» равного достоинства с Любинькой осуществилась, не только не жалел денег, но, подстрекаемый соревнованием, выписывал непременно два наряда, когда Люлькин выписывал только один, и ставил две дюжины шампанского, когда

Люлькин ставил одну. Даже Любинька начала завидовать сестре, потому что последняя успела за зиму накопить сорок выигрышных билетов, кроме порядочного количества золотых безделушек с камешками и без камешков. Они, впрочем, опять сдружились и решили все накопленное хранить сообща. При этом Аннинька все еще о чем-то мечтала и в интимной беседе с сестрой говорила:

— Когда все это кончится, то мы поедем в Погорелку. У нас будут деньги, и мы начнем хозяйничать.

На что Любинька очень цинично возражала:

— А ты думаешь, что это когда-нибудь кончится... дура!

На несчастье Анниньки, у Кукишева явилась новая «идея», которую он начал преследовать с обычным упорством. Как человеку неразвитому и притом несомненно неумному, ему казалось, что он очутится наверху блаженства, если его «краля» будет «делать ему аккомпанемент», то есть вместе с ним станет пить водку.

— Хлопнемте-с! вместе-с! по одной-с! — приставал он к ней беспрестанно (он всегда говорил Анниньке «вы», во-первых, ценя в ней дворянское звание и, во-вторых, желая показать, что и он недаром жил в «мальчиках» в московском гостином дворе).

Аннинька некоторое время отнекивалась, ссылаясь на то, что и Люлькин никогда не заставлял Любиньку пить водку.

— Однако же оне из любви к господину Люлькину все-таки кушают-с! — возразил Кукишев, — да и позвольте вам доложить, кралечка-с, разве нам господа Люлькины образец-с? Они — Люлькины-с, а мы с вами — Кукишевы-с! Оттого мы и хлопнем, по-нашему-с, по-кукишевски-с!

Одним словом, Кукишев настоял. Однажды Аннинька приняла из рук своего возлюбленного рюмку, наполненную зеленой жидкостью, и разом опрокинула ее в горло. Разумеется, невзвидела света, поперхнулась, закашлялась, закружилась и этим привела Кукишева в неистовый восторг.

— Позвольте вам доложить, кралечка! вы не так кушаете-с! вы слишком уж скоро-с! — поучал он ее, когда она немного успокоилась, — пакальчик (так называл он рюмку) следует держать в ручках вот как-с! Потом поднести к устам и не торопясь: раз, два, три... Господи баславй!

И он спокойно и серьезно опрокинул рюмку в горло, точно вылил содержание ее в лохань. Даже не поморщился, а только взял с тарелки миниатюрный кусочек черного хлеба, обмакнул в солонку и пожевал.

Таким образом, Кукишев добился осуществления и второй своей «идеи» и начал уж помышлять о том, какую бы такую новую «идею» выдумать, чтобы господам. Люлькиным в нос бросилось. И, разумеется, выдумал.

— Знаете ли что-с? — вдруг объявил он, — ужо, как лето наступит, отправимтесь-ка мы с господами Люлькиными за канпанию ко мне на мельницу-с, возьмем с собой саквояж-с (так называл он коробок с вином и закуской) и искупаемся в речке-с, с обоюдного промежду себя согласия-с!

— Ну, уж этому-то никогда не бывать! — возражала с негодованием Аннинька.

— Отчего так-с! Сначала искупаемся, потом чуточку хлопнем-с, а потом немного проклажѐ и опять искупаемся-с! Расчудесное будет дело-с!

Неизвестно, осуществилась ли эта новая «идея» Кукишева, но известно, что целый год длился этот пьяный угар и в продолжение этого времени ни городская управа, ни земская таковая ж не обнаружили ни малейшего беспокойства относительно господ Кукишева и Люлькина. Люлькин, впрочем, ездил, для вида, в Москву и, воротившись, сказывал, что продал на сруб лес, а когда ему напомнили, что он уже четыре года тому назад, когда жил с цыганкой Домашкой, продал лес, то он возражал, что тогда он сбыл урочище Дрыгаловское, а теперь — пустошь Дашкину Стыдобушку. Причем для придания своему рассказу большего вероятия присовокупил, что проданная пустошь была так названа потому, что при крепостном праве в этом лесу «застали» девку Дашку и тут же на месте наказывали за это розгами. Что касается Кукишева, то он, для отвода глаз, распускал под рукой слух, что беспошлинно провез из-за границы в карандашах партию кружев и этою операцией нажил хороший барыш.

Тем не менее в сентябре следующего года полицмейстер попросил у Кукишева заимообразно тысячу рублей, и Кукишев имел неблагоразумие отказать. Тогда полицмейстер начал о чем-то перешептываться с товарищем прокурора («Оба у меня шампанское каждый вечер лакали!» — показывал впоследствии на суде Кукишев). И вот, 17-го сентября, в годовщину кукишевских «любвей», когда он вместе с прочими вновь праздновал именины Любиньки, прибежал гласный из городской управы и объявил Кукишеву, что в управе собралось присутствие и составляется протокол.

— Стало быть, «дюбѐт» нашли? — довольно развязно воскликнул Кукишев и без дальних разговоров последовал за посланным в управу, а оттуда в острог.

На другой день всполошилась и земская управа. Собрались члены, послали в казначейство за денежным ящиком, считали, пересчитывали, но как ни хлопали на счетах, а в конце концов оказалось, что и тут «дюбѐт». Люлькин присутствовал при ревизии, бледный, угрюмый, но... благородный! Когда «дюбѐт» обнаружился вполне осязательно и члены, каждый про себя, обсуждали, какое Дрыгаловское урочище придется каждому из них продавать для пополнения растраты, Люлькин подошел к окну, вынул из кармана револьвер и тут же всадил себе пулю в висок.

Много говору наделало в городе это происшествие. Судили и сравнивали. Люлькина жалели, говорили: по крайней мере, благородно покончил! Об Кукишеве отзывались: аршинником родился, аршинником и умрет! А об Аннинька и Любиньке говорили прямо, что это — «они», что это — «из-за них» и что их тоже не мешало бы засадить в острог, чтобы подобным прощелыгам впредь неповадно было.

Следователь, однако ж, не засадил их в острог, но зато так настращал, что они совсем растерялись. Нашлись, конечно, люди, которые приятельски советовали припрятать, что поценнее, но они слушали и ничего не понимали. Благодаря этому адвокат истцов (обе управы наняли одного и того же адвоката), отважный малый, в видах обеспечения исков, явился в сопровождении судебного пристава к сестрам и все, что нашел, описал и опечатал, оставив в их распоряжении только платья и те золотые и серебряные вещи, которые, судя по выгравированным надписям, оказывались приношениями восхищенной публики. Любинька успела, однако ж, при этом захватить пачку бумажек, подаренную ей накануне, и спрятать за корсет. В этой пачке оказалось тысяча рублей — все, чем сестры должны были неопределенное время существовать.

В ожидании суда их держали в Самоварном месяца четыре. Затем начался суд, на котором они, а в особенности Аннинька, выдержали целую пытку. Кукишев был циничен до мерзости; даже надобности не было в тех подробностях, которые он выложил, но он, очевидно, хотел порисоваться перед самоварновскими дамами и излагал решительно все. Прокурор и частный обвинитель, люди молодые и тоже желавшие доставить самоварновским дамам удовольствие, воспользовались этим, чтоб сообщить процессу игривый характер, в чем, конечно, и успели. Аннинька несколько раз падала в обморок, но частный обвинитель, озабочиваясь обеспечением иска, решительно не обращал на это внимания и ставил вопрос за вопросом. Наконец следствие кончилось, и предоставлено было слово заинтересованным сторонам. Уж поздно ночью присяжные вынесли Кукишеву обвинительный приговор, с смягчающими, впрочем, обстоятельствами, вследствие чего он был тут же присужден к ссылке на житье в Западную Сибирь, в места не столь отдаленные.

С окончанием дела сестры получили возможность уехать из Самоварного. Да и время было, потому что спрятанная тысяча рублей подходила под исход. А сверх того, и антрепренер кречетовского театра, с которым они предварительно сошлись, требовал, чтобы они явились в Кречетов немедленно, грозя, в противном случае, прервать переговоры. О деньгах, вещах и бумагах, опечатанных по требованию частного обвинителя, не было ни слуху ни духу...

Таковы были последствия небрежного обращения с «сокровищем». Измученные, истерзанные, подавленные общим презрением, сестры утратили всякую веру в свои силы, всякую надежду на просвет в будущем. Они похудели, опустились, струсили. И, к довершению всего, Аннинька, побывавши в школе Кукишева, приучилась пить.

Дальше пошло еще хуже. В Кречетове, едва успели сестры выйти из вагона, как их тотчас же разобрали по рукам. Любиньку принял ротмистр Папков, Анниньку — купец Забвенный. Но прежних приволий уже не было. И Папков и Забвенный были люди грубые, драчуны, но тратились умеренно (Забвенный выражался: глядя по товару), а через три-четыре месяца и значительно охладели. К довершению, рядом с умеренными любовными успехами шли и чересчур умеренные успехи сценические. Антрепренер, выписавший сестер в расчете на скандал, произведенный ими в Самоварнове, совсем неожиданно просчитался. На первом же представлении, когда обе девицы Погорельские были на сцене, кто-то из райка крикнул: «Эх вы, подсудимые!» — и кличка эта так и осталась за сестрами, сразу решив их сценическую судьбу.

Потянулась вялая, глухая, лишенная всякого умственного интереса жизнь. Публика была холодна, антрепренер дулся, покровители — не заступались. Забвенный, который, подобно Кукишеву, мечтал, как он будет «понуждать» свою кралю прохаживаться с ним по маленькой, как она сначала будет жеманиться, а потом мало-помалу уступит, был очень обижен, когда увидел, что школа уже пройдена сполна и что ему остается только одна утеха: собирать приятелей и смотреть, как Анютка «водку жрет». С своей стороны, и Папков был недоволен и находил, что Любинька похудела, или, как он выражался, «постервела».

— У тебя прежде телеса были, — допрашивал он ее, — сказывай, куда ты их девала?

И вследствие этого не только не церемонился с нею, но даже не раз, под пьяную руку, бивал.

К концу зимы сестры не имели ни покровителей «настоящих», ни «постоянного положения». Они еще держались койкак около театра, но о «Периколах» и «Полковниках старых времен» не было уж и речи. Любинька, впрочем, выглядела несколько бодрее, Аннинька же, как более нервная, совсем опустилась и, казалось, позабыла о прошлом и не сознавала настоящего. Сверх того, она начала подозрительно кашлять: навстречу ей, видимо, шел какой-то загадочный недуг...

Следующее лето было ужасно. Мало-помалу сестер начали возить по гостиницам к проезжающим господам, и на них установилась умеренная такса. Скандалы следовали за скандалами, побоища за побоищами, но сестры были живучи, как кошки, и все льнули, все желали жить. Они напоминали тех жалких собачонок, которые, несмотря на ошпаривания, израненные, с перешибленными ногами, все-таки лезут в облюбованное место, визжат и лезут. Держать при театре подобные личности оказывалось неудобным.

В эту мрачную годину только однажды луч света ворвался в существование Анниньки. А именно, трагик Милославский 10-й прислал из Самоварнова письмо, в котором настоятельно предлагал ей руку и сердце. Аннинька прочла письмо и заплакала. Целую ночь она металась, была, как говорится, сама не своя, но наутро послала короткий ответ: «Для чего? для того, что ли, чтоб вместе водку пить?» Затем мрак сгустился пуще прежнего, и снова начался бесконечный подлый угар.

Любинька первая очнулась, или, лучше сказать, не очнулась, а инстинктивно почувствовала, что жить довольно. Работы впереди уже не предвиделось: и молодость, и красота, и зачатки дарования — все как-то вдруг пропало. О том, что есть у них приют в Погорелке, ей ни разу даже не вспомнилось. Это было что-то далекое, смутное, совсем забытое. Если их прежде не манило в Погорелку, то теперь и подавно. Да, именно теперь, когда приходилось почти умирать с голоду, теперь-то меньше всего и манило туда. С каким лицом она явится? с лицом, на котором всевозможные пьяные дыхания выжгли тавро: подлая! Везде они легли, эти проклятые дыхания, везде они чувствуются, на всяком месте. И что всего ужаснее, и она и Аннинька настолько освоились с этими дыханиями, что незаметно сделали их неразрывною частью своего существования. Им не омерзительны ни трактирная вонь, ни гвалт постоялых дворов, ни цинизм пьяных речей, так что если б они ушли в Погорелку, то им, наверное, всего этого будет недоставать. Но, кроме того, ведь и в Погорелке надо чем-нибудь существовать. Сколько уж лет они мыкаются по белу свету, а об доходах с Погорелки что-то не слыхать. Не миф ли она? не вымерли ли там все? Все эти свидетели далекого и вечно памятного детства, когда их, сироток, бабенька Арина Петровна воспитывала на кислом молоке и попорченной солонине... Ах, что это было за детство! что это за жизнь... вся вообще! Вся жизнь... вся, вся, вся жизнь!

Ясно, что надо умереть. Раз эта мысль осветила совесть, она делается уж неотвязною. Обе сестры нередко пробуждались от угара, но у Анниньки эти пробуждения сопровождались истериками, рыданиями, слезами и проходили быстрее. Любинька была холоднее по природе, а потому не плакала, не проклинала, а только упорно помнила, что она «подлая». Сверх того, Любинька была рассудительна и как-то совершенно ясно сообразила, что жить даже и расчета нет. Совсем ничего не видится впереди, кроме позора, нищеты и улицы. Позор — дело привычки, его можно перенести, но нищету — никогда! Лучше покончить разом со всем.

— Надо умереть, — сказала она однажды Анниньке тем же холодно-рассудительным тоном, которым два года тому назад спрашивала ее, для кого она бережет свое сокровище.

— Зачем? — как-то испуганно возразила Аннинька.

— Я тебе серьезно говорю: надо умереть! — повторила Любинька — пойми! очнись! постарайся!

— Что ж... умрем! — согласилась Аннинька, едва ли, однако же, сознавая то суровое значение, которое заключало в себе это решение.

В тот же день Любинька наломала головок от фосфорных спичек и приготовила два стакана настоя. Один из них выпила сама, другой подала сестре. Но Аннинька мгновенно струсила и не хотела пить.

— Пей... подлая! — кричала на нее Любинька, — сестрица! милая! голубушка! пей!

Аннинька, почти обезумев от страха, кричала и металась по комнате. И в то же время инстинктивно хваталась руками за горло, словно пыталась задавиться.

— Пей! пей... подлая!

Артистическая карьера девиц Погорельских кончилась. В тот же день вечером Любинькин труп вывезли в поле и зарыли. Аннинька осталась жива.

***

По приезде в Головлево Аннинька очень быстро внесла в старое Иудушкино гнездо атмосферу самого беспардонного кочеванья. Вставала поздно; затем, неодетая, нечесаная, с отяжелевшей головой, слонялась вплоть до обеда из угла в угол, и до того вымученно кашляла, что Порфирий Владимирыч, сидя у себя в кабинете, всякий раз пугался и вздрагивал. Комната ее вечно оставалась неприбранною; постель стояла в беспорядке; принадлежности белья и туалета валялись разбросанные по стульям и на полу. В первое время она виделась с дядей только во время обеда и за вечерним чаем. Головлевский владыка выходил из кабинета весь одетый в черное, говорил мало и только, по-прежнему, изнурительно долго ел. По-видимому, он присматривался, и Аннинька, по скошенным в ее сторону глазам его, догадывалась, что он присматривался именно к ней.

Вслед за обедом наступали ранние декабрьские сумерки и начиналась тоскливая ходьба по длинной анфиладе парадных комнат. Аннинька любила следить, как постепенно потухают мерцания серого зимнего дня, как меркнет окрестность и комнаты наполняются тенями и как потом вдруг весь дом окунется в непроницаемую мглу. Она чувствовала себя легче среди этого мрака и потому почти никогда не зажигала свечей. Только в конце длинной залы стрекотала и оплывала дешевенькая пальмовая свечка, образуя своим пламенем небольшой светящийся круг. Некоторое время в доме происходило обычное послеобеденное движение: слышалось лязганье перемываемой посуды, раздавался стук выдвигаемых и задвигаемых ящиков, но вскоре доносилось топанье удаляющихся шагов, и затем наступала мертвая тишина. Порфирий Владимирыч ложился на послеобеденный отдых, Евпраксеюшка зарывалась в своей комнате в перину, Прохор уходил в людскую, и Аннинька оставалась совершенно одна. Она ходила взад и вперед, напевая вполголоса и стараясь утомить себя и, главное, ни о чем не думать. Идя по направлению к зале, вглядывалась в светящийся круг, образуемый пламенем свечи; возвращаясь назад, усиливалась различить какую-нибудь точку в сгустившейся мгле. Но, назло усилиям, воспоминания так и плыли ей навстречу. Вот уборная, оклеенная дешевенькими обоями по дощатой перегородке с неизбежным трюмо и не менее неизбежным букетом от подпоручика Папкова 2-го; вот сцена с закопченными, захватанными и скользкими от сырости декорациями; вот и она сама вертится на сцене, именно только вертится, воображая, что играет: вот театральный зал, со сцены кажущийся таким нарядным, почти блестящим, а в действительности убогий, темный, с сборною мебелью и с ложами, обитыми обшарканным малиновым плисом. И в заключение обер-офицеры, обер-офицеры, обер-офицеры без конца. Потом гостиница с вонючим коридором, слабо освещенным коптящею керосиновой лампой; помер, в который она, по окончании спектакля, впопыхах забегает, чтоб переодеться для дальнейших торжеств, помер с неприбранной с утра постелью, с умывальником, наполненным грязной водой, с валяющеюся на полу простыней и забытыми на спинке кресла кальсонами; потом общая зала, полная кухонного чада, с накрытым посредине столом; ужин, котлеты под горошком, табачный дым, гвалт, толкотня, пьянство, разгул... И опять обер-офицеры, обер-офицеры, обер-офицеры без конца...

Таковы были воспоминания, относившиеся к тому времени, которое она когда-то называла временем своих успехов, своих побед, своего благополучия...

За этими воспоминаниями начинался ряд других. В них выдающуюся роль играл постоялый двор, уже совсем вонючий, с промерзающими зимой стенами, с колеблющимися полами, с дощатою перегородкой, из щелей которой выглядывали глянцевитые животы клопов. Пьяные и драчливые ночи; проезжие помещики, торопливо вынимающие из тощих бумажников зелененькую; хваты-купцы, подбадривающие «актерок» чуть не с нагайкой в руках. А наутро головная боль, тошнота и тоска, тоска без конца. В заключение — Головлево...

Головлево — это сама смерть, злобная, пустоутробная; это смерть, вечно подстерегающая новую жертву. Двое дядей тут умерли; двое двоюродных братьев здесь получили «особенно тяжкие» раны, последствием которых была смерть; наконец, и Любинька... Хоть и кажется, что она умерла где-то в Кречетове «по своим делам», но начало «особенно тяжких» ран несомненно положено здесь, в Головлеве. Все смерти, все отравы, все язвы — все идет отсюда. Здесь происходило кормление протухлой солониной, здесь впервые раздались в ушах сирот слова: постылые, нищие, дармоеды, ненасытные утробы и проч.; здесь ничто не проходило им даром, ничто не укрывалось от проницательного взора черствой и блажной старухи: ни лишний кусок, ни изломанная грошовая кукла, ни изорванная тряпка, ни стоптанный башмак. Всякое правонарушение немедленно восстановлялось или укоризной, или шлепком. И вот, когда они получили возможность располагать собой и поняли, что можно бежать от этого паскудства, они и бежали... туда! И никто не удержал их от бегства, да и нельзя было удержать, потому что хуже, постылее Головлева не предвиделось ничего.

Ах, если б все это забыть! если б можно было хоть в мечте создать что-нибудь иное, какой-нибудь волшебный мир, который заслонил бы собою и прошедшее и настоящее. Но, увы! действительность, которую она пережила, была одарена такою железною живучестью, что под гнетом ее сами собой потухли все проблески воображения. Напрасно мечта усиливается создать ангельчиков с серебряными крылышками — из-за этих ангельчиков неумолимо выглядывают Кукишевы, Люлькины, Забвенные, Папковы... Господи! да неужто же все утрачено? неужто даже способность лгать, обманывать себя — и та потонула в ночных кутежах, в вине и разврате? Надо, однако ж, как-нибудь убить это прошлое, чтоб оно не отравляло крови, не рвало на куски сердца! Надо, чтоб на него легло что-нибудь тяжелое, которое раздавило бы его, уничтожило бы совсем, дотла!

И как все это странно и жестоко сложилось! нельзя даже вообразить себе, что возможно какое-нибудь будущее, что существует дверь, через которую можно куда-нибудь выйти, что может хоть что-нибудь случиться. Ничего случиться не может. И что всего несноснее: в сущности, она уже умерла, и между тем внешние признаки жизни — налицо. Надо было тогда кончать, вместе с Любинькой, а она зачем-то осталась. Как не раздавила ее та масса срама, которая в то время со всех сторон надвинулась на нее? И каким ничтожным червем нужно быть, чтобы выползти из-под такой груды разом налетевших камней?

Вопросы эти заставляли ее стонать. Она бегала и кружилась по зале, стараясь угомонить взбудораженные воспоминания. А навстречу так и плыли: и герцогиня Герольштейнская, потрясающая гусарским ментиком, и Клеретта Анго́, в подвенечном платье, с разрезом впереди до самого пояса, и Прекрасная Елена, с разрезами спереди, сзади и со всех боков... Ничего, кроме бесстыдства и наготы... вот в чем прошла вся жизнь! Неужели все это было?

Около семи часов дом начинал вновь пробуждаться. Слышались приготовления к предстоящему чаю, а наконец раздавался и голос Порфирия Владимирыча. Дядя и племянница садились у чайного стола, разменивались замечаниями о проходящем дне, но так как содержание этого дня было скудное, то и разговор оказывался скудный же. Напившись чаю и выполнив обряд родственного целования на сон грядущий, Иудушка окончательно заползал в свою нору, а Аннинька отправлялась в комнату к Евпраксеюшке и играла с ней в мельники.

С 11-ти часов начинался разгул. Предварительно удостоверившись, что Порфирий Владимирыч угомонился, Евпраксеюшка ставила на стол разное деревенское соленье и графин с водкой. Припоминались бессмысленные и бесстыжие песни, раздавались звуки гитары, и в промежутках между песнями и подлым разговором Аннинька выпивала. Пила она сначала «по-кукишевски», хладнокровно, «господи баслави!», но потом постепенно переходила в мрачный тон, начинала стонать, проклинать...

Евпраксеюшка смотрела на нее и «жалела».

— Посмотрю я на вас, барышня, — говорила она, — и так мне вас жалко! так жалко!

— А вы выпейте вместе — вот и не жалко будет! — возражала Аннинька.

— Нет, мне как возможно! Меня и то уж из-за дяденьки вашего чуть из духовного звания не исключили, а ежели да при этом...

— Ну, нечего, стало быть, и разговаривать. Давайте-ка лучше я вам «Усача» спою.

Опять раздавалось бренчанье гитары, опять поднимался гик: и-ах! и-ох! Далеко за полночь на Анниньку, словно камень, сваливался сон. Этот желанный камень на несколько часов убивал ее прошедшее и даже угомонял недуг. А на другой день, разбитая, полуобезумевшая, она опять выползала из-под него и опять начинала жить.

И вот, в одну из таких паскудных ночей, когда Аннинька лихо распевала перед Евпраксеюшкой репертуар своих паскудных песен, в дверях комнаты вдруг показалась изнуренная, мертвенно-бледная фигура Иудушки. Губы его дрожали; глаза ввалились и, при тусклом мерцании пальмовой свечи, казались как бы незрящими впадинами; руки были сложены ладонями внутрь. Он постоял несколько секунд перед обомлевшими женщинами и затем, медленно повернувшись, вышел.

***

Бывают семьи, над которыми тяготеет как бы обязательное предопределение. Особливо это замечается в среде той мелкой дворянской сошки, которая, без дела, без связи с общей жизнью и без правящего значения, сначала ютилась под защитой крепостного права, рассеянная по лицу земли русской, а ныне уже без всякой защиты доживает свой век в разрушающихся усадьбах. В жизни этих жалких семей и удача, и неудача — все как-то слепо, не гадано, не думано.

Иногда над подобной семьей вдруг прольется как бы струя счастья. У захудалых корнета и корнетши, смирно хиреющих в деревенском захолустье, внезапно появляется целый выводок молодых людей, крепоньких, чистеньких, проворных и чрезвычайно быстро усвояющих жизненную суть. Одним словом, «умниц». Все всплошь умницы — и юноши и юницы.

Юноши — отлично кончают курс в «заведениях» и уже на школьных скамьях устраивают себе связи и покровительства. Вовремя умеют выказать себя скромными (j'aime cette modestie![5] — говорят про них начальники) и вовремя же — самостоятельными (j'aime cette indйpendance![6]) ; чутко угадывают всякого рода веяния, и ни с одним из них не порывают, не оставив назади надежной лазейки. Благодаря этому они на всю жизнь обеспечивают для себя возможность без скандала и во всякое время сбросить старую шкуру и облечься в новую, а в случае чего и опять надеть старую шкуру. Словом сказать, это истинные делатели века сего, которые всегда начинают искательством и почти всегда кончают предательством. Что же касается до юниц, то и они, в мере своей специальности, содействуют возрождению семьи, то есть удачно выходят замуж, и затем обнаруживают столько такта в распоряжении своими атурами, что без труда завоевывают видные места в так называемом обществе.

Благодаря этим случайно сложившимся условиям, удача так и плывет навстречу захудалой семье. Первые удачники, бодро выдержавши борьбу, в свою очередь воспитывают новое чистенькое поколение, которому живется уже легче, потому что главные пути не только намечены, но и проторены. За этим поколением вырастут еще поколения, покуда, наконец, семья естественным путем не войдет в число тех, которые, уж без всякой предварительной борьбы, прямо считают себя имеющими прирожденное право на пожизненное ликование.

---

[5] j'aime cette modestie!- мне нравится эта скромность!

[6] j'aime cette indйpendance!-мне нравится эта независимость!

В последнее время, по случаю возникновения запроса на так называемых «свежих людей», запроса, обусловленного постепенным вырождением людей «не свежих», примеры подобных удачливых семей начали прорываться довольно часто. И прежде бывало, что от времени до времени на горизонте появлялась звезда с «косицей», но это случалось редко, во-первых, потому, что степа, окружавшая ту беспечальную область, на вратах которой написано: «Здесь во всякое время едят пироги с начинкой», почти не представляла трещин, а во-вторых, и потому, что для того, чтобы, в сопровождении «косицы», проникнуть в эту область, нужно было воистину иметь за душой что-либо солидное. Ну, а нынче и трещин порядочно прибавилось, да и самое дело проникновения упростилось, так как от пришельца солидных качеств не спрашивается, а требуется лишь «свежесть», и больше ничего.

Но наряду с удачливыми семьями существует великое множество и таких, представителям которых домашние пенаты, с самой колыбели, ничего, по-видимому, не дарят, кроме безвыходного злополучия. Вдруг, словно вша, нападает на семью не то невзгода, не то порок и начинает со всех сторон есть. Расползается по всему организму, прокрадывается в самую сердцевину и точит поколение за поколением. Появляются коллекции слабосильных людишек, пьяниц, мелких развратников, бессмысленных празднолюбцев и вообще неудачников. И чем дальше, тем мельче вырабатываются людишки, пока наконец на сцену не выходят худосочные заморыши, вроде однажды уже изображенных мною Головлят [7], заморыши, которые при первом же натиске жизни не выдерживают и гибнут.

Именно такого рода злополучный фатум тяготел над головлевской семьей. В течение нескольких поколений три характеристические черты проходили через историю этого семейства: праздность, непригодность к какому бы то ни было делу и запой. Первые две приводили за собой пустословие, пустомыслие и пустоутробие, последний — являлся как бы обязательным заключением общей жизненной неурядицы. На глазах у Порфирия Владимирыча сгорело несколько жертв этого фатума, а кроме того, предание гласило еще о дедах и прадедах. Все это были озорливые, пустомысленные и никуда не пригодные пьянчуги, так что головлевская семья, наверное, захудала бы окончательно, если бы посреди этой пьяной неурядицы случайным метеором не блеснула Арина Петровна. Эта женщина, благодаря своей личной энергии, довела уровень благосостояния семьи до высшей точки, но и за всем тем ее труд пропал даром, потому что она не только не передала своих качеств никому из

---

[7] См. рассказ «Семейные итоги». (Прим. М. Е. Салтыкова-Щедрина.)

детей, а, напротив, сама умерла, опутанная со всех сторон праздностью, пустословием и пустоутробием.

До сих пор Порфирий Владимирыч, однако ж, крепился. Может быть, он сознательно оберегался пьянства, ввиду бывших примеров, но, может быть, его покуда еще удовлетворял запой пустомыслия. Однако ж, окрестная молва недаром обрекала Иудушку заправскому, «пьяному» запою. Да он и сам по временам как бы чувствовал, что в существовании его есть какой-то пробел; что пустомыслие дает многое, но не все. А именно: недостает чего-то оглушающего, острого, которое окончательно упразднило бы представление о жизни и раз навсегда выбросило бы его в пустоту.

И вот вожделенный момент подвернулся сам собою. Долгое время, с самого приезда Анниньки, Порфирий Владимирыч, запершись в кабинет, прислушивался к смутному шуму, доносившемуся до него с другого конца дома; долгое время он отгадывал и недоумевал... И наконец учуял.

На другой день Аннинька ожидала поучений, но таковых не последовало. По обычаю, Порфирий Владимирыч целое утро просидел запершись в кабинете, но когда вышел к обеду, то вместо одной рюмки водки (для себя) налил две и молча, с глуповатой улыбкой указал рукой на одну из них Анниньке. Это было, так сказать, молчаливое приглашение, которому Аннинька и последовала.

— Так ты говоришь, что Любинька умерла? — спохватился Иудушка в средине обеда.

— Умерла, дядя.

— Ну, царство небесное! Роптать — грех, а помянуть — следует. Помянем, что ли?

— Помянемте, дядя.

Выпили еще по одной, и затем Иудушка умолк: очевидно, он еще не вполне оправился после своей продолжительной одичалости. Только после обеда, когда Аннинька, выполняя родственный обряд, подошла поблагодарить дяденьку поцелуем в щеку, он в свою очередь потрепал ее по щеке и вымолвил:

— Вот ты какая!

Вечером, в тот же день, во время чая, который на сей раз длился продолжительнее обыкновенного, Порфирий Владимирыч некоторое время с той же загадочной улыбкой посматривал на Анниньку, но наконец предложил:

— Закусочки, что ли, велеть поставить?

— Что ж... велите!

— То-то, лучше уж у дяди на глазах, чем по закоулкам... По крайней мере, дядя...

Иудушка не договорил. Вероятно, он хотел сказать, что дядя, по крайней мере, «удержит», но слово как-то не выговорилось.

С этих пор каждый вечер в столовой появлялась закуска. Наружные ставни окон затворялись, прислуга удалялась спать, и племянница с дядей оставались глаз на глаз. Первое время Иудушка как бы не поспевал, но достаточно было недолговременной практики, чтоб он вполне сравнялся с Аннинькой. Оба сидели, не торопясь выпивали и между рюмками припоминали и беседовали. Разговор, сначала безразличный и вялый, по мере того как головы разгорячались, становился живее и живее и, наконец, неизменно переходил в беспорядочную ссору, основу которой составляли воспоминания о головлевских умертвиях и увечиях.

Зачинщицею этих ссор всегда являлась Аннинька. Она с беспощадною назойливостью раскапывала головлевский архив и в особенности любила дразнить Иудушку, доказывая, что главная роль во всех увечьях, наряду с покойной бабушкой, принадлежала ему. При этом каждое слово ее дышало такою цинической ненавистью, что трудно было себе представить, каким образом в этом замученном, полупотухшем организме могло еще сохраняться столько жизненного огня. Эти поддразнивания уязвляли Иудушку до бесконечности; но он возражал слабо и больше сердился, а когда Аннинька, в своем озорливом науськиванье, заходила слишком далеко, то кричал криком и проклинал.

Такого рода сцены повторялись изо дня в день, без изменения. Хотя все подробности скорбного семейного синодика были исчерпаны очень быстро, но синодик этот до такой степени неотступно стоял перед этими подавленными существами, что все мыслительные их способности были как бы прикованы к нему. Всякий эпизод, всякое воспоминание прошлого растравляли какую-нибудь язву, и всякая язва напоминала о повой свите головлевских увечий. Какое-то горькое, мстительное наслаждение чувствовалось в разоблачении этих отрав, в их расценке и даже в преувеличениях. Ни в прошлом, ни в настоящем не оказывалось ни одного нравственного устоя, за который можно бы удержаться. Ничего, кроме жалкого скопидомства, с одной стороны, и бессмысленного пустоутробия — с другой. Вместо хлеба — камень, вместо поучения — колотушка. И, в качестве варианта, паскудное напоминание о дармоедстве, хлебогадстве, о милостыне, об утаенных кусках... Вот ответ, который получало молодое сердце, жаждавшее привета, тепла, любви. И что ж! по какой-то горькой насмешке судьбы, в результате этой жестокой школы оказалось не суровое отношение к жизни, а страстное желание насладиться ее отравами. Молодость сотворила чудо забвения; она не дала сердцу окаменеть, не дала сразу развиться в нем начаткам ненависти, а, напротив, опьянила его жаждой жизни. Отсюда бесшабашный, закулисный угар, который в течение нескольких лет не дал прийти в себя и далеко отодвинул вглубь все головлевское. Только теперь, когда уже почуялся конец, в сердце вспыхнула сосущая боль, только теперь Аннинька настоящим образом поняла свое прошлое и начала настоящим образом ненавидеть.

Хмельные беседы продолжались далеко за полночь, и если б их не смягчала хмельная же беспорядочность мыслей и речей, то они, на первых же порах, могли бы разрешиться чем-нибудь ужасным. Но, к счастью, ежели вино открывало неистощимые родники болей в этих замученных сердцах, то оно же и умиротворяло их. Чем глубже надвигалась над собеседниками ночь, тем бессвязное становились речи и бессильнее обуревавшая их ненависть. Под конец не только не чувствовалось боли, но вся насущная обстановка исчезала из глаз и заменялась светящеюся пустотой. Языки запутывались, глаза закрывались, телодвижения коснели. И дядя и племянница тяжело поднимались с мест и, пошатываясь, расходились по своим логовищам.

Само собой разумеется, что в доме эти ночные похождения не могли оставаться тайной. Напротив того, характер их сразу определился настолько ясно, что никому не показалось странным, когда кто-то из домочадцев, по поводу этих похождений, произнес слово «уголовщина». Головлевские хоромы окончательно оцепенели; даже по утрам не видно было никакого движения. Господа просыпались поздно, и затем, до самого обеда, из конца в конец дома раздавался надрывающий душу кашель Анниньки, сопровождаемый непрерывными проклятиями. Иудушка со страхом прислушивался к этим раздирающим звукам и угадывал, что и к нему тоже идет навстречу беда, которая окончательно раздавит его.

Отовсюду, из всех углов этого постылого дома, казалось, выползали «умертвия». Куда ни пойдешь, в какую сторону ни повернешься, везде шевелятся серые призраки. Вот папенька Владимир Михайлович, в белом колпаке, дразнящийся языком и цитирующий Баркова; вот братец Степка-балбес и рядом с ним братец Пашка-тихоня; вот Любинька, а вот и последние отпрыски головлевского рода: Володька и Петька... И все это хмельное, блудное, измученное, истекающее кровью... И над всеми этими призраками витает живой призрак, и этот живой призрак — не кто иной, как сам он, Порфирий Владимирыч Головлев, последний представитель выморочного рода...

***

В конце концов постоянные припоминания старых умертвий должны были оказать свое действие. Прошлое до того выяснилось, что малейшее прикосновение к нему производило боль. Естественным последствием этого был не то испуг, не то пробуждение совести, скорее даже последнее, нежели первое. К удивлению, оказывалось, что совесть не вовсе отсутствовала, а только была загнана и как бы позабыта. И вследствие этого утратила ту деятельную чуткость, которая обязательно напоминает человеку о ее существовании.

Такие пробуждения одичалой совести бывают необыкновенно мучительны. Лишенная воспитательного ухода, не видя никакого просвета впереди, совесть не дает примирения, не указывает на возможность новой жизни, а только бесконечно и бесплодно терзает. Человек видит себя в каменном мешке, безжалостно отданным в жертву агонии раскаяния, именно одной агонии, без надежды на возврат к жизни. И никакого иного средства утишить эту бесплодную разъедающую боль, кроме шанса воспользоваться минутою мрачной решимости, чтобы разбить голову о камни мешка...

Иудушка в течение долгой пустоутробной жизни никогда даже в мыслях не допускал, что тут же, о бок с его существованием, происходит процесс умертвия. Он жил себе потихоньку да помаленьку, не торопясь да богу помолясь, и отнюдь не предполагал, что именно из этого-то и выходит более или менее тяжелое увечье. А, следовательно, тем меньше мог допустить, что он сам и есть виновник этих увечий.

И вдруг ужасная правда осветила его совесть, но осветила поздно, без пользы, уже тогда, когда перед глазами стоял лишь бесповоротный и непоправимый факт. Вот он состарелся, одичал, одной ногой в могиле стоит, а нет на свете существа, которое приблизилось бы к нему, «пожалело» бы его. Зачем он один? зачем он видит кругом не только равнодушие, но и ненависть? отчего все, что ни прикасалось к нему, — все погибло? Вот тут, в этом самом Головлеве, было когда-то целое человечье гнездо — каким образом случилось, что и пера не осталось от этого гнезда? Из всех выпестованных в нем птенцов уцелела только племянница, но и та явилась, чтоб надругаться над ним и доконать его. Даже Евпраксеюшка — уж на что простодушна — и та ненавидит. Она живет в Головлеве, потому что отцу ее, пономарю, ежемесячно посылается отсюда домашний запас, но живет, несомненно ненавидя. И ей он, Иуда, нанес тягчайшее увечье, и у ней он сумел отнять свет жизни, отняв сына и бросив его в какую-то безыменную яму. К чему же привела вся его жизнь? Зачем он лгал, пустословил, притеснял, скопидомствовал? Даже с материальной точки зрения, с точки зрения «наследства» — кто воспользуется результатами этой жизни? кто?

Повторяю: совесть проснулась, но бесплодно. Иудушка стонал, злился, метался и с лихорадочным озлоблением ждал вечера не для того только, чтобы бестиально упиться, а для того, чтобы утопить в вине совесть. Он ненавидел «распутную девку», которая с такой холодной наглостью бередила его язвы, и в то же время неудержимо влекся к ней, как будто еще не все между ними было высказано, а оставались еще и еще язвы, которые тоже необходимо было растравить. Каждый вечер он заставлял Аннииньку повторять рассказ о Любинькиной смерти, и каждый вечер в уме его больше и больше созревала идея о саморазрушении. Сначала эта мысль мелькнула случайно, но, по мере того как процесс умертвий выяснялся, она прокрадывалась глубже и глубже и, наконец, сделалась единственною светящеюся точкой во мгле будущего.

К тому же и физическое его здоровье резко пошатнулось. Он уже серьезно кашлял и по временам чувствовал невыносимые приступы удушья, которые, независимо от нравственных терзаний, сами по себе в состоянии наполнить жизнь сплошной агонией. Все внешние признаки специального головлевского отравления были налицо, и в ушах его уже раздавались стопы братца Павлушки-тихони, задохшегося на антресолях дубровинского дома. Однако ж эта впалая, худая грудь, которая, казалось, ежеминутно готова была треснуть, оказывалась удивительно живучею. С каждым днем вмещала она все большую и большую массу физических мук, а все-таки держалась, не уступала. Как будто и организм, своей неожиданной устойчивостью мстил за старые умертвия. «Неужто ж это не конец?» — каждый раз с надеждой говорил Иудушка, чувствуя приближение припадка; а конец все не приходил. Очевидно, требовалось насилие, чтобы ускорить его.

Одним словом, с какой стороны ни подойди, все расчеты с жизнью покончены. Жить и мучительно, и не нужно; всего нужнее было бы умереть; но беда в том, что смерть не идет. Есть что-то изменнически-подлое в этом озорливом замедлении умирания, когда смерть призывается всеми силами души, а она только обольщает и дразнит...

....

Дело было в исходе марта, и страстная неделя подходила к концу. Как ни опустился в последние годы Порфирий Владимирыч, но установившееся еще с детства отношение к святости этих дней подействовало и на него. Мысли сами собой настроивались на серьезный лад; в сердце не чувствовалось никакого иного желания, кроме жажды безусловной тишины. Согласно с этим настроением, и вечера утратили свой безобразно-пьяный характер и проводились молчаливо, в тоскливом воздержании.

Иудушка и Аннинька сидели вдвоем в столовой. Не далее как час тому назад кончилась всенощная, сопровождаемая чтением двенадцати евангелий, и в комнате еще слышался сильный запах ладана. Часы пробили десять, домашние разошлись по углам, и в доме водворилось глубокое, сосредоточенное молчание. Аннинька, взявши голову в обе руки, облокотилась на стол и задумалась; Порфирий Владимирыч сидел напротив, молчаливый и печальный.

На Анниньку эта служба всегда производила глубоко потрясающее впечатление. Еще будучи ребенком, она горько плакала, когда батюшка произносил: «И сплетше венец из терния, возложиша на главу его, и трость в десницу его», — и всхлипывающим дискантиком подпевала дьячку: «Слава долготерпению твоему, господи! слава тебе!» А после всенощной, вся взволнованная, прибегала в девичью и там, среди сгустившихся сумерек (Арина Петровна не давала в девичью свечей, когда не было работы), рассказывала рабыням «страсти господни». Лились тихие рабьи слезы, слышались глубокие рабьи воздыхания. Рабыни чуяли сердцами своего господина и искупителя, верили, что он воскреснет, воистину воскреснет. И Аннинька тоже чуяла и верила. За глубокой ночью истязаний, подлых издевок и покиваний, для всех этих нищих духом виднелось царство лучей и свободы. Сама старая барыня, Арина Петровна, обыкновенно грозная, делалась в эти дни тихою, не брюзжала, не попрекала Анниньку сиротством, а гладила ее по головке и уговаривала не волноваться. Но Аннинька даже в постели долго не могла успокоиться, вздрагивала, металась, по нескольку раз в течение ночи вскакивала и разговаривала сама с собой.

Потом наступили годы учения, а затем и годы странствования. Первые были бессодержательны, вторые — мучительно пошлы. Но и тут, среди безобразий актерского кочевья, Аннинька ревниво выделяла «святые дни» и отыскивала в душе отголоски прошлого, которые помогали ей по-детски умиляться и вздыхать. Теперь же, когда жизнь выяснилась вся, до последней подробности, когда прошлое проклялось само собою, а в будущем не предвиделось ни раскаяния, ни прощения, когда иссяк источник умиления, а вместе с ним иссякли и слезы, — впечатление, произведенное только что выслушанным сказанием о скорбном пути, было поистине подавляющим. И тогда, в детстве, над нею тяготела глубокая ночь, но за тьмою все-таки предчувствовались лучи. Теперь — ничего не предчувствовалось, ничего не предвиделось: ночь, вечная, бессменная ночь — и ничего больше. Аннинька не вздыхала, не волновалась и, кажется, даже ни о чем не думала, а только впала в глубокое оцепенение.

С своей стороны, и Порфирий Владимирыч, с не меньшею аккуратностью, с молодых ногтей чтил «святые дни», но чтил исключительно с обрядной стороны, как истый идолопоклонник. Каждогодно, накануне великой пятницы, он приглашал батюшку, выслушивал евангельское сказание, вздыхал, воздевал руки, стукался лбом в землю, отмечал на свече восковыми катышками число прочитанных евангелий и все-таки ровно ничего не понимал. И только теперь, когда Аннинька разбудила в нем сознание «умертвий», он понял впервые, что в этом сказании идет речь о какой-то неслыханной неправде, совершившей кровавый суд над Истиной...

Конечно, было бы преувеличением сказать, что по поводу этого открытия в душе его возникли какие-либо жизненные сопоставления, но несомненно, что в ней произошла какая-то смута, почти граничащая с отчаянием. Эта смута была тем мучительнее, чем бессознательнее прожилось то прошлое, которое послужило ей источником. Было что-то страшное в этом прошлом, а что именно — в массе невозможно припомнить. Но и позабыть нельзя. Что-то громадное, которое до сих пор неподвижно стояло, прикрытое непроницаемою завесою, и только теперь двинулось навстречу, каждоминутно угрожая раздавить. Если б еще оно взаправду раздавило — это было бы самое лучшее; но ведь он живуч — пожалуй, и выползет. Нет, ждать развязки от естественного хода вещей — слишком гадательно; надо самому создать развязку, чтобы покончить с непосильною смутою. Есть такая развязка, есть. Он уже с месяц приглядывается к ней, и теперь, кажется, не проминёт. «В субботу приобщаться будем — надо на могилку к покойной маменьке проститься сходить!» — вдруг мелькнуло у него в голове.

— Сходим, что ли? — обратился он к Анниньке, сообщая ей вслух о своем предположении.

— Пожалуй... съездимте...

— Нет, не съездимте, а... — начал было Порфирий Владимирыч и вдруг оборвал, словно сообразил, что Аннинька может помешать.

«А ведь я перед покойницей маменькой... ведь я ее замучил... я!» — бродило между тем в его мыслях, и жажда «проститься» с каждой минутой сильнее и сильнее разгоралась в его сердце. Но «проститься» не так, как обыкновенно прощаются, а пасть на могилу и застыть в воплях смертельной агонии.

— Так ты говоришь, что Любинька сама от себя умерла? — вдруг спросил он, видимо, с целью подбодрить себя.

Сначала Аннинька словно не расслышала вопроса дяди, но, очевидно, он дошел до нее, потому что через две-три минуты она сама ощутила непреодолимую потребность возвратиться к этой смерти, измучить себя ею.

— Так и сказала: пей... подлая?! — переспросил он, когда она подробно повторила свой рассказ.

— Да... сказала.

— А ты осталась? не выпила?

— Да... вот живу...

Он встал и несколько раз в видимом волнении прошелся взад и вперед по комнате. Наконец подошел к Аннинька и погладил ее по голове.

— Бедная ты! бедная ты моя! — произнес он тихо.

При этом прикосновении в ней произошло что-то неожиданное. Сначала она изумилась, но постепенно лицо ее начало искажаться, искажаться, и вдруг целый поток истерических, ужасных рыданий вырвался из ее груди.

— Дядя! вы добрый? скажите, вы добрый? — почти криком кричала она.

Прерывающимся голосом, среди слез и рыданий, твердила она свой вопрос, тот самый, который она предложила еще в тот день, когда после «странствия» окончательно воротилась для водворения в Головлеве, и на который он в то время дал такой нелепый ответ.

— Вы добрый? скажите! ответьте! вы добрый?

— Слышала ты, что за всенощной сегодня читали? — спросил он, когда она, наконец, затихла, — ах, какие это были страдания! Ведь только этакими страданиями и можно... И простил! всех навсегда простил!

Он опять начал большими шагами ходить по комнате, убиваясь, страдая и не чувствуя, как лицо его покрывается каплями пота.

— Всех простил! — вслух говорил он сам с собою, — не только тех, которые тогда напоили его оцтом с желчью, но и тех, которые и после, вот теперь, и впредь, во веки веков будут подносить к его губам оцет, смешанный с желчью... Ужасно! ах, это ужасно!

И вдруг, остановившись перед ней, спросил:

— А ты... простила?

Вместо ответа, она бросилась к нему и крепко его обняла.

— Надо меня простить! — продолжал он, — за всех... И за себя... и за тех, которых уж нет... Что такое! что такое сделалось?! — почти растерянно восклицал он, озираясь кругом, — где... все?..

....

Измученные, потрясенные, разошлись они по комнатам. Но Порфирию Владимирычу не спалось. Он ворочался с боку на бок в своей постели и все припоминал, какое еще обязательство лежит на нем. И вдруг в его памяти совершенно отчетливо восстановились те слова, которые случайно мелькнули в его голове часа за два перед тем. «Надо на могилку к покойнице маменьке проститься сходить...» При этом напоминании ужасное, томительное беспокойство овладело всем существом его...

Наконец он не выдержал, встал с постели и надел халат. На дворе было еще темно, и ниоткуда не доносилось ни малейшего шороха. Порфирий Владимирыч некоторое время ходил по комнате, останавливался перед освещенным лампадкой образом искупителя в терновом венце и вглядывался в него. Наконец он решился. Трудно сказать, насколько он сам сознавал свое решение, но через несколько минут он, крадучись, добрался до передней и щелкнул крючком, замыкавшим входную дверь.

На дворе выл ветер и крутилась мартовская мокрая метелица, посылая в глаза целые ливни талого снега. Но Порфирий Владимирыч шел по дороге, шагая по лужам, не чувствуя ни снега, ни ветра и только инстинктивно запахивая полы халата.

***

На другой день, рано утром, из деревни, ближайшей к погосту, на котором была схоронена Арина Петровна, прискакал верховой с известием, что в нескольких шагах от дороги найден закоченевший труп головлевского барина. Бросились к Аннинькe, но она лежала в постели в бессознательном положении, со всеми признаками горячки. Тогда снарядили нового верхового и отправили его в Горюшкино к «сестрице» Надежде Ивановне Галкиной (дочке тетеньки Варвары Михайловны), которая уже с прошлой осени зорко следила за всем, происходившим в Головлеве.

Конец

СПИСОК